P

Hugo Stamm
Im Bann der Apokalypse

Endzeitvorstellungen in Kirchen,
Sekten und Kulten

Pendo
Zürich München

Inhalt

Teil 3

Christliche Apokalypse und Fehlprognosen

Teil 4

Sekten und Propheten im apokalyptischen Fieber

Teil 1

Geschichte der Endzeit

1 Zwischen Endzeit und Aberglaube

An der Schwelle zum dritten Jahrtausend ist ein apokalyptisches Fieber ausgebrochen. Hunderte von Glaubensgemeinschaften und Sekten, Propheten und Gurus sehen in der Wendezeit eine Zeitenwende oder gar die Endzeit, die Apokalypse. Angesteckt vom apokalyptischen Virus, lassen sich Millionen von christlichen Fundamentalisten, Esoterikern, Sektenmitgliedern und Kultanhängern in den Bann von Sehern und Visionären ziehen. Sie leben in einem ruinösen Spannungsfeld: An einem Pol winkt das Paradies oder ein neues sanftes Zeitalter, am anderen drohen der Weltuntergang und die ewige Verdammung. Eine schwerverdauliche Kost, die fatale Auswirkungen auf die Psyche der Gläubigen hat. Und zunehmend auch auf das kollektive Bewußtsein der Gesellschaft, das mit dem Phänomen der Endzeitdepression konfrontiert ist.

Tatsächlich kumulieren apokalyptische Elemente wie nie zuvor in der Geschichte der Menschheit. Noch nie standen die Zeichen der (End-)Zeit so stark auf Sturm wie in unseren Tagen. Riesige Umwälzungen fallen auf das sensible Datum der Jahrtausendwende. Überall sind fundamentalistische Strömungen in politischen und religiösen Bewegungen zu beobachten, wie auch eine Art Massenflucht in übersinnliche und astrale Sphären. Viele Menschen haben den Glauben an die traditionellen Religionen und an die Zukunft verloren. Es braut sich eine Krise des Geistes zusammen, die zu einer kulturgeschichtlichen Herausforderung für das neue Jahrtausend werden kann.

Die Sehnsucht nach der Endzeit zieht an der Schwelle zum dritten Jahrtausend Millionen von Menschen in ihren Bann, von denen sich beileibe nicht alle im Umfeld einer apokalyptischen Gruppe bewegen. Die Angst vor der Zukunft beflügelt die Phantasie weiter Bevölkerungskreise. Religiös motivierte Endzeitängste werden mit von Menschen erdachten apokalyptischen Szenarien potenziert. Wirtschaftliche Krisen, soziale Unruhen, politische Wirren, Wertewandel, globale Bedrohungen und Katastrophen provozieren Ängste vor dem vermeintlich bevorstehenden Ende der Welt.

Der Fundamentalismus, der sich in der zweiten Hälfte des 20. Jahrhunderts in allen Weltreligionen verstärkt hat, ist zweifellos Ausdruck einer wachsenden Verunsicherung. Angst vor der Zukunft, religiöse und spirituelle Desorientierung treiben die Massen in die Arme der Fundamentalisten aller Couleur, die allzugern mit der Endzeit kokettieren und ein apokalyptisches Klima erzeugen.

Nüchtern betrachtet ist die Jahrtausendwende jedoch das Produkt unseres Dezimalsystems: Eine arithmetische Definition, das Resultat menschlicher Abstraktion. Das Jahr mit apokalyptischen Ereignissen in Verbindung zu bringen, ist reiner Aberglaube. Die Endzeitangst vor der Jahrtausendwende ist irrational. Doch Ängste brauchen keine Legitimation und gehorchen nicht rationalen Überlegungen. Sie sind real, ob sie einem Aberglauben oder einer tatsächlichen Bedrohung entspringen. Gehen sie ins kollektive Bewußtsein ein, droht die geistige Verwirrung in der Gesellschaft. Und kollektive Depressionen sind der beste Nährboden für weitere Endzeitphantasien.

Viele Menschen gehen deshalb in dieser Wendezeit Propheten und Sehern blindlings auf den Leim. Dabei müßte ein Blick auf die entlarvende Geschichte der Endzeitprophezeiungen alle aus dem apokalyptischen Taumel reißen: Tausende von Propheten, Visionären, Verkündern und Weltenlehrern prophezeiten in den letzten 2000 Jahren im Namen von Gott oder einer kosmischen Autorität das Ende der Welt. Sie versetzten ihre Anhänger in Angst und Schrecken und profilierten sich auf deren Kosten als Heilsbringer. Alle Endzeitprophezeiungen erwiesen sich bisher aber als Fehlprognosen. Millionen von Menschen mußten den Schock der Endzeitverzögerung

verarbeiten, standen vor dem psychischen Abgrund und mußten lernen, ihr Leben wieder im Diesseits einzurichten. Millionen von Gläubigen fiebern nun wieder in panischer Angst und
Hoffnung der Jahrtausendwende entgegen. Sie werden aller
Voraussicht nach Opfer eines weiteren apokalyptischen Be-
trugs, Opfer von Scharlatanen, Opfer ihres Aberglaubens.

Viele Endzeitgruppen haben aus dem Desaster anderer Sekten und Kulte gelernt, die mit ihren Fehlprognosen Tragödien
auslösten. Viele Propheten und Gurus hüten sich inzwischen,
ein konkretes Datum für die Apokalypse zu nennen. Doch dies
ist reine Kosmetik. Tatsächlich prophezeien die meisten apokalyptischen Sekten und Glaubensgemeinschaften das Ende der
Zeit um die Jahrtausendwende herum.

Mit der vagen Zeitangabe erreichen die Propheten und Kultgründer gleich zwei Ziele. Bei einer Endzeitverzögerung haben
sie leicht eine Ausrede, und die nicht exakt terminierte, aber
nahe Erwartung erweist sich als wirksames Indoktrinationsmittel. Wer glaubt, der letzte Tag sei absehbar, ist dauernd auf
dem Absprung. Er richtet seinen Alltag auf die Apokalypse aus
und verhält sich als mustergültiges Gruppenmitglied. Eine
Sünde im letzten Moment könnte das definitive Aus bedeuten,
befürchten die Gläubigen und ordnen sich dem Propheten oder
der Glaubensgemeinschaft vollkommen unter. Damit verhalten sie sich angepaßt und werden willenlos und manipulierbar.

Wieso lassen sich die Menschen immer wieder in den fata-
len apokalyptischen Strudel reißen? Die Vorstellung von der
Endzeit ist eine Urangst. Sie hat mit dem Phänomen Zeit zu
tun und ist eine Funktion des Glaubens. Das Jahr 2000 ist ein
magisches Datum und markiert eine besondere Zeitenwende.
Der Übergang ins dritte Jahrtausend provoziert auch bei aufgeklärten, vorwiegend der Logik verpflichteten Menschen Fragen und Visionen zur Zukunft des Planeten, der Menschheit
und zum eigenen Schicksal.

Die weitverbreiteten Ängste und Unsicherheiten fördern die
Sehnsucht nach dem Paradies. Viele Menschen erhoffen sich

eine definitive Erlösung und ein Leben nach dem Tod. Religiöse Ideen sollen dem irdischen Leiden einen übergeordneten Sinn geben. Der Spagat vom Diesseits ins Jenseits ist aber für alle Religionsgemeinschaften eine Zerreißprobe. Die Überzeugung, in der Endzeit zu leben, und die damit verbundene Todessehnsucht entfremden deren Anhänger von den irdischen Erfordernissen. Das Diesseits wird zum Ort des Leidens und der Prüfung degradiert. Endzeitgläubige leben in einer transzendenten Zwischenwelt.

Geraten die Erlösung Suchenden in das Umfeld einer vereinnahmenden Endzeitgruppe, so sind sie potentielle Opfer der Indoktrination, der tiefenpsychologischen Beeinflussung durch Propheten und Sektenführer. Mit einer gezielten Bewußtseinskontrolle, umgangssprachlich als Gehirn- oder Seelenwäsche bezeichnet, ziehen die Führungskräfte der apokalyptischen Bewegungen ihre Anhänger in die Abhängigkeit. Die mentale Konditionierung umfaßt die Kontrolle über das Denken, Handeln und Fühlen. Was die Endzeitgruppen als Einbindung ins göttliche System propagieren, ist vielfach eine Unterwerfung unter ein totalitäres oder dogmatisches Prinzip. Die Anhänger versprechen sich davon Erlösung und absolute Freiheit, Sektenspezialisten und Angehörige sehen darin eine radikale Entmündigung.

Die Fixierung auf den Propheten oder Sektenführer, der Gruppendruck, die Isolation von der Umwelt, die exklusiven Heilsversprechen und nicht zuletzt die Rituale entführen die Mitglieder in eine Scheinwelt, die in scharfem Kontrast zu den bisherigen Lebenserfahrungen steht und nicht ins bisherige Weltbild integriert werden kann. Die Ausübung von Ritualen rufen intensive, euphorisierende Gefühle hervor und führen zur Ausschüttung von Endorphinen, also körpereigenen Suchtsubstanzen. Die Gruppenmitglieder laufen Gefahr, eine Suchtdynamik zu entwickeln. Ziel der Vereinnahmung ist die Bildung einer Sektenidentität, die in radikaler Konkurrenz zur bisherigen Identität steht. (In meinem Buch *Sekten – Im Bann von Sucht und Macht* befasse ich mich ausführlich mit der Indoktrination.)

Die Anhänger sektenhafter Endzeitgruppen entwickeln häufig kindliche Paradiesvisionen und regredieren emotional. Die Persönlichkeitsentwicklung ist in dieser Situation oft von einem dramatischen Einbruch gekennzeichnet, der nicht nur die intellektuelle Kompetenz beeinträchtigt, sondern auch die emotionale. Häufig richten die Mitglieder ihr Leben einseitig auf die religiösen oder übersinnlichen Ziele aus und entfremden sich von der Alltagsrealität. Sie vertrauen nicht mehr ihren Sinnen und der Vernunft, sondern verlassen sich einseitig auf die Versprechen, Erwartungen und Anweisungen der Gruppe oder des Propheten. Häufig mißtrauen sie der eigenen Wahrnehmung, weil ihnen der Gruppenführer eintrichtert, sie hätten ihr bisheriges Leben an falschen religiösen und moralischen Wertvorstellungen orientiert.

Gurus, Weltenlehrer und Heilsbringer, die das Ende der Welt verkünden, sind permanent in einem Wettlauf gegen die Zeit. Treffen ihre Vorhersagen nicht ein, sind die Schritte von der Hoffnung in die Verzweiflung und in den Wahn klein. Die Sektendramen der letzten Jahre haben diese fatale apokalyptische Eigendynamik dokumentiert.

Propheten, die sich als apokalyptische Heilsverkünder gebärden und eine vereinnahmende Bewegung gründen, greifen nach der Seele ihrer Anhänger. Sie geben sich selbst eine heilsbringende Bedeutung, die ihr Ego mächtig beflügelt. Die Überzeugung der Visionäre, authentische »Durchsagen«, wie der Fachbegriff für göttliche oder kosmische Botschaften in esoterischen Kreisen heißt, zu empfangen, hat zweifellos tiefgreifende Wirkung auf ihr Selbstwertgefühl. Bestärkt durch die Verehrung der Gläubigen, neigen viele dazu, auch an der weltlichen Macht Gefallen zu finden. Bei manchen scheinen die säkularen Kriterien eine ähnliche Bedeutung zu erlangen wie die religiösen. Sie sorgen dafür, daß ihre Anhänger den weltlichen Ansprüchen entsagen und ihre religiöse Überzeugung mit großzügigen finanziellen Zuwendungen beweisen. Viele apokalyptische Gruppen machen das Seelenheil von Spenden abhängig und haben einen stupenden Reichtum angehäuft. Das Geld wird oft zum weltlichen Machtfaktor, der die Abhängigkeit der Gläubigen fördert. Haben diese ihr Vermögen in die Gruppe eingebracht, verlieren sie auch die materielle Autonomie.

Viele Glaubensgemeinschaften, Kulte und Sekten sind überzeugt, göttliche Botschaften aus dem Jenseits zu empfangen oder die erlösenden kosmischen Gesetze zu kennen. Wer sich »online« mit Gott oder den astralen Autoritäten verbunden fühlt, hält sich für unfehlbar und erhebt einen Absolutheitsanspruch. Damit sind die apokalyptischen Fallen gestellt. Empfängt dann der Prophet oder Guru in einer Vision oder Halluzination angeblich die Botschaft, das Ende der Zeit stehe unmittelbar bevor und er sei zusammen mit seiner Heilsgruppe auserwählt, der Apokalypse zu entrinnen, droht die Katastrophe. Nun besteht die Gefahr, daß der Kultführer in seinem Wahn die Jünger auf den Abgang von dieser sündigen Welt vorzubereiten beginnt. Aufgrund jahrelanger Indoktrination hat er die absolute Verfügungsgewalt über den Großteil seiner Anhänger, der ihm erwartungsfroh in den Tod folgt, wie zahlreiche kollektive Sektendramen belegen. In jüngster Zeit spielten sich solche Dramen in immer kürzeren Abständen ab.

Apokalypse bedeutet Offenbarung über die Verwirklichung der Heilsgeschichte oder das Ende der Zeit. Jede Religion oder Heilslehre kennt ihre eigene Apokalypse. Die Endzeitszenarien der meisten Heilslehren enthalten Katastrophen und martialische Strafen für die »Sünder«. Gleichzeitig ist die Apokalypse mit der Idee der Erlösung verknüpft. Den Auserwählten, »Erleuchteten« oder Rechtgläubigen wird die Befreiung von den irdischen Fesseln und das ewige Leben versprochen. Apokalypse kann auch als Lehre von der Endzeit verstanden werden.

Endzeitängste sind keine Erfindung der Neuzeit. Das Bewußtsein von der individuellen Endlichkeit und die Sehnsucht nach der endgültigen Erlösung hat schon unsere Urahnen auf das Paradies gebracht. Was ursprünglich nur ein Traum in schweren Stunden war, wurde später von Menschen in religiöse Konzepte gegossen. Schon Zarathustra entwickelte vor über 3000 Jahren ein apokalyptisches Erlösungsrezept, das wohl auch die biblischen Apokalyptiker inspirierte.

Der Wunsch nach Reinigung und Entrückung hat sich im Lauf der Menschheitsgeschichte archetypisch in die Seele gegraben, ebenso die Spannung zwischen apokalyptischer Angst und paradiesischer Sehnsucht. Psychologisch gesehen haben uns die Urahnen damit ein schweres Erbe hinterlassen. Meist überwiegt die Angst die Hoffnung.

Die Apokalypse ist eine Funktion der Zeit. Die Zeit als mystische Komponente des Lebens übersteigt auch heute noch unser Auffassungsvermögen. Zeit macht angst. Die Menschen sind unter anderem auf die Religion gekommen, um der Zeit die magische Kraft zu nehmen. Gefragt war ein Rezept gegen die Angst vor dem Tod. Die Furcht vor dem Ende ist die wichtigste Triebfeder, uns mit metaphysischen und religiösen Fragen auseinanderzusetzen.

Religiöse Konzepte mit apokalyptischen Inhalten gehen davon aus, daß Gott für die Menschen einen Heilsplan ausgedacht hat. Die Gläubigen messen der Menschheit einen Sonderstatus in der Schöpfung bei. Dies zeigt sich etwa in der christlichen Idee, daß Gott den Menschen nach seinem Ebenbild geschaffen habe. Die deterministische Vorstellung von einem vorbestimmten Heilsplan läßt die apokalyptische Erlösung logisch erscheinen. Es wäre von Gott zu töricht, den Menschen nach seinem Ebenbild zu schaffen, um ihn nach dem kurzen Leben auf der Erde unwiederruflich verschwinden zu lassen, sagen sich die Gläubigen.

Das Chaos in unserer Zeit ist auch heute für viele Gläubige das Werk des Antichrist, der die ultimative Schlacht von Harmagedon mit dem göttlichen Heer provoziere. Der Antichrist verkörpert in christlicher Vorstellung den von Satan gesandten, mächtigen Gegner des Christentums, der kurz vor der Wiedererscheinung Christi die gesamte Macht des Bösen in der Welt zum Kampf gegen die christlichen Kirchen vereint. Schließlich wird aber Christus erscheinen und jener wird vom Messias überwunden werden. Die Erwartung einer messianischen Persönlichkeit knüpft an jüdische Vorbilder an und findet sich besonders im zweiten Brief des Apostels Paulus an die Thessalonicher (Jerusalemer Bibel), in der Johannes-Offenbarung und im Buch Daniel.

Die Behauptung von Propheten und Heilsbringern, die in der Bibel prophezeiten apokalyptischen Voraussetzungen seien in unserer Zeit gegeben, läßt sich schwer entkräften. Dabei reklamieren nicht etwa nur christliche Fundamentalisten den Apostel Johannes als Zeugen, auch Sekten und Kulte berufen sich auf den gewichtigen Propheten. Die christlichen Dogmatiker studieren das Buch Daniel und die Johannes-Offenbarung mit Akribie und klopfen sie nach apokalyptischen Vorhersagen und Hinweisen ab. Oder sie hoffen, beim Studium eine Eingebung Gottes zu erhalten. Christliche Fundamentalisten schließen auch nicht aus, daß Jesus Christus sich ihnen in der heiligen Zeit direkt offenbart. Die Priester und Pastoren, die Prediger und Propheten beschwören die Gläubigen, sich auf die Wiederkunft von Christus vorzubereiten.

Die evangelikalen und charismatischen Glaubensgemeinschaften haben ein dogmatisches Bibelverständnis und empfinden sich als die »wahren Christen«. In die Gemeinschaft wird aufgenommen, wer öffentlich bezeugt, daß er »Jesus in sein Herz aufgenommen« hat. Die Gläubigen sind überzeugt, daß jedes Wort in der Bibel von Gott inspiriert und die letztgültige Wahrheit ist. Sie weigern sich, die Gleichnisse und Symbole in die heutige Zeit zu übersetzen und theologisch zu interpretieren. Die weltweit Tausenden von kleineren und größeren Glaubensgemeinschaften (Denominationen) betrachten die christliche Lehre der katholischen und evangelischen Kirche als Irrlehre.

In der Evangelisationsoffensive AD 2000 haben sich Hunderte von christlich-dogmatischen Gruppen zusammengeschlossen, die möglichst vielen »Ungläubigen« das Evangelium bis zur Jahrtausendwende verkünden wollen, um damit eine wichtige biblische Voraussetzung für die Apokalypse zu schaffen. Und das Parallelprojekt »Josua 2000« will bis zum Jahr 2000 alle größeren ethnischen Gruppen dieser Welt missionarisch erreichen (siehe Kapitel 12).

Doch nicht nur verschiedene religiöse Seelenfänger und Endzeitpropheten haben Blut an den Händen, auch politische Führer mit diktatorischen Allüren waren oft todbringende Apokalyptiker. Stalin wollte mit politischen Mitteln das Paradies auf Erden gründen, richtete aber im Namen des Kommunismus ein Massaker an. Und Adolf Hitler sah sich als den neuen Messias, der das Tausendjährige Reich beschwor, das ganz bewußt an das biblische Millennium erinnert. Der Glaube, das neue Zeitalter breche an, wenn das Böse – für Hitler das jüdische Volk – liquidiert sei, ist ein archetypischer Erlösungsgedanke, der älter als die Johannes-Offenbarung ist. Die Urheber des Holocaust bedienten sich der biblischen Idee vom Antichrist, der eine Weltregierung anstrebt, um die gesamte Menschheit zu unterjochen.

Wer sind die apokalyptischen Brandstifter? Die Liste ist lang, das Spektrum breit. Sektenführer, Weltenlehrer, Avatare, Gottgesalbte, neue Christusse, Sprachrohre Gottes, moderne Propheten, New-Age- oder Esoterik-Gurus, Medien und Okkultisten predigen die Apokalypse oder ein neues Zeitalter und erwarten globale Katastrophen. Ein Paradigmawechsel verleiht den Eingeweihten angeblich ein höheres Bewußtsein. Alle religiösen Führer sind von Absolutheitsanspruch für ihre apokalyptischen Visionen beseelt. Ihre Allmachtsphantasien machen sie zu unberechenbaren Persönlichkeiten, die im Extremfall bereit sind, für ihre Wahnvorstellungen alles zu opfern.

Zu den klassischen Endzeitgemeinschaften zählen Fiat Lux (Uriella) im Südschwarzwald, das Universelle Leben (Gabriele

Wittek) in Würzburg und die St. Michaelsvereinigung (Paul Kuhn) im kleinen Schweizer Dorf Dozwil. Sie beanspruchen, einen direkten Draht zum Himmel zu haben und als Neu-offenbarer die Bibel fortzuschreiben. Aber auch theosophische Gemeinschaften, Templer-Orden, Rosenkreuzer, die Gralsbe-wegung, die Zeugen Jehovas, die Mormonen, verschiedene Psy-chogruppen, New-Age-Zirkel, die Neuheiden und Anhänger von Naturreligionen sind Bewegungen mit apokalyptischen Konzepten. Und natürlich die neureligiösen Bewegungen wie Scientology, Vereinigungskirche (Munis), Kinder Gottes (Die Familie).

In den meisten Staaten der westlichen Welt gibt es Hunderte solcher Gruppen mit vereinnahmender Tendenz und einem apokalyptischen Kern. Die meisten glauben, daß wir in der Endzeit leben. Ein apokalyptisches Pulverfaß, bei dem der Aberglaube als Lunte dient.

Zu einem apokalyptischen Phänomen entwickeln sich mehr und mehr die neuheidnischen, naturreligiösen und völkischen Gruppen, die vom Trend zur esoterischen Weltsicht und zur neurechten Ideologie profitieren. Die Vernetzung und perso-nelle Verflechtung der unzähligen Gruppen, die dem neuen Zeitalter entgegenfiebern, hat zu einem erstaunlichen »säku-laren« Endzeitpotential geführt.

»Ich freue mich auf die Apokalypse«

Die Sehnsucht nach der Endzeit kommt beispielhaft in einem Brief zum Ausdruck, den die Anhängerin einer christlich dogmatischen Glaubensgemeinschaft mir im November 1997 schickte. (Die junge Frau erlaubte den Abdruck des Briefes un-ter der Bedingung, daß ihre Glaubensgemeinschaft nicht ge-nannt wird.) Sie schreibt:

»Ich glaube an die baldige Wiederkunft von Jesus Christus und daran, daß dann auch diese alte Erde zerstört wird, um einer neuen Welt Platz zu machen. Meiner Ansicht nach wird dies bis zum Jahr 2000 geschehen sein. Unsere Gruppe legt sich auf kein bestimmtes Datum fest. Einig sind wir uns lediglich darin, daß es bald sein wird. Und ich freue mich darauf. Ich weiß nicht, ob Sie das verstehen können, dieses ›Heimweh‹ nach dem Reich Gottes, diese Sehnsucht, dieses tiefe Verlangen, bei Christus zu sein, bei ihm, der alle Tränen abwischen wird. Allmachtsphantasien? Christus hat Kranke geheilt, Dämonen ausgetrieben und Tote erweckt. Und in der Bibel steht, daß wir alle diese Dinge auch tun können und werden. Für Gott ist nichts unmöglich, und das gilt auch für seine Auserwählten. Sie können dies für anmaßend halten, deswegen bleibt es trotzdem eine Realität.

Ich glaube daran, daß der Heilige Geist bei den Christen ist und auch zu ihnen reden kann. Ich glaube an Visionen, an Offenbarungen, an Eingebungen. Allerdings muß ich Ihnen recht geben, daß die Grenze zwischen Wahnsinn und charismatischem Christentum gefährlich schmal ist. Ich kenne zwei Personen, die in die Psychiatrie eingewiesen wurden. Da gilt es sicher immer wieder, neu zu prüfen. Manchmal ist der Verstand einfach überfordert, so daß man nur noch nach dem Gefühl beurteilen kann, ob etwas noch von Gott ist oder bereits die Grenze zur Psychose überschritten hat.

Da wir von den Gefahren und Nachteilen sprechen: Ich sehe auch den Preis der Einsamkeit, den man als Mitglied einer ›Sekte‹ zu zahlen hat. Man hat wenig Kontakt zu Menschen außerhalb der Gemeinde, weil man buchstäblich in einer anderen Welt lebt. Ich sehe es an meinem Arbeitsplatz: Man mag mich, man belächelt mich vielleicht, man widerspricht vielleicht meinen Ansichten – aber eine Beziehung kann nicht entstehen. Ich würde solche Gruppen als geschlossene Kreise sehen; entweder man ist drinnen oder draußen.

Ich sehe auch die Gefahr, einem ›Endzeitwahn‹ zu verfallen. Als die Mitglieder der Gruppe Heavens Gate den Transit Richtung Komet Hale-Bopp antraten, war ich eine Zeitlang äußerst beunruhigt. Auch Theorien, die anfänglich irrsinnig erscheinen, können auf einmal eine gewisse Überzeugungskraft bekommen; um so mehr, wenn man sich sowieso nach dem ›Neuen Jerusalem‹ sehnt.

Ich dachte darüber nach, ob es vielleicht tatsächlich stimmt, daß die auf der Erde Zurückgebliebenen rettungslos verloren sind. Wurden nur diejenigen gerettet, welche ihren irdischen Leib hier zurückließen und durch den Tod dem Raumschiff entgegengingen? Ich wußte nicht mehr, was ich davon halten sollte, und Gott sei Dank blieben ›meine‹ Leute alle ruhig und gelassen. Gewisse Ideen können tatsächlich eine Eigendynamik annehmen, und sollte dann noch ein Gruppendruck dazukommen, würde ich auch für mich keine Hand ins Feuer legen.

Trotzdem: Sie und ich haben ein gemeinsames Anliegen. Wir wollen beide keinenfalls, daß in den nächsten Monaten und Jahren noch mehr Sektendramen geschehen. Der Transit der Sonnentempler hat mich tief erschüttert, und ich möchte nicht nochmals solche Schlagzeilen lesen. Es darf nicht sein, daß sich noch mehr Menschen das Leben nehmen, weil sie glauben, dadurch das ewige Heil zu erlangen.«

2 Volkstempler: Apokalyptisches Drama im Urwald

1978 gingen erschütternde Schlagzeilen um den Erdball. Die Nachricht vom größten Sektendrama der jüngeren Geschichte warf ein Schlaglicht auf ein oft verdrängtes sozialpolitisches Phänomen. In Guyana hatten sich über 900 amerikanische Anhänger der Jones-Sekte das Leben genommen oder waren mit Waffengewalt gezwungen worden, einen Giftbecher zu trinken. Der Sektenführer Jim Jones hatte in seinem apokalyptischen Wahn die Mitglieder in den Tod getrieben. In Erwartung des Heils im Jenseits, setzten sie ihrem Leben in beispielloser Weise ein Ende.

Die 900 Opfer dienten Jones als Kulisse, um seinem Scheitern als religiöser Führer dennoch eine historische Dimension zu geben. Die kollektive Tragödie dokumentiert die zerstörerische Kraft des sektiererischen Wahns. Doch die Öffentlichkeit zeigte ein kurzes Gedächtnis. Das Drama im Urwald von Guyana blieb ein Ereignis ohne Konsequenzen. Es ging als Betriebsunfall in die wechselvolle Geschichte religiöser Minderheiten ein und wurde von der breiten Öffentlichkeit als bloße Sensationsstory konsumiert.

Das Massaker im Urwald von Guyana macht deutlich, daß ein Sektenführer mit seinen Endzeitvisionen Hunderte von Anhängern in eine Scheinwelt locken und sie ins Verderben führen kann. Dabei nutzte Jones die Idee vom bevorstehenden Weltuntergang als Indoktrinationsinstrument. Die Angst der Gläubigen vor der apokalyptischen Katastrophe und ihre Hoffnung auf die göttliche Erlösung setzte er gezielt ein, um ihr Bewußtsein zu kontrollieren.

Die Verfasser einer Gedenkschrift zum Massaker der Jones-Sekte hatten offenbar eine Vorahnung: »Wer nicht aus der Geschichte lernt, ist gezwungen, sie zu wiederholen.« Die Ge-

21

schichte hat sich wiederholt, wie wir 20 Jahre später wissen. Auf den Philippinen (1985, 68 Tote), in Süd-Korea (1987, 33 Tote), in Waco, USA (1993, Davidianer, 84 Tote), in der Schweiz, in Frankreich und in Kanada (1994–1997, Sonnentempler, 74 Tote), in Japan (1996, Aum-Sekte, 18 Tote, 5500 Verletzte), in San Diego, USA (1997, Heaven's Gate, 39 Tote).

Jonestown wirft seine Schatten bis in die heutige Zeit, und es ist zu befürchten, daß die zahlreichen geistigen Erben des Jim Jones auf die Jahrtausendwende hin von ähnlichen Endzeitvisionen heimgesucht werden. Es lohnt sich deshalb, die Zusammenhänge des bisher größten Sektendramas unserer Zeit etwas genauer zu beleuchten.

Der Amerikaner Jim Jones begann sein religiöses Werk als Wohltäter. Er sehnte sich nach sozialer Gerechtigkeit und wollte sein Leben den Benachteiligten und Ausgestoßenen widmen. Schon als Knabe träumte er davon, dereinst als Prediger das Wort Gottes zu verkünden und die Welt zu bekehren. Er spielte am liebsten einen Pfarrer und »taufte« seine Spielkameraden bei jeder Gelegenheit. Später bekannte er sich zur Methodisten-Kirche, doch fand er in dieser Gemeinschaft nicht die erhoffte religiöse Erfüllung.

Ende der 50er Jahre gründete er als junger Mann in Indianapolis eine eigene Gemeinde unter dem Namen »The Christian Assembley of God«, die er später in »Peoples Temple of the Disciples of Christ« (Volkstempel der Jünger Christi) umbenannte. Der charismatische, eloquente und von Sendungsbewußtsein beseelte Jones fühlte sich von Gott berufen, die Wiederkunft Christi vorzubereiten.

Jim Jones scharte Anfang der 60er Jahre Randständige aus den Slums um sich und kämpfte gegen die Rassendiskriminierung. Aus einer Mischung von sozialistischen Ideen und christlichen Grundsätzen entwickelte er ein erstaunlich fortschrittliches sozialpolitisches Konzept, das vor allem Leute aus den unteren Schichten, darunter viele Schwarze, anzog. 1965 siedelte Jones mit seinen Anhängern nach Ukiah in Kalifornien über, wo er ein eigenes Zentrum gründete und die Anhänger schon bald an sich zu binden begann. Sechs Jahre später zog der inzwischen zum Sektenführer mutierte Jones mit einer großen Schar von Gläubigen nach San Francisco, um in der großen Metropole seinen Einfluß besser ausbauen zu können.

Der Machtdrang, der Glaube an eine göttliche Bestimmung seines Werks und apokalyptische Visionen weckten bei Jones Allmachtsphantasien. Durch die Bewußtseinskontrolle gelang es ihm nach und nach, mit der Bibel in der Hand ein totalitäres Regime aufzubauen und seine Anhänger in den Strudel seines Wahns zu ziehen.

Jim Jones profitierte von der fast grenzenlosen Toleranz gegenüber Glaubensgemeinschaften in den USA. Die Öffentlichkeit und die Behörden nahmen die alarmierenden Schilderungen von Abtrünnigen kaum wahr, die schon Anfang der 70er Jahre von menschenverachtenden Ritualen bei den Volkstemplern berichteten. (Eine gefährliche Gleichgültigkeit, die sich später bei den Massakern der Aum-Sekte ebenfalls tödlich auswirken sollte.) Schon damals hatte der Sektenführer diktatorische Allüren entwickelt und seine Gläubigen mit entwürdigenden Gehorsamsritualen konditioniert. Er gab sich als Messias aus und ließ sich von den Anhängern als Vater oder Prophet Gottes bezeichnen. Die Angehörigen der Jones-Jünger stießen bei den Behörden auf taube Ohren, denn der Kultführer stand bei vielen Prominenten und Politikern in hohem Ansehen. Jones hatte es verstanden, mit Propagandaaktionen ihre Gunst zu erlangen. Die devote Ehrerbietung des »Predigers« schmeichelte der Prominenz.

Die Liste der einflußreichen Leute, die mit ihren Empfehlungsschreiben halfen, die Legende vom Saubermann Jones zu stützen, ist lang. Rund 60 Vertreter aus der amerikanischen Politprominenz erteilten Jim Jones schriftlich ihre Absolution. Unter ihnen befanden sich der ehemalige Vizepräsident der USA, Walter Mondale, der damalige Minister Joseph Califano, die Senatoren Henry Jackson, Mike Gravel und Hubert Humphry. Unterstützung erhielt der Sektenführer auch von den damaligen Oberbürgermeistern George Moscone (San Francisco) und Thomas Bradley (Los Angeles). Jones konnte auch mit den Empfehlungsschreiben vieler Kongreßabgeordneter auftrumpfen. Die Gunst der ehemaligen First Lady Rosalynn Carter sicherte sich Jones, indem er seine Kolonne im Wahlkampf für Jimmy Carter in Bewegung setzte. Gegen die geballte Lobhudelei dieser Prominenten kamen die unglaublich klingenden Schilderungen der Aussteiger nicht an.

Jim Jones entwickelte sich im Lauf der Jahre zu einem Sadisten, der seine Anhänger peinigte und seelisch quälte. Mit einem variantenreichen Repressionsrepertoire befriedigte er seine eigenartigen Bedürfnisse und kostete seine Macht aus. Die Verfügungsgewalt über seine Anhänger beflügelte seine Allmachtsphantasien. Der Sektenführer entmündigte die Gläubigen, beraubte sie im Namen von Christus ihrer Würde und machte sie restlos von sich abhängig.

Indem er ihr Selbstwertgefühl untergrub, ihre Entscheidungsfreiheit beschnitt und ihnen apokalyptische Ängste einflößte, perfektionierte Jones sein Unterdrückungssystem und machte es zum Instrument seiner Heilslehre: Wer sich nicht unterwarf, demonstrierte, daß er vom Satan besessen war und bei der bevorstehenden Apokalypse nicht zu den Erlösten gehören werde, erklärte Jones.

Die Volkstempel-Sekte war ein klassischer Endzeitkult. Jim Jones hatte den ersten Weltuntergang bereits für den 15. Juli 1967 vorhergesagt. Die Fehlprognose überstand er unbeschadet. Gegen die Überzeugungskraft und die Ausstrahlung des religiösen Fanatikers waren seine eingeschüchterten Gläubigen machtlos. Jones erklärte mit entwaffnender Selbstverständlichkeit, Gott habe seine Pläne für die Menschheit kurzfristig geändert.

Jim Jones brauchte seine Glaubensgemeinschaft, um seine krankhaften Neigungen ausleben zu können. So erklärte der »Messias« seine entwürdigenden Praktiken zum Heilsritual.

Wer sich sträubte, lehnte sich angeblich gegen Gott auf. Denn alles, was der Sektenführer anordnete, verstanden die Anhänger als Anweisung Gottes. Und so unterwarfen sich die indoktrinierten Anhänger selbst Ritualen, die im Widerspruch zu den eigenen moralischen Werten und religiösen Ideen standen.

Zur Züchtigung seiner Anhänger benutzte Jim Jones unter anderem eine 120 Zentimeter lange Holzlatte. Perfiderweise nannte er das Schlaginstrument den »Aufsichtsrat«, wie die beiden ehemaligen Jones-Anhänger Phil Kerns und Doug Wead in ihrem Buch *Das Geschäft der Verführer* schreiben:

»Ein Mädchen erhielt 75 Hiebe damit, weil es eine alte Freundin umarmt hatte, von der Jones glaubte, sie sei lesbisch. Nach den Prügeln mußten die reuigen Sünder ›Danke, Vater‹ sagen. Danach umarmte Jones sie, beteuerte ihnen ›Vater liebt dich‹ und versicherte ihnen, daß sie jetzt ›stärker seien‹.«

Jim Jones verfügte bis in die intimsten Bereiche über seine Anhänger. Ehepaare mußten seine Erlaubnis einholen, um sexuell miteinander verkehren zu dürfen. Hingegen mußten sich die Frauen stets zu seiner Verfügung halten. Es war eine »Ehre«, vom ihm auserwählt zu werden. Die sexuelle Ausbeutung kaschierte er als religiöses Ritual. Laut Kerns und Wead präsentierte er sich als Wohltäter, der sich für seine Anhänger sexuell verausgabte und große Opfer brachte. In Wahrheit war er wie verschiedene andere Kultführer sexuell besessen. Obwohl er die Homosexualität mit dem Hinweis auf die Bibel verdammte, soll er auch mit Männern verkehrt haben.

Gläubige, die sich im Namen Gottes derart erniedrigen und entwürdigen lassen, verlieren die Selbstachtung und sind gezwungen, ihre Identität über den Sektenführer und die Gruppe zu gewinnen. Anhänger radikaler Bewegungen müssen sich von der angeblich gottlosen und deshalb bedrohlichen Umwelt isolieren und in die innere Emigration flüchten. Im Lauf der Monate und Jahre sind sie nur noch innerhalb der Religionsgemeinschaft funktionsfähig. Sie binden sich mental und existentiell, wie das Beispiel der Jones-Sekte zeigt.

Diese Dynamik wirkt sich auch für die Sektenführer verhängnisvoll aus. Die Verehrung und bedingungslose Unterwerfung der Anhänger fördert ihre Verblendung. Die Überzeugung, tatsächlich der neue Messias oder Weltenlehrer zu sein, dringt immer tiefer in ihr Bewußtsein. Sie machen sich zur Projektionsfläche der übersteigerten Sehnsüchte ihrer Anhänger, die sich vom Kultführer die Erlösung erhoffen. So schaukeln sich die Religionsgründer und ihre Jünger gegenseitig in eine Scheinwelt, in der der Wahn lauert.

Die Hörigkeit seiner Anhänger stimulierte Jones weiter. Seine krankhafte Phantasie trieb ihn an, immer neue Rituale zu ersinnen. Am Schluß schien ihn nur noch die ultimative Idee von der Apokalypse in seiner Rolle als Erlöser zu befriedigen. Mit dem kollektiven Drama vollendete er sein »Gesamtkunstwerk«. Im Moment des eigenen Todes schlüpfte er in die Haut von Jesus.

Jones erweckte wie Jesus Tote

Jim Jones täuschte seinen Anhängern mit simplen Taschenspielertricks messianisches Charisma und göttliche Kräfte vor. Wie Jesus vollzog er »Heilungen« oder holte Tote vermeintlich ins Leben zurück. Geblendet von der »göttlichen Gnade« ihres »Vaters Jim« sanken die Gläubigen weinend in die Knie und verehrten den »wundertätigen« Sektenführer. Dabei hatte Jones leichtes Spiel: Sein Indoktrinationssystem und die massensuggestiven Rituale in den Gottesdiensten benebelten das Bewußtsein der Anhänger. Sie glaubten Jones gern, er sei der neue Messias, der ihnen exklusiv das Seelenheil und die Erlösung vermittle.

Bei seinen Tricks erreichte Kultführer Jones höchstens die Geschicklichkeit eines drittklassigen Gauklers. Mehr wäre Luxus gewesen, denn seine Anhänger wollten ihm gar nicht in die Karten schauen. Wer an Jones zweifelte, versündigte sich. Und niemand wollte sich um die Illusion bringen, in der Gnade des »neuen Messias« zu stehen. Ein kritischer Blick hinter die Sektenkulisse hätte für die Anhänger fatale Folgen gehabt, ja zu einer existentiellen Bedrohung geführt. Deshalb flüchteten sie sich mit Euphorie in die heile Scheinwelt und glaubten an die göttlichen Kräfte ihres Kultführers.

Zu Jones' Repertoire der Überraschungseffekte gehörten die telepathischen »Ferndiagnosen«. Der Kultführer hielt beispielsweise während eines Gottesdienstes plötzlich inne, schloß die Augen, schien in Trance zu verfallen und rief einen Namen in den Saal. Das angesprochene Mitglied meldete sich erwartungsvoll, und Jones sprach eindringlich auf es ein. Gott habe ihm seine Krankheit angezeigt, es leide unter einer starken Diskushernie, die Lähmungserscheinungen im linken Bein hervorrufen würden. Die aufgerufene Frau humpelte nach vorn und erzählte von ihrem Rückenleiden, das sich exakt so äußere, wie Jones dies in seiner Hellsichtigkeit beschrieben habe. In Erwartung einer »göttlichen Heilung« – die Gemeinschaft der Gläubigen kannte den Ablauf – fiel die Frau in eine Verzückung. Sie durfte nicht nur auf eine Schmerzlinderung hoffen, sondern auf ein »Wunder«, das Gott an ihr vollbringen würde. Jones machte aus der »Heilung« ein religiöses Ritual, das der Frau gleichzeitig bestätigte, daß sie in der Gnade Gottes stand.

Jones ermunterte die Anhängerin, mit aller Kraft an Jesus zu denken und ihn um Hilfe zu bitten. Mit einer beschwörenden Zeremonie erzeugte er eine massensuggestive Atmosphäre und befahl der Frau, aufzustehen, umherzugehen und Turnübungen zu machen. In der Regel betäubten die euphorischen Gefühle die Schmerzen auf der Stelle. Unter eindringlicher Musik und dem Beifall der Gemeinde fiel die überglückliche Frau dem »Heiler« um den Hals und weinte ergriffen. Humpelte die »Geheilte« nach ein paar Tagen wieder schmerzgeplagt umher, hatte Jones eine einfache Erklärung: Jesus habe den Heilungsprozeß abgebrochen, weil ihr Glaube nicht stark genug sei oder sie sich inzwischen wieder versündigt habe.

Jim Jones »operierte« sogar vor versammelter Gemeinde Tumore und Krebsgeschwüre. Nach erfolgreichem »Eingriff« präsentierte er stolz das zerstörerische Gewebe. Ehemalige Vertrauensleute von Jones erklärten nach dem Massaker, sie hätten jeweils Innereien von Hühnern präparieren müssen. Die Operationen mit den bloßen Händen erinnern an die Geistheiler auf den Philippinen, die wöchentlich Hunderten von Patienten aus Europa und den USA nach dem gleichen Prozedere und im Schnellverfahren tödliche Geschwüre »entfernen«.

Mit solchen Tricks polierte Jim Jones sein Image als »Messias« auf. Und an diesen »Beweisen« prallten die kritischen Einwände der Angehörigen ab. Jones ging noch dreister vor, wenn er »Sterbende« vor dem Tod bewahrte oder Tote »erweckte«. Vor versammelter Anhängerschar fiel er in Trance und sah angeblich ein Telegramm, das den Tod einer Frau ankündigte. »Kennt jemand Frau X?« fragte er die Gemeinde. Tief erschrocken meldete sich jeweils ein Anhänger, dem der Sektenführer seinen Trost spendete. Er werde es nicht zulassen, daß die Frau sterben müsse, verkündete er der aufgeregten Glaubensgemeinschaft nach einer Weile. »Ich werde ihr das Leben zurückgeben«, versicherte er. Erneut mimte Jones einen tranceähnlichen Zustand und beglückte die Gemeinde bald mit der frohen Botschaft, er könne deutlich sehen, daß die Frau wieder wohlauf sei. Für die Gläubigen war nun klar, daß Gott seinem »Messias« Jim Jones die gleichen Heilkräfte zukommen ließ, wie sie Jesus bei seinen Wunderheilungen demonstriert hatte. Deshalb schrieben sie Jones eine ähnliche Rolle in der Heilsgeschichte zu wie dem Sohn Gottes.

In Wirklichkeit funktionierten die Tricks nach einem einfachen Muster. Ein kleiner Kreis auserwählter Vertrauensleute baute ein Kommunikationsnetz auf und sammelte intime oder private Informationen über die Mitglieder. So war Jones über die körperlichen und psychischen Probleme seiner Leute bestens informiert, und es war für ihn kein Kunststück, treffsichere Diagnosen zu stellen. Jones gaukelte den Anhängern auch bei jeder Gelegenheit vor, er könne durch Wände sehen, ihre Gespräche auf Distanz mithören und ihre Gedanken lesen. Somit benutzte er die simplen Tricks als perfektes Instrument der Bewußtseinskontrolle: Die Mitglieder wagten nicht, allfällige Zweifel an seiner Rolle oder den Heilsversprechen andern mitzuteilen. Die angeblichen Heilungen wurden zur Indoktrinationsfalle.

Der Sektenführer weckte bei seinen Anhängern auch gezielt Verfolgungsängste, um sie an die Gruppe zu binden und sie von der Familie zu entfremden. Ein eindrückliches Beispiel schildern Phil Kerns und Doug Wead. Mitten in einem Gottesdienst, der sechs Stunden dauerte, hielt Jones inne und verkündete, er sehe bewaffnete Männer, die sich in einem blauen Mercury ihrem Tempel näherten. Er beruhigte die verängstigte Gemeinde mit dem Hinweis, daß die eigenen Sicherheitsleute auf der Hut seien.

Im Zustand der Trance kommentierte Jones die Auseinandersetzung auf dem Zentrumsgelände »simultan«. »Werft Euch auf den Boden«, befahl Jones. Es fielen Schüsse, eine Scheibe des Tempels ging in Brüche. Nach einem längeren Schußwechsel stürmte der Sicherheitschef der Sekte mit dem Gewehr unter dem Arm in den Gottesraum und berichtete aufgeregt, sie hätten die Angreifer bezwungen, die soeben mit einem blauen Mercury geflüchtet seien. Die bühnenreife Inszenierung ließ die verblüfften Anhänger in Ehrfurcht erstarren.

Mit Selbstmordübungen die Apokalypse geprobt

Hätten die Behörden die alarmierenden Berichte der Aussteiger ernst genommen, wäre das Drama der Volkstempler möglicherweise zu verhindern gewesen. Bereits fünf Jahre vor der kollektiven Tragödie begann Jones nämlich, seine Anhänger mit Selbstmordübungen für den Tag X zu konditionieren. Der Sektenführer bereitete sie mit gezielten Aktionen darauf vor, ihm notfalls bis zum Äußersten zu folgen. Den Vorwand für die grausamen Gehorsamkeitsübungen lieferten ihm abtrünnige Sektenmitglieder, die Jones mit ihrem Austritt zutiefst kränkten. Die Aussteiger würden die Behörden gegen ihre Kirche aufhetzen, erklärte der Sektenführer.

Wie Kerns und Wead berichten, gab Jones beispielsweise seinen Jüngern Wein zu trinken und eröffnete ihnen danach, sie hätten soeben tödliches Gift geschluckt. Die meisten durchschauten das Ritual zwar bald als Prüfung, mit der Jones ihre Treue und Ergebenheit testen wollte. Sie realisierten aber nicht, daß sie damit den letzten Rest an geistiger Autonomie preisgaben und die intimste Entscheidungsfreiheit verloren: die Selbstbestimmung über das eigene Leben. Damit lieferten sie sich dem Sektenführer definitiv aus.

Nachdem Jones 1977 mit über 1000 Gläubigen von Kalifornien ins »gelobte Land« nach Guyana geflüchtet war, spitzte sich der apokalyptische Wahn zu. Verfolgungsängste überschatteten sein Bewußtsein und förderten einen Realitätsverlust und Wahrnehmungsverschiebungen. Immer häufiger fragte er die Anhänger in seinen Predigten, ob sie bereit seien, für ihn zu sterben. Und Jones führte in immer kürzeren Abständen Selbstmordübungen durch, die er zunehmend realistischer inszenierte. Das Ritual gipfelte in einer Hauptprobe. Der apokalyptische Countdown begann.

Die Behörden wurden erst etwa ein Jahr vor dem Drama hellhörig, als der ehemalige stellvertretende Staatsanwalt von San Francisco, Tim Stoens, die Sekte verließ und seine Erlebnisse den Justizorganen schilderte. Die Flucht nach vorn trat Stoens aus Angst um seinen Sohn an, der sich geweigert hatte, die Sekte zusammen mit ihm zu verlassen. Die Schilderungen des hohen Justizbeamten über das Terrorregime, das Jones im Urwald von Guyana aufgezogen hatte, schreckten die Öffentlichkeit allmählich auf.

Die Intervention von Stoens machte verschiedenen Angehörigen der Sektenmitglieder Mut, die Behörden mit einer weiteren gemeinsamen Aktion aufzurütteln. Am 10. Mai 1978 schrieben 57 Angehörige von Jones-Anhängern in ihrer Verzweiflung dem damaligen Außenminister Cyrus Vance einen Brief. Sie hätten Beweise, daß ihre Verwandten wie in einem Konzentrationslager unter Todesandrohung und mit Waffengewalt am Verlassen des Zentrums gehindert würden. Außerdem habe Jones das Geld und die Pässe seiner Anhänger konfisziert. Es sei ihnen verboten, mit den Angehörigen zu telefonieren, außerdem würden die Briefe kontrolliert und zensiert, teilten sie Vance mit.

Die US-Regierung nahm die Hilferufe von Stoens und der Angehörigen endlich ernst. Im November 1978 schickte sie eine Delegation unter der Leitung des Kongreßabgeordneten Leo Ryan nach Guyana, um die Situation vor Ort zu klären. Jones empfing zwar die Besucher nach längerem Zögern und präsentierte ihnen eine scheinbar glückliche Glaubensgemeinschaft. Doch der Schein trog. Als die Delegation aufbrechen wollte, flehten viele Sektenanhänger Ryan an, sie mit nach Hause zu nehmen. Der Regierungsvertreter erklärte sich einverstanden, die leeren Sitze in seinem Flugzeug den Volkstemplern, die heimkehren wollten, zur Verfügung zu stellen. Jones witterte eine Verschwörung und schleuste einen seiner Sicherheitsmänner in die Gruppe der Abtrünnigen ein. Er hatte den Auftrag, das Regierungsflugzeug zum Absturz zu bringen.

Am 17. November brach die Delegation auf. Als der Vertrauensmann von Jones im Flugzeug keinen Platz mehr fand, führte er den Auftrag des Sektenführers auf dem Flughafen Port Kaituma aus. Er schoß zusammen mit weiteren Mitgliedern der Jones-Garde fünf Vertreter der Regierungsdelegation nieder. Das unerwartete Blutbad setzte Jones in Zugzwang. Er begann sofort mit dem Countdown des vielfach geprobten Endzeitszenarios.

Auf dem Gelände der Sekte spielten sich unbeschreibliche Szenen ab. Die Polizei fand Tonbandaufnahmen, die den Ablauf dokumentieren. In seiner letzten Predigt beschwor der

Sektenführer die Liebe und Ergebenheit der rund 1000 verbliebenen Gläubigen. Sie müßten mit ihm sterben, wenn sie nicht von den bösen Mächten zerstört werden wollten, hämmerte ihnen Jones ein. Außerdem rief er die Gemeinde auf, würdevoll in den Tod zu gehen. Und er versprach seinen Anhängern, sie würden sich bald an einem andern Ort wiedersehen. Anschließend befahl der Sektenführer den Müttern per Lautsprecher, zuerst den Kindern das Gift zu geben und zu prüfen, ob sie das tödliche Getränk auch richtig schlucken würden. Vielen wurde das Zyankali mit einer Spritze tief in den Mund gegeben. Gleichzeitig wies Jones die Frauen an, den Kindern zu verheimlichen, daß das Getränk höllische Schmerzen auslösen werde.

Die Geräusche auf dem Tonband belegen, daß sich chaotische Szenen abgespielt haben. Jones stieg von seinem Podest und spornte die Anhänger an, rasch voran zu machen und die Mixtur aus Gift und Limonade, die der Arzt Lawrenze Schanct zusammengebraut hatte, zu trinken. Obwohl Wachposten das Gelände kontrollierten, gelang es einzelnen Anhängern, in den Dschungel zu flüchten. Den Tod vor Augen, wachten doch noch ein paar Gläubige aus dem Sektenalptraum auf.

Fliehende, die von den Sicherheitskräften erwischt wurden, mußten mit einer Pistole am Kopf den Giftbecher trinken oder wurden auf der Stelle exekutiert. Die übrigen starben zu Hunderten innerhalb kurzer Zeit einen qualvollen Gifttod, wie ein Überlebender berichtete. Den Untersuchungsbehörden, die die auf dem ganzen Gelände herumliegenden aufgedunsenen 912 Leichen identifizieren mußten, bot sich ein Bild des Grauens. Trotz gegenteiligen Gerüchten fanden sie auch Jim Jones unter den Toten. Er hatte sich mit einem Schuß in die rechte Schläfe selbst gerichtet.

Jene Anhänger, die freiwillig und freudig den Giftbecher getrunken hatten, starben in der Überzeugung, an der Seite von Jim Jones in den Himmel einzugehen und bald zuschauen zu können, wie die Menschen auf der Erde die in der Offenbarung von Johannes prophezeiten Höllenqualen erleben würden.

3 Geschichte der Endzeit: Sehnsucht ohne Ende

Apokalyptische Ängste und Hoffnungen haben sich im Lauf der Geschichte tief ins Bewußtsein der Menschen gegraben. Die Vision von der globalen Katastrophe, die reinigend wirkt und die »guten Menschen« erlöst, ist so alt wie das Bewußtsein von der Zeit und der Vergänglichkeit des Lebens. Die Idee von der Apokalypse hat sich zu einem archetypischen Grundgefühl entwickelt. Die Urchristen waren nicht die ersten Gläubigen, die der Urangst mit apokalyptischen Rezepten begegneten.

Bezeichnenderweise entwickelte der Apostel Johannes seine apokalyptischen Visionen in einer Krisenzeit, als die Urchristen von den Römern verfolgt wurden. Und die jüdischen Endzeitschriften entstanden, nachdem der heilige Tempel von Jerusalem entweiht, der Sabbat verboten und das Thora-Studium untersagt worden war. Als die Römer den Tempel zu Jerusalem 70 n. Chr. zerstörten, sah nicht nur das Volk der Juden das Ende der Zeit kommen, auch die frühen Christengemeinden erwarteten die baldige Wiederkunft ihres Messias'.

Apokalyptische Ängste haben ihren Ursprung immer auch in der aktuellen wirtschaftlichen oder politischen Situation und den Lebensumständen einer Zivilisation oder Gesellschaft, wie Untersuchungen zeigen. So sehnen die Anhänger evangelikaler oder christlich-dogmatischer Gemeinden, die in schwierigen ökonomischen oder sozialen Umständen leben, die Apokalypse innerhalb der nächsten paar Jahre herbei. Gutsituierte hingegen hoffen auf eine Endzeitverzögerung. Doch auch sie erwarten die Wiederkunft von Jesus zu Lebzeiten. Gläubige aus den Unterschichten akzeptieren im allgemeinen konkrete Endzeitdaten eher als gebildete.

Zum Inbegriff apokalyptischer Szenarien gehörten immer schon Naturkatastrophen, die ein Gefühl von Ohnmacht auslösen und den betroffenen Menschen mit einem Schlag die Endlichkeit des Lebens vor Augen führen. In alten Sagen und Mythen von weit über 50 Kulturen sind sintflutartige Überschwemmungen das archaische Symbol für die Endzeit. Noch heute denken die Menschen bei heftigen Stürmen, Gewittern oder Katastrophen intuitiv an den Weltuntergang oder das Ende der Zeit.

Erste apokalyptische Visionen

Die Idee von der baldigen Apokalypse hatten die Urchristen von der jüdischen Lehre übernommen. Die Juden waren von der bevorstehenden Erneuerung der Welt überzeugt. Ihre apokalyptischen Ideen enthielten ebenfalls Katastrophenszenarien und Erlösungsvisionen. Auch die Essener prophezeiten damals das Ende der Welt. Sie bildeten eine Art Ordensgemeinschaft innerhalb des Judentums und lebten etwa vom 2. Jahrhundert v. Chr. bis zum 1. Jahrhundert n. Chr. zurückgezogen und asketisch in Kolonien, vor allem am Toten Meer. Persönlicher Besitz, Herrschaft und Macht wurden als gegen die Naturordnung gerichtet abgelehnt. Nach Vorstellung der Essener ist Gott das reine, heilige, unvergleichliche Urlicht, aus dem die Geister, wie beispielsweise die Erzengel, hervorgingen, die die Materie formten. Ihre Ordensregeln und Schriften wurden neben anderen biblischen Schriften 1947 in Qumran am Toten Meer gefunden.

Juden und Essener orientierten sich vermutlich an orientalischen Mythen. Auch iranische, babylonische und ägyptische Heilslehren kannten einen Erlöser in der Gestalt eines universalen Retters. Schon Zarathustra, der Begründer der damaligen persischen Staatsreligion, verkündete etwa 1400 Jahre v. Chr. ein Gottesreich, das nach einem ultimativen Kampf zwischen den guten und bösen Kräften auf die Erde kommen werde. Die Religion von Zarathustra, auch Zoroaster ge-

nannt, ist in einer Sammlung von Liedern, den Gathas, über-
liefert. Danach gibt es einen Uhuramazda (später Ormuzd) ge-
nannten Herrscher, der als heiliger Geist wirkt. Menschen, die
nach dem Guten streben, erlangen nach Vorstellung der Parsen, wie sich die Anhänger Zarathustras nennen, in diesem Leben Reichtum, Kinder, Macht und ein langes Leben. Nach dem
Tod gelangen ihre Seelen über die Brücke Tschinvat, an der
das Gericht über Gut und Böse abgehalten wird, in das Paradies
Garodemana (Garotman). Die Seele der Bösen kommt dagegen
in die Hölle. Nach Vorstellung Zarathustras wird es ein Jüngs-
tes Gericht geben, die Welt untergehen, der böse Geist verschwinden und eine neue Welt entstehen. Der Glaube Zarathustras war die Staatsreligion des alten Perserreichs, bis es
von Alexander dem Großen zerstört wurde. Er erlebte vom 3.
bis 7. Jahrhundert n. Chr. im Reich der Sassaniden eine Renaissance. Die indischen Parsen glauben allerdings heute noch an
Zarathustra.

Die Sumerer beschrieben schon 4000 Jahre vor Christus das
Paradies. Außerdem postulieren hinduistische Heilsvorstellungen seit Jahrtausenden das »vollkommene Zeitalter«.

Auch die ägyptischen Könige glaubten im 2. und 3. Jahrtausend vor Christus an eine messianische Erlösung. Nicht nur
schriftliche Überlieferungen zeugen davon, auch die Pyra-
miden von Gizeh sollen eine apokalyptische Bedeutung haben. Anhänger des New Age glauben, daß die monumentalen
Bauwerke das Geheimnis der Endzeitprophezeiungen bergen.
Heute pilgern ganze Heerscharen von Esoterikern zu den
mystischen Stätten.

Die jüdische und somit auch christliche Apokalypse haben
etwas Originelles, wie Damian Thompson in seinem Buch *Das
Ende der Zeiten* schreibt, das sich ausführlich mit der Geschichte der Apokalypse befaßt: Sie hätten »einen neuen Aus-
weg« geboten, »der vorwärts führte statt zurück«. Dieser Weg
sei in einem neuen literarischen Genre, der Apokalypse, beschrieben worden, die »die Form einer Offenbarung über das

Ende der Geschichte« angenommen habe. Im Gegensatz zu den anderen Religionen des Mittleren Ostens habe das Urchristentum seinen Anhängern die Möglichkeit eröffnet, »den Flammen zu entgehen, in denen die übrige Welt untergehen wird«.

Bemerkenswert an der jüdischen Apokalypse ist auch die weit entwickelte Idee der Auferstehung von den Toten, wie es im Buch Daniel beschrieben wird, das etwa 170 Jahre v. Chr. verfaßt wurde und Teil der jüdischen Bibel ist. Der Prophet hat erstaunlicherweise den Versuch unternommen, die Apokalypse zu terminieren. Allerdings drückt er sich sibyllinisch aus und bezieht sich bei der Zeitangabe auf eine nicht näher bezeichnete Zerstörung des Tempels.

Schreckensszenarien in der Johannes-Offenbarung

Das kollektive Bewußtsein vom Weltuntergang ist in der modernen christlichen Welt vorwiegend von der Johannes-Offenbarung im letzten Buch der Bibel geprägt, die das abendländische Standardwerk der Apokalypse darstellt. Die Bilder von den apokalyptischen Qualen der Verdammten und von der Schlacht bei Harmagedon zwischen Gott und dem Antichrist haben sich in die Seelen vieler Generationen gegraben. Selbst die meisten Sektengründer, Weltenlehrer und esoterischen Meister, die sich sonst nicht auf die Bibel berufen, beziehen weite Teile ihrer apokalyptischen Visionen aus der Johannes-Offenbarung, die der Apostel auf der griechischen Insel Patmos empfangen haben will.

In Zeiten des Umbruchs und der Verunsicherung studieren fundamentalistische Gläubige die Bibel in fiebriger Erwartung. Sie durchforsten nicht nur die Johannes-Offenbarung nach apokalyptischen Hinweisen, sondern auch die anderen Bücher, die sich mit der Apokalypse befassen. Im Alten Testament ist dies vor allem das Buch Daniel, im Neuen Testament Matthäus

24, Markus 13. So heißt es beispielsweise in Matthäus 24,34, das Geschlecht werde nicht vergehen, »bis alles geschehen« ist, was viele Gläubige als apokalyptischen Hinweis interpretieren. Sie vergleichen die Hinweise auf das Millennium und die apokalyptischen Katastrophen mit der aktuellen Weltlage und hoffen, den Zeitpunkt der Endzeit bestimmen zu können.

Der ergiebigste Endzeitprophet ist jedoch Johannes. Seine Visionen beginnen mit dem Satz: »Dies ist die Offenbarung Jesu Christi, die ihm Gott gegeben hat, seinen Knechten zu zeigen, was in Kürze geschehen soll; und er hat sie durch seinen Engel gesandt und seinem Knecht Johannes kundgetan.« Wortreich und sprachgewaltig werden die Qualen beschrieben, denen die Ungläubigen ausgesetzt sein werden. Johannes sah den Tod auf einem fahlen Pferd, dem die Hölle nachfolgte: »Und ihnen wurde Macht gegeben über den vierten Teil der Erde, zu töten mit Schwert und Hunger und Pest und durch die wilden Tiere auf Erden.« Johannes machte in seinen Visionen weiter ein großes Erdbeben aus, »der ganze Mond wurde wie Blut, und die Sterne des Himmels fielen auf die Erde«.

Als die sieben Engel mit Posaunen zu blasen begannen, kam »Hagel und Feuer, mit Blut vermengt, und fiel auf die Erde; und der dritte Teil der Erde verbrannte«. Der dritte Teil des Meeres wurde Blut und der dritte Teil der lebendigen Geschöpfe starb im Meer. Aus dem aufsteigenden Rauch, der den Himmel verfinsterte, quollen riesige Heuschreckenschwärme hervor, die zwar die Felder und Bäume verschonten, sich aber über die Menschen hermachten, die nicht das Siegel Gottes trugen. Heuschrecken mit der Macht von Skorpionen, die die Menschen nicht töteten, aber fünf Monate lang quälten, suchten die Erde heim. »Und in jenen Tagen werden die Menschen den Tod suchen und nicht finden, sie werden begehren zu sterben, und der Tod wird von ihnen fliehen.«

Und Johannes sah in seinen Visionen, wie die sieben Engel in sieben Schalen den Zorn Gottes über die Erde gossen. Das Meer wurde zu Blut, und alle Lebewesen starben. Ein weiterer

Engel leerte eine Schale über die Sonne, worauf die Menschen versengten. Nach der Zerstörung von Babylon reiten Christus und seine Armeen des Himmels laut Johannes heran, um gegen »das Tier, dessen Zahl 666 ist« und seine Krieger zu kämpfen. Die irdischen Streitkräfte des Satans werden mit dem Schwert getötet, das Tier selbst in einen See aus Feuer und Schwefel geworfen. Christus richtet das Tausendjährige Reich, das Millennium, ein und regiert zusammen mit den Auserwählten. Danach findet ein zweites Gericht mit ähnlich martialischen Qualen statt, denen die Sünder ausgesetzt sein werden. Nun schwebt das Neue Jerusalem vom Himmel herab, wie eine Braut, die sich für ihren Mann geschmückt hat, verkündet die Bibel.

Neben diesen Schreckensszenarien scheinen die Hoffnung und der Trost, die die Bibel an anderen Stellen spenden, zu verblaßen. Auch im Alten Testament, in dem Gott als polternde und strafende Figur erscheint, überschatten dramatische Geschichten die Erlösungsrezepte. In seinem Buch *Was die Kirchen verheimlichen* schreibt Peter Fürer: »Die Bibel berichtet mehr als hundertmal von durch Gott befohlenem Mord und Völkermord sowie von 600 weiteren Morden und Massermorden und rund 1000 Zorn- und Strafaktionen eines blindwütigen Gottes.« Diese Geschichten haben zwar nur teilweise mit der Apokalypse zu tun, prägen aber das religiöse Bewußtsein dogmatischer Christen, die die Bibel auch heute noch im wörtlichen Sinn verstehen.

Bei der Interpretation der apokalyptischen Texte in der Bibel muß allerdings berücksichtigt werden, daß sie mit der Absicht geschrieben worden sind, den bedrängten und verfolgten Urchristen Mut zu machen. Ihnen wurde suggeriert, sie müßten leiden, um anschließend erlöst zu werden. Die Johannes-Offenbarung tröstete die Gläubigen mit der Botschaft, Gott werde sich an ihren Peinigern rächen. Schließlich konnten sich die christlichen Gemeinden im 1. Jahrhundert schlecht erklären, weshalb sie als die auserwählten Gläubigen verfolgt und gequält wurden. Johannes entwickelte seine Endzeitvisionen also vor einem konkreten geschichtlichen und sozialpolitischen Hintergrund. Die Botschaft vom Jüngsten Tag und der Wiederkunft von Jesus Christus richtete sich an die verzweifelten Gläubigen jener Zeit und sollte ihnen Hoffnung machen.

Den Urchristen wurde tatsächlich viel zugemutet. Sie mußten nicht nur die Verfolgung der Römer über sich ergehen lassen, sondern auch die »Endzeitverzögerung« aushalten. Viele Bibelforscher sind sich nämlich einig, daß die ersten Christen überzeugt waren, die Endzeit sei mit dem Erscheinen von Jesus angebrochen. Jesus selbst habe dies angedeutet. Die Gläubigen sahen in Jesus den Erlöser, der sie von allen irdischen Nöten befreien werde. Im Neuen Testament verkünden mehrere Stellen das nahe Ende der Welt und die Erlösung des Volk Gottes. Im Markus-Evangelium (9,1) heißt es beispielsweise, die Jünger von Jesus werden »den Tod nicht schmecken, bis sie sehen das Reich Gottes kommen mit Macht«. Auch Johannes glaubte an die baldige Wiederkunft. Als sich nach der Kreuzigung von Jesus die Kunde seiner Auferstehung wie ein Lauffeuer verbreitete, erwarteten die Gläubigen unmittelbar den Jüngsten Tag.

Auch die historischen Zusammenhänge stützen diese These. Die Evangelien beruhen auf mündlichen Überlieferungen, die Originale sind verschollen, die ältesten erhaltenen Abschriften datieren vom 4. Jahrhundert. Die Evangelisten fühlten sich offensichtlich nicht bemüßigt, die Geschichte der Urchristen niederzuschreiben, weil sie das Ende der Zeit erwarteten. Das Johannes-Evangelium beispielsweise wurde erst etwa um das Jahr 70 n. Chr. aufgezeichnet, wenige Jahre nach dem Brand von Rom, die anderen Evangelien sogar Jahrzehnte später. Kaiser Nero machte die Gemeinde der Urchristen für die Katastrophe im Jahr 64 verantwortlich und ließ sie zu Tausenden verbrennen oder den Löwen vorwerfen. Angesichts dieser weltlichen Pein schienen sie immer mehr an der längst erwarteten »baldigen Wiederkunft« Christi und der Apokalypse zu zweifeln. Viele Bibelkenner vermuten, daß diese Endzeitverzöge-

rung die Urchristen veranlaßte, der Nachwelt die heilsgeschichtlichen Zeugnisse zu hinterlassen.

Das Ende der Zeit bedeutete für die Urchristen nicht das
Ende der Welt. Sie klammerten sich an die Verheißung vom
»besseren Leben«. Die Jünger Jesu siedelten das Reich Gottes
nicht »im Himmel« an, sondern glaubten an das »Paradies auf
Erden«, das Gott nach der reinigenden Katastrophe errichten
werde. Wahrscheinlich war auch Jesus davon überzeugt, daß
mit seinem Wirken auf der Erde die Endzeit angebrochen sei.
Er hatte schließlich den Auftrag, das Heil in die Welt zu bringen. Zwar unterließ es Jesus, nähere Angaben zum apokalyptischen Szenario zu machen, doch deuten verschiedene Aussagen
darauf hin, daß er daran glaubte, die Endzeit einzuläuten.

Das Dilemma der Endzeitverzögerung

So steckten auch die christlichen Würdenträger immer wieder
im Dilemma, das Ausbleiben der Apokalypse begründen und
die enttäuschten oder aufgebrachten Gläubigen besänftigen zu
müssen. Die religiösen Führer taten es vorwiegend mit dem Argument, daß Gott offensichtlich andere Zeitbegriffe kenne als
die Menschen. Oft mußte auch der biblische Hinweis, daß Gott
den Menschen keinen Einblick in seinen Heilsplan gewähre, die
Christen bis ins 3. Jahrhundert hinein trösten (z. B. Matthäus
24,36 oder Markus 13,32). Schließlich müßten sich zuerst die
in der Apokalypse prophezeiten Vorzeichen wie Kriege, Katastrophen und Hungersnöte ereignen, bevor mit der Wiederkunft Christi zu rechnen sei, wurde den Gläubigen erklärt.

Als sich die frühen Christen mit der Vorstellung anfreunden
mußten, das Ende der Zeit nicht zu kennen, brauchten sie eine
neue Heilsperspektive und neue Lebensinhalte. Die kirchlichen
Würdenträger gehörten zu den ersten Christen, die die ange-
nehmen Seiten des menschlichen Daseins entdeckten. Sie bauten die weltliche Macht aus und häuften einen beträchtlichen

Reichtum an, der sie für die entgangene Verheißung entschädigte.

Weltliche Bedürfnisse nahmen im kirchlichen Alltag immer mehr Raum ein. Als Kaiser und Könige das Christentum zur Staatsreligion erklärten, herrschte alles andere als Weltuntergangstimmung. Die vermehrte Konzentration aufs Diesseits leitete einen Bewußtseinswandel ein. Die Hoffnung auf die baldige Apokalypse blieb aber vor allem bei jenen Gläubigen wach, die auf der Schattenseite lebten.

Die kirchlichen Autoritäten kompensierten im Lauf der Jahrhunderte die Sehnsucht nach der Wiederkunft Christi, indem sie Jesus bildhaft in die Kirchen holten und in den Herzen der Gläubigen plazierten. Bilder und Statuen brachten die Heiligen den Gläubigen näher. Heute nehmen evangelikale, charismatische und freikirchliche Gläubige bei ihrer Bekehrung den Sohn Gottes explizit »in ihr Herz auf«. In den Landeskirchen erfüllen die Sakramente diese Aufgabe symbolisch. Beim Abendmahl wird gar die leibliche Präsenz des Erlösers und die Allgegenwart von Jesus im Diesseits suggeriert. Und im Vatikan residiert der »Stellvertreter Gottes«, der die Personifizierung fördert. Verstärkt wird die Identifikation außerdem mit der angeblichen Unfehlbarkeit des Papstes in Lehrfragen.

Trotz 2000jähriger Endzeitverzögerung gehört die Apokalypse immer noch zur zentralen religiösen Frage in der abendländischen Welt. Die heutigen Fundamentalisten sehnen sich nach dem Jüngsten Tag wie die Urchristen früher. Beim Bibelstudium stoßen sie immer wieder auf die Zahl 1000, die bei der Apokalypse eine wichtige Rolle spielt. Johannes spricht in der Offenbarung vom Millennium, dem Tausendjährigen Reich Gottes auf Erden. Auch Daniel operiert immer wieder mit der mystischen Zahl oder eines Vielfachen der symbolträchtigen Zahl. Wahrscheinlich benutzten die damaligen Propheten die Zahl lediglich als Metapher für eine unfaßbare Größenordnung. Mathematik war vor 2000 Jahren eine Disziplin für wenige Spezialisten, das abstrakte Denken noch nicht kultiviert.

Solche Bedenken kümmern die dogmatischen Bibel-Exegeten und Hobby-Propheten in den Reihen der evangelikalen oder charismatischen Glaubensgemeinschaften wenig. Bei ihren eigenen Prophezeiungen nehmen sie die Zahl 1000 als absolute Größe. Es überrascht deshalb nicht, daß dogmatische und fundamentalistische christliche Denominationen der Jahrtausendwende entgegenfiebern, auch wenn die wenigsten es wagen, die Endzeit für das Jahr 2000 zu prophezeien.

Die Krux mit der Zeitrechnung

Verschiedene geschichtliche Hinweise und Theorien besagen, daß sich die Zahl 1000 schon in grauer Vorzeit ins religiöse Bewußtsein eingeschlichen hat. In der Schöpfungsgeschichte hat Gott die Welt an sechs Tagen erschaffen und am siebten Tag geruht. Für die Urchristen dauerte ein Tag des Herrn »tausend Jahre«, wie es im Barnabasbrief heißt. Sie interpretierten deshalb nach Ausbleiben der Endzeit, Gott habe der Welt 6000 Jahre eingeräumt und den siebten Tag für das Millennium reserviert.

Die Vorstellung von der »großen Woche des Herrn«, die 6000 resp. 7000 Jahre dauern soll, hat die meisten Endzeitspekulationen provoziert. Die biblischen Hinweise verleiteten die Apokalyptiker, den Beginn der Zeitrechnung festzulegen. Und schon begann das babylonische Durcheinander. Die Bibel enthält zwar verschiedene Andeutungen, doch keine konkreten Angaben. Das Feld war frei für arithmetische Spekulationen. Exegeten und Propheten unserer Zeit, die sich selbst eine bedeutende Rolle in der Heilsgeschichte beimessen, terminieren die Endzeit vorwiegend an der Schwelle zum dritten Jahrtausend. Sie möchten selbst Zeuge der Apokalypse werden und als Heilsbringer wirken.

Christliche Dogmatiker, die die Evolutionstheorie ablehnen, haben eine einfache Zeitrechnung nach einem dreiteiligen Zyklus aufgestellt. Danach beginnt die Geschichte der Menschheit mit Adam und Eva. 2000 Jahre später trat Abraham auf den Heilsplan. Nach weiteren 2000 Jahren erschien Jesus, und nach nochmals 2000 Jahren erwarten die heutigen Apokalyptiker und Propheten seine Wiederkunft. Das entscheidende Ereignis soll demnach in diesen Tagen stattfinden. Es stellt sich nur noch die Frage, ob man den Beginn des letzten Zyklus der Menschheitsgeschichte auf die Geburt oder den Tod von Jesus datiert.

Eine weitere Schwierigkeit besteht darin, daß Jesus mit Sicherheit nicht im Jahr Null auf die Welt gekommen ist, haben sich doch bei der Zeitrechnung Fehler eingeschlichen. In den ersten Jahrhunderten nach Christus war das Zeitbewußtsein kaum ausgebildet, es gab auch keine einheitliche Zeitrechnung. Erst Anfang des 6. Jahrhunderts ersann der Mönch Dionysius Exiguus im Auftrag des Papstes eine neue Berechnungsart, die sich auf die Geburt von Jesus stützte. Doch der Mönch kannte wie die meisten seiner Zeitgenossen die Null als eigenständige Zahl nicht, wie Damian Thompson in *Das Ende der Zeiten* schreibt. Dionysius konnte Jesus also nicht im »Jahr Null« auf die Welt kommen lassen, was für die Apokalyptiker und Fundamentalisten natürlich fatale Folgen hat. Dionysius ließ den Sohn Gottes Ende Dezember des 1. Jahres v. Chr. das Licht der Welt erblicken, und am 1. Januar begann das 1. Jahr n. Chr. Dieser »Rechenfehler« macht auch die Datierung der Jahrtausendwende kompliziert.

Die Probleme mit der Zeitrechnung zeigen, wie problematisch die Prophezeiungen der Apokalyptiker sind, die Apokalypse ereigne sich zur Jahrtausendwende, also im Jahr 2000.

Es gibt aber noch mehr Ärger mit der Zeitrechnung. Viele Historiker sind überzeugt, daß die Volkszählung, die zur Tötung der Säuglinge geführt hat, sechs oder sieben Jahre vor unserer Zeitrechnung durchgeführt wurde. Jesus ist wahrscheinlich im Jahre 6 v. Chr. auf die Welt gekommen. Wann genau »Anno Domini«, das Jahr des Herrn, war, bleibt ein Geheim-

nis. Wer die apokalyptische Katastrophe um die Jahrtausendwende erwartet, kann beruhigt aufatmen, denn sie hätte um
1994 herum stattfinden müssen.

Apokalyptische Ängste bei der ersten Jahrtausendwende

Dionysius Exiguus sorgte zwar für eine einheitliche Zeitrechnung, doch es dauerte noch lange, bis sie sich durchsetzen
konnte. Erst etwa bei der ersten Jahrtausendwende hatte sich
die christliche Zeitrechnung in Europa durchgesetzt. Allerdings hatten die meisten Leute damals kein ausgeprägtes Zeitbewußtsein. Sie wußten in der Regel nicht, in welchem Jahr
sie lebten, sie kannten auch ihr eigenes Geburtsjahr nicht, wie
Damian Thompson ausführlich darlegt. Deshalb waren die
Bedingungen für jene Endzeitpropheten denkbar schlecht, die
ihre Vorhersagen auf sensible Daten legten und den mystischen Aspekt der Zeit benutzten, um die Gläubigen in den apokalyptischen Bann zu ziehen.

Es ist zwar unbestritten, daß die Menschen um die erste
Jahrtausendwende von ausgeprägten Endzeitängsten gepeinigt
wurden. Unklar bleibt aber, welche Rolle dabei das magische
Datum spielte. Die damaligen existentiellen Nöte und politischen Krisen scheinen jedoch einen größeren Einfluß gehabt
zu haben als die Angst vor dem Jahrtausendwechsel. Armut
und Katastrophen beflügelten damals viele Apokalyptiker, das
Ende der Zeit zu prophezeien, doch ohne speziell auf das Jahr
1000 zu schielen. Offenbar steuerte die Kirche bewußt gegen,
um die Furcht vor apokalyptischen Szenarien nicht zu nähren.
Es gibt jedenfalls keine Quellen aus jener Zeit, die eine Ver-
knüpfung von Endzeitphänomenen mit der Jahrtausendwende
belegen.

Und trotzdem hält sich der Mythos vom apokalyptisch geprägten Schreckensjahr 1000 hartnäckig. Einer der Gründe liegt
darin, daß verschiedene Geschichtsschreiber Jahrhunderte spä-

ter diesen Mythos der grassierenden Endzeitängste um 1000 n. Chr. in den grellsten Farben ausmalten. Dabei interpretierten sie viele politische und religiöse Ereignisse als apokalyptische Phänomene. Allerdings muß man den Chronisten im 17., 18. und 19. Jahrhundert zugute halten, daß sie triftige Gründe für ihre geschichtlichen Schlußfolgerungen hatten. Denn im Mittelalter spielten Prophezeiungen und Endzeitvisionen eine wichtige Rolle. Sie halfen den Menschen, Ängste und Nöte zu erklären und besser zu ertragen. Fresken und Statuen aus dem Mittelalter zeigen häufig apokalyptische Szenen. Die künstlerische Darstellung von Endzeitsszenarien sind also kein Beweis dafür, daß die Menschen wegen der Jahrtausendwende spezielle Endzeitängste durchlebten.

Apokalyptiker und Propheten traten aber nicht erst bei der ersten Jahrtausendwende auf, sondern versuchten schon früher, den Untergang zu terminieren. Die selbsternannten Heilsverkünder nutzten die Endzeitverzögerung schon in den ersten nachchristlichen Jahrhunderten, um die Gläubigen in ihren Bann zu ziehen. Zu Beginn des 2. Jahrhunderts verkündete beispielsweise Montanus, der umstrittene Führer der Montanisten, die Endzeit. Er sah sich selber als der von Christus verheißene Messias, der das Christentum auf seine Vollendung vorbereiten sollte. Nach Vorstellung des Montanismus sollten die irdischen Banden gelöst werden, um nicht an die gegenwärtige Welt gekettet zu sein. Montanus forderte strenge Askese, strikte Bußdisziplin und lehnte weltliche Bildung ab. Die Montanisten, auch Phrygier genannt, fanden Anhänger in Kleinasien, Gallien, Italien und Nordafrika.

Joachim von Fiore prophezeite 1190 das »Dritte Reich« für das Jahr 1260. Er prägte damit einen Begriff, der später ebenfalls in apokalyptischem Sinn Geschichte machen sollte. Im 15. Jahrhundert ängstigten u. a. die Taboriten die Gläubigen mit Endzeitvisionen, und im 16. Jahrhundert betätigten sich die chiliastischen Täufer als apokalyptische Propheten.

Weltlicher Nutzen der Apokalypse

Die Kirche hat fast immer gegen Endzeithysterien gekämpft. Dafür entdeckten weltliche Mächte zunehmend die Idee von den bösen, satanischen Kräften auf der Erde, um sie für ihre politischen und ideologischen Ziele zu nutzen. Beispiele dafür sind die Kreuzzüge und die Religionskriege im 16. und 17. Jahrhundert. Die Dämonisierung des Feindes mit apokalyptischen Argumenten verfehlte ihre Wirkung nicht. Die Legitimierung von Kriegen mit endzeitlichen Argumenten verlieh den allzu weltlichen Bedürfnissen der Mächtigen einen heilsgeschichtlichen Anstrich. Die politische Instrumentalisierung religiöser Ideen wurde von Königen, Kaisern und Generälen benutzt, um den Haß auf den Gegner zu schüren und die Kampfbereitschaft zu erhöhen. Diese Form der »taktischen Kriegsführung« hat sich bis in die Neuzeit bewährt, wie das Dritte Reich gezeigt hat (siehe Kapitel 6).

Damian Thompson liefert ein eindrückliches Beispiel für dieses Phänomen. So lagen sich Kaiser Friedrich II. (1194–1250) und die Päpste jener Zeit in den Haaren und benutzten hemmungslos ein apokalyptisches Vokabular, um sich gegenseitig zu beschimpfen und zu demütigen. Papst Gregor VII. bezeichnete den Kaiser als das »stinkende Tier« aus der Johannes-Offenbarung, das den Mund öffne, um Gott zu lästern und Pfeile gegen die Heiligen im Himmel zu schleudern. Friedrich II. nahm das Bild auf und antwortete ebenfalls mit einer apokalyptischen Metapher. Später machte sich der Kaiser sogar die Mühe, im Namen des späteren Papstes Innozenz IV. mit Hilfe einer prophetisch-numerischen Zahlenarithmetik die Zahl 666 zu erkennen und ihn als Antichristen zu »entlarven«.

Apokalypse der Wiedertäufer

Die Reformation am Anfang des 15. Jahrhunderts wurde ebenfalls mit apokalyptischen Argumenten ausgefochten. Im Kampf mit der katholischen Kirche bezeichnete Martin Luther (1483–1546) den Papst als Antichristen. Der Streit um die religiöse Wahrheit hatte die christliche Welt eingeholt. Die katholische Kirche drehte angesichts der Bedrohung durch die Reformatoren den Spieß um und konterte mit Endzeitmetaphern.

Apokalyptische Dimensionen nahm auch die Bewegung der Wiedertäufer Anfang des 16. Jahrhunderts in Münster an. Die Gläubigen, die sich von den christlichen Kirchen lossagten und sich im Sinne ihrer endzeitlichen Heilslehre neu taufen ließen, waren in mehreren Glaubensgemeinschaften organisiert. In der westfälischen Stadt Münster fanden sich die radikalsten Wiedertäufer zusammen und verjagten Katholiken und Protestanten. Als der katholische Bischof die Stadt belagerte, verkündeten die religiösen Führer der Wiedertäufer ein neues Zeitalter und eine göttliche Ordnung. Außerdem errichteten sie ein Terrorregime. Der letzte Tyrann, Jan Bockelson, sagte die baldige Wiederkunft Christi voraus und gab sich als Messias aus, der die Heilsgeschichte zu Ende bringen müsse. Der apokalyptische Wahn umnachtete schließlich seinen Geist. Die Belagerung war für ihn das angemessene Szenario, das seine apokalyptischen Visionen und paranoiden Phantasien auf unheilvolle Weise beflügelte. Nach über einjähriger Belagerung machten die katholischen Streitkräfte Mitte 1535 dem Endzeitfanal ein blutiges Ende. Nur wenige Wiedertäufer überlebten das Massaker. Sektendramen sind keine Erfindung der Neuzeit.

Die Propheten orientierten sich also früher bei ihren Endzeitvisionen mehr an weltlichen Zeichen und am religiösen Fahrplan als an magischen Daten. Bis zum 18. Jahrhundert haben das fehlende Zeitbewußtsein, die schlechten Bibelkenntnisse und die kirchliche Zurückhaltung in apokalyptischen

Fragen datumsbezogene Endzeithysterien weitgehend verhindert. Man könnte also erwarten, daß die letzten zwei Jahrhundertwenden prophetische Unruhen hervorgerufen hätten. Laut Damian Thompson gab es im Jahr 1800 »zum ersten Mal ein deutliches Gefühl, von einem Zeitalter ins andere überzugehen«. Besonders in England und Amerika sei ein wahrnehmbares Wiederwachen des Glaubens an Prophezeiungen feststellbar gewesen. Außerdem gab die Französische Revolution verschiedenen Propheten in jener Zeit Anlaß zu apokalyptischen Spekulationen. Sektenhafte Endzeitereignisse rundeten das Bild ab. Das magische Datum regte zweifellos die apokalyptischen Diskussionen und Ängste vieler Gläubigen an, doch die Welt stand am 1. Januar 1800 nicht Kopf.

Dies tat sie zwar auch 100 Jahre später nicht, denn die freudige Erregung über das anbrechende 20. Jahrhundert war stärker als die apokalyptische Angst. Angesichts der Aufbruchstimmung in den westlichen Gesellschaften wollten sich die Gläubigen nicht mit Horrorszenarien die Laune verderben lassen. So ließ sich keine größere Glaubensgemeinschaft dazu verleiten, den Jüngsten Tag auf die Jahrhundertwende zu terminieren. Trotzdem wurde an der Schwelle zum 20. Jahrhundert eine gewisse apokalyptische Unruhe beobachtet. Viele kleinere dogmatische Glaubensgemeinschaften entfalteten am Ende des 19. Jahrhunderts apokalyptische Aktivitäten. Sie organisierten auf das Jahr 1900 ausgerichtete Missionskampagnen, als gelte es, im letzten Moment den biblischen Auftrag zu erfüllen und den »Heiden« das Evangelium zu verkünden. Auch wenn sich keine Sektendramen ereigneten, beschleunigte sich der Puls vieler Gläubiger um die letzte Jahrhundertwende doch erheblich.

Das Fin de siècle erlebte ganz allgemein Umwälzungen, die auch manch aufgeklärte Geister zu Kulturpessimisten oder »säkularen Apokalyptikern« machten. Die industrielle Entwicklung und die politischen Unruhen lösten vielfältige Zukunftsängste aus, die auch Philosophen und Schriftsteller erfaßten. So schrieb beispielsweise Friedrich Nietzsche 1888: »Unsere ganze europäische Kultur bewegt sich seit langem schon mit einer Tortur der Spannung, die von Jahrzehnt zu Jahrzehnt wächst, wie auf eine Katastrophe los: unruhig, gewaltsam, überstürzt: wie ein Strom, der ans Ende will.«

Apokalypse wird ein Massenphänomen

Im 20. Jahrhundert bekam die Apokalypse eine neue Bedeutung. Glaubten bisher fast ausschließlich Mitglieder dogmatischer christlicher Gruppen und Endzeitgemeinschaften an ein baldiges Ende der Zeit, wuchs nun auch bei jenen Menschen die Angst vor apokalyptischen Szenarien, die ein rationales Weltbild entwickelt hatten. So löste der Erste Weltkrieg (1914 bis 1918) bei manchen Menschen Furcht vor der Endzeit aus. Im Zweiten Weltkrieg (1939–1945) gebärdete sich Adolf Hitler messianisch und begründete das angebliche Tausendjährige Reich. Als auch diese globale Krise überstanden war, erfaßten neue, von Menschen gemachte Ängste apokalyptischen Ausmaßes die Massen: Die Bombardierung von Hiroshima und Nagasaki demonstrierte, daß der Mensch fähig wäre, die Apokalypse selbst zu inszenieren.

Später verwandelte der kalte Krieg der Supermächte die Welt in ein atomares Pulverfaß, das auf einen präsidialen Knopfdruck hin hätte explodieren können. Nach dem Zerfall des Ostblocks weckten die Angst vor der Überbevölkerung, vor Umweltkatastrophen, Energieknappheit, Klimaveränderungen und vor den sich häufenden Naturkatastrophen auch bei Intellektuellen Endzeitvisionen. Der Zusammenbruch des kommunistischen Reichs Ende der 80er Jahre löste vor allem bei vielen christlich-dogmatischen Glaubensgemeinschaften apokalyptische Phantasien aus. Sie sahen darin eine Erfüllung der biblischen Prophezeiung und erwarteten die baldige Wiederkunft Christi.

»Explosion fundamentalistischen Christentums«

Nach dem Zweiten Weltkrieg erlebten die christlich-dogmatischen oder -fundamentalistischen Bewegungen einen prägnanten Aufschwung. Die charismatischen und pietistischen Evangelisationsbewegungen entsprechen mit ihren ausgeprägten apokalyptischen Konzepten der Endzeitsehnsucht vieler Menschen. Damian Thompson spricht von einer »Explosion fundamentalistischen Christentums« in der zweiten Hälfte des 20. Jahrhunderts, die »ein deutliches Zeichen für die Macht eines Endzeitglaubens« sei.

Thompson entdeckte eine starke Ähnlichkeit mit den apokalyptischen Vorstellungen des Mittelalters. »Nach Meinung liberaler Christen und nichtchristlicher Kommentatoren bestätigt das lediglich den primitiven, von Ängsten gespeisten Charakter des Fundamentalismus.« Er kommt zur Überzeugung, das prozentuale Wachstum der evangelikalen Christenheit übertreffe wahrscheinlich das jeder anderen Religion einschließlich des fundamentalistischen Islam. »Wir erleben die schnellste Expansion des Christentums in der Geschichte«, schreibt Thompson. Schätzungen gingen davon aus, daß die Zahl der charismatischen Christen in 15 Jahren von 90 Millionen auf 400 Millionen gewachsen sei.

Beim 2. Weltkongreß der weltweit größten Pfingstkirche, der »Assemblies of God«, vom 25. bis 28. September 1997 in der brasilianischen Stadt São Paulo beschlossen die Delegierten eine breitangelegte Evangelisation moslemischer Staaten und die Gründung vieler Ableger in den ehemaligen kommunistischen Ländern und in Afrika. Damit versuchen die pfingstlichen Gemeinden, Denominationen genannt, unter anderem, die biblische Forderung zu erfüllen, wonach die Wiederkunft des Sohns Gottes erst erfolgen werde, wenn allen Völkern die Evangelien verkündet worden seien.

Es ist auch kein Zufall, daß die »Assemblies of God« die Machtdemonstration mit einer Million angereister Gläubiger im damals katholisch dominierten Brasilien durchführte. Die Charismatiker brechen in Südamerika mit solcher Wucht in katholische »Hoheitsgebiete« ein, daß sogar Staatspräsident Fernando H. Cardoso, ein bekennender Atheist, dem Weltkongreß seine Aufwartung machte. Die Pfingstgemeinden bilden heute mit rund 20 Millionen Gläubigen die größte Denomination in Brasilien. Ein Wählerpotential, das der »ungläubige« Cardoso wenige Monate vor den Wahlen nicht ignorieren konnte.

Die Diskussion um die Endzeit hat beim Übergang ins dritte Jahrtausend eine grundlegend neue Qualität bekommen. Begünstigt von der fundamentalistischen Strömung und vom grassierenden New-Age-Kult hat ein Großteil der westlichen Welt ein Bewußtsein für die magische Zeitenwende entwickelt. Die esoterisch motivierten Propheten haben die religiösen Visionäre in wenigen Jahren ins Hintertreffen gebracht. Die Schwelle zum dritten Jahrtausend wird als Epoche in die Geschichte eingehen, die von apokalyptischen Ängsten nicht nur religiöser, sondern vor allem auch okkulter Ausrichtung geprägt war (siehe Kapitel 4 und 5).

Die Endzeitvisionäre haben in dieser Zeit der radikalen Umbrüche in allen Lebensbereichen die apokalyptischen Antennen stets auf Empfang gestellt und interpretieren alle besonderen Ereignisse auf ihre Endzeitprophezeiungen hin. Führer apokalyptischer Bewegungen nutzen jede Gelegenheit, um Missionsoffensiven zu starten. Da sind säkulare Ereignisse wie eine Jahrtausendwende willkommen, um Expansionsaktionen zu rechtfertigen und die Anhänger zu Sonderleistungen anzuspornen.

Die 90er Jahre gelten als Zeitspanne, die von apokalyptischen Ängsten und Visionen geprägt war. Eine erstaunliche Kumulation endzeitträchtiger Faktoren hat zu diesem apokalyptischen Phänomen geführt: Die magische Zeitenwende vollzieht sich in einer Phase, in der so ziemlich alles im Umbruch ist, was Menschen bewegt. Tatsächlich steht die Menschheit nicht nur an einem zeitlichen Wendepunkt, sondern auch an einem historischen. Die radikalen Veränderungen in allen Lebensbereichen wecken zwangsläufig Endzeitängste. In ihrer Verunsicherung flüchten viele in übersinnliche Sphären, in den Schoß christlich-fundamentalistischer Gruppen oder zu Endzeitsekten.

Man braucht kein Prophet zu sein, um vorherzusagen, daß die Jahrtausendwende für Anhänger von Endzeitgemeinschaft eine Krisenzeit wird. Die fiebrige Erwartung der Endzeit dürfte durch tiefe Enttäuschung und Sinnkrisen abgelöst werden. Beide Erfahrungen führen die Gläubigen und Kultanhänger in psychische Grenzbereiche. Sobald das erste Jahrzehnt im 21. Jahrhundert anbricht, werden viele Anhänger von Endzeitgemeinschaften in eine religiöse Krise geraten. Die Seher, Propheten und Visionäre laufen Gefahr, als Scharlatane demontiert zu werden. In ihrem Dilemma müssen sie sich hüten, daß sie nicht einen apokalyptischen Wahn entwickeln und von der Sehnsucht mitgerissen werden, die Endzeit selbst zu inszenieren. Die Gefahr kollektiver Sektendramen dürfte sich in den Jahren nach der Jahrtausendwende zuspitzen.

Teil 2

Apokalyptische Esoterik:
New Age, Neue Rechte und
Neue Heiden

4 Esoterik: Apokalyptische Katastrophen oder sanftes Zeitalter?

Die Vorstellung der Esoteriker vom Zeitalter des Wassermanns, das in unserer Zeit das Fische-Zeitalter ablösen soll, animiert Weltenlehrer, Astrologen und Theosophen in besonderer Weise, ihre Visionen von der Zeitenwende zu verkünden. Viele der selbsternannten Hellseher und Wahrsager, Gurus und Propheten, Visionäre und neuen Christusse sehen einerseits ein sanftes Zeitalter voraus, prophezeien aber auch politische Umwälzungen und Umweltkatastrophen mit apokalyptischen Dimensionen. Die Zahl der esoterischen Deuter, die in die Galerie der Seher eingereiht werden möchten, wächst kontinuierlich. Und keine Botschaft ist zu sonderbar, um nicht auf das Interesse eines breiten Publikums aus der New-Age- und Esoterik-Szene zu stoßen.

Im unübersichtlichen Dschungel der esoterischen Literatur findet sich fast alles, was die menschliche Phantasie an kosmischen und paranormalen Vorstellungen hervorzubringen vermag. Verhängnisvoll kann sich dabei auswirken, daß Esoteriker die Heilstheorien und Prophezeiungen ihrer Meister und Gurus als unumstößliche Wahrheit werten. Aus einem einfachen, aber nicht zwingenden Grund: Für sie ist alles wahr, was angeblich hellsichtige und hellfühlende Meister empfinden oder auf medialem Weg, also durch Inspiration oder Channeling, aus den »kosmischen Sphären« empfangen. Dazu gehören auch apokalyptische Botschaften von einer mystischen Autorität oder einer höheren geistigen Hierarchie.

Haben früher vor allem religiöse Sondergemeinschaften für apokalyptische Unruhe und Endzeitstimmung gesorgt, beackern heute vermehrt theosophische Gurus und esoterische Heilsverkünder, Weltenlehrer und neue Christusse das prophetische Feld. Sie beschwören die Zeitenwende mindestens so erfolgreich wie die christlichen Propheten und Sektenführer. Dabei profitieren sie vom ausgeprägten Zeitgeist, die Welt und den Lauf der Zeit mystisch zu interpretieren. Die angeblichen astralen Botschaften der universalen mystischen Weisheit und die Vorstellung vom kolossalen Einfluß der Planeten auf die Erde ziehen eine große esoterische Glaubensgemeinschaft in den Bann.

Auch die Astrologen, die ebenfalls zum esoterischen Umfeld gehören, sehen ihre Aufgabe darin, den Lauf der Welt vorherzusagen. Sie berechnen die Konstellationen der Gestirne und interpretieren die Auswirkungen besonderer Konjunktionen auf unseren Planeten. Dabei gehen sie von der Hypothese aus, daß die Himmelskörper einen bestimmenden Einfluß auf die Erde und die Menschen ausüben. Obwohl die astrologischen Grundlagen, Berechnungsmethoden und Interpretationen von unüberprüfbaren und teilweise nicht nachvollziehbaren Bedingungen ausgehen, formulieren die Astrologen ihre Prognosen als Tatsachen. So benützen viele esoterische Seher die Astrologie als wichtiges Hilfsmittel, um die End- oder Wendezeit zu »berechnen«. Und nicht erst in unseren Tagen, wie die Prophezeiungen von Nostradamus aus dem 16. Jahrhundert zeigen (siehe Kapitel 16).

Endzeitprophezeiung nach »wissenschaftlichen« Methoden

Apokalyptische Berechnungen nach astrologischen Prinzipien sind ein riskantes Unterfangen. Dies zeigte eine Fernsehdokumentation, die 1980 in Japan ausgestrahlt worden ist. Einem Millionenpublikum wurde beteuert, zwei anerkannte, wissenschaftlich arbeitende Fachleute seien unabhängig voneinander zur Auffassung gelangt, die Menschheit würde 1999 aufgrund einer astrologischen Konstellation ausgelöscht. In seinem Buch *Prophezeiungen zur Jahrtausendwende* schreibt A. T. Mann, die japanischen Wissenschafter hätten die Prophezeiungen des Propheten Nostradamus in Beziehung zu astrologischen Projektionen über das Große Kreuz gebracht, das am 18. August 1999 im Sonnensystem auftreten werde.

In der vielbeachteten Sendung erklärte Hideo Itakawa, Professor und Pionier der Raketentechnologie, er habe durch Computerberechnungen herausgefunden, daß an diesem Tag die Sonne und die Planeten ein Kreuz bilden werden. Er mixte seine astrologischen Berechnungen mit den Prognosen der Zukunftsforscher und kam zu dem Schluß, daß schwere Umweltkatastrophen und Zerstörungen das Ende der Menschheit einläuten werden. Die Verquickung »wissenschaftlicher Erkenntnisse« mit den Prophezeiungen von Nostradamus ergibt ohne Zweifel einen explosiven apokalyptischen Cocktail.

Wenn anerkannte Naturwissenschafter solche »Tatsachen« verkünden, ist ihnen ein besonderer Applaus der Esoterikszene gewiß. Denn die Wissenschaft liefert ihr »Beweise« für Prophezeiungen, welche die Seher über mediale Fähigkeiten oder astrologische Berechnungen angestellt haben. Analysiert man allerdings die Computervorhersagen von Professor Itakawa, reduziert sich sein »wissenschaftliches Konstrukt« auf eine gewagte astrologische Spekulation, mit der er Hunderttausende ängstigt. Seine Computerberechnungen gehen nämlich von der fragwürdigen Annahme aus, daß die Prophezeiungen von Nostradamus gottgegeben seien und das Kraftfeld des astrologischen Kreuzes die Welt mit einer zerstörerischen Energie belasten werde. Beide Hypothesen sind reine Spekulation, und die »wissenschaftliche« Berechnungsmethode erweist sich als Computerspiel mit umstrittenen Zahlen.

Viele Menschen werden Professor Itakawa vor dem 18. August 1999 fragen, ob es keine Möglichkeit gebe, die Apokalypse zu überleben. Sollte er der naheliegenden Idee verfallen, die Leute könnten den Weltuntergang auf dem japanischen Berg Fuji oder auf einem anderen mystischen Gebirge überleben, würde spätestens am 17. August 1999 eine Völkerwanderung einsetzen. Daß solche Szenarien der Alptraum von Polizei und Behörden sind, wissen wir von früheren »Weltuntergängen«. Der Montblanc beispielsweise war wiederholt Zeuge von schaurigen Endzeitritualen. Und solche »Überlebensberge« gibt es nicht nur in Europa, sie finden sich auf allen Kontinenten.

Wer die heimliche Leidenschaft von Professor Itakawa kennt, zieht seine wissenschaftliche Berechnung zusätzlich in Zweifel. Der Japaner ist begeisterter Amateurastrologe und hat verschiedene Schriften zu diesem Thema verfaßt. Unheilvoll könnte sich bei seinen Vorhersagen auswirken, daß sich am 11. August 1999, also eine Woche vor dem sensiblen Datum, die letzte und angebliche größte Sonnenfinsternis im ausgehenden Jahrtausend ereignen soll. Sie läßt sich leicht als Ankündigung des apokalyptischen »großen Kreuzes« der Planeten interpretieren. Laut A. T. Mann wird damit »ein großes Kreuz der Planeten in den feststehenden Zeichen des Tierkreises – im Stier, Löwe, Skorpion und Wassermann – einhergehen, und diese vier Zeichen entsprechen den vier Tieren der Apokalypse in der Offenbarung« des Apostels Johannes.

Wie sollten da astrologisch oder esoterisch interessierte Menschen noch zweifeln, daß die Endzeit Mitte August 1999 anbricht? In ihren Augen decken sich die biblischen Prophezeiungen des Johannes, die astrologischen Zeichen am Himmel und die Vorhersagen von Nostradamus. Eine solche Kumulierung von Endzeitaspekten beflügelt viele Menschen unheilvoll. A. T. Mann meint hingegen in einem Anflug von Aberglauben ehrfürchtig: »Weil dieses Kreuz ungemein exakt sein wird und weil die destruktiven Planeten Mars, Saturn und Uranus daran beteiligt sind, könnte diese Konstellation Katastrophen verschiedenster Art auslösen.« Manchmal lösen sinnlose Ängste in den Köpfen der Menschen Katastrophen aus.

Selbstmord in apokalyptischer Verblendung

Wie außergewöhnliche Himmelserscheinungen den religiösen Wahn von sektenhaften Kultbewegungen wecken können, demonstrierte die Gruppe Heaven's Gate Ende März 1997 bei San Diego, Kalifornien. Als der Komet Hale-Bopp auf seiner Bahn den nahesten Punkt zur Erde erreicht hatte, verabschiedeten sich 38 verblendete Jünger zusammen mit ihrem 66jährigen Kultleader Marshall Applewhite mit einem kollektiven Suizid von der Erde, um sich in »feinstofflicher Form« zum Kometen zu beamen. Sie stellten eine Reisetasche neben ihr Bett, schluckten tödliches Gift und stülpten sich Plastiksäcke über den Kopf, um das Ableben zu beschleunigen. Die Sektenanhänger glaubten, auch im All ihre Zahnpasta zu brauchen.

Sie hatten in der Überzeugung gelebt, kosmische Wesen aus dem All zu sein, die vorübergehend eine Mission auf der Erde erfüllen mußten. Die Mitglieder der Ufo-Sekte starben im Glauben, im Schweif des Kometen warte ein Raumschiff auf sie, das sie abholen werde. Alle Kultanhänger nahmen einen Fünfdollarschein und Nike-Schuhe mit auf die letzte Reise.

Viele Astrologen prophezeien ähnlich wie die esoterischen »Propheten« Horrorszenarien für die Jahrtausendwende. Die Sonnenenergie werde um etwa 20 Prozent zunehmen und die Ozonschicht dramatisch schrumpfen, weissagen sie. Und sie sehen Flutwellen voraus, die Städte zerstören und Inseln im Meer versinken lassen. Außerdem würden Erdbeben ganze Gebiete dem Erdboden gleichmachen. Die astrologischen Verkünder prophezeien auch einen markanten Polsprung. Die Erdachse werde sich verschieben und gewaltige Klimaveränderungen bewirken.

Nur: Gibt es irgendeinen Grund – abgesehen vom numerologischen Aberglauben –, daß das Ende der Zeit ausgerechnet im Jahr 2000 kommen soll? Zieht man außerdem in Betracht, daß unsere Zeitrechnung höchstwahrscheinlich falsch ist, erscheint der apokalyptische Wirbel um die Jahrtausendwende als okkultes Ritual (siehe Kapitel 3). Tatsächlich sind verschiedene Historiker überzeugt, daß unsere Urahnen die Jahre falsch gezählt haben.

Wie wackelig das Fundament der astrologischen Berechnungen und Prophezeiungen ist, zeigt die Tatsache, daß sich der Übergang vom Fische-Zeitalter zum Wassermann-Zeitalter zeitlich nicht präzis bestimmen läßt. Die Berechnungen der Astrologen und Esoteriker liegen teilweise sehr weit auseinander und erstrecken sich über eine Zeitspanne von rund 1000 Jahren. Das hindert sie allerdings nicht daran, angebliche apokalyptische Anzeichen als Ausdruck der Zeitenwende zu interpretieren.

Der lange Übergang zum Wassermann-Zeitalter hängt mit der Schwierigkeit zusammen, daß es kein »astronomisch« genaues »Koordinatennetz« gibt, mit dem die Konstellationen und Sternbilder exakt bestimmt werden können. Somit werden die Prognosen über die Auswirkungen des Wassermann-Zeitalters definitiv zur mystischen Spekulation. Laut A. T. Mann gibt es keine einheitliche Angabe über das neue Zeitalter, weil »die Konstellationen der Tierkreiszeichen nicht jeweils den genau gleichen Teil der Ekliptik ausmachen, sondern willkürliche Sternenansammlungen von unterschiedlicher Größe darstellen«.

Die meisten Astrologen und Esoteriker datieren den Beginn des neuen Zeitalters zwischen 1900 und 2070, also in einem Zeitraum von 170 Jahren. Nicht alle haben eigene Berechnungen angestellt, manche geben vor, entsprechende Botschaften aus der geistigen Welt oder in Form von Visionen empfangen zu haben. Es ist erstaunlich, wer sich alles am Wettbewerb beteiligt, das Wassermann-Zeitalter zu ermitteln. Auf der Liste der astrologischen Hellseher findet sich beispielsweise der berüchtigte Schwarzmagier Aleister Crowley (1875–1947). Der Großmeister des okkulten OTO (Ordo Templi Orientis) sagte für April 1904 den Beginn des »Neuen Äons« voraus, das vom ägyptischen Sonnengott Horus beherrscht würde. Aber auch die theosophischen Großmeisterinnen Helena-Petrowna Blavatsky und Alice A. Bailey orakelten und datierten den Beginn der neuen Zeit auf die erste Hälfte des 20. Jahrhunderts. Selbst Carl Gustav Jung glaubte an eine Übergangszeit, die sich von 1997 bis 2000 erstrecken soll. Der Begründer der Tiefenpsychologe stützte sich dabei wie die japanischen Wissenschafter auf Nostradamus.

Die Hoffnungen, welche die Esoteriker in das neue Zeitalter setzen, haben einen starken apokalyptischen Aspekt. Ihre Heilslehre beruht auf der Idee, daß ein neuer Erlöser oder Messias erscheinen wird, der die Menschen zu höherem geistigem Bewußtsein führe. Die meisten New-Age-Strömungen und esoterischen Heilsideen nennen den erwarteten Meister Avatar, eine Inkarnation des Göttlichen. Oft wird der Avatar auch als der Weltenlehrer oder der neue Christus bezeichnet. Manche »Propheten« scheuen sich auch nicht, sich selbst als Avatar auszugeben und den Übergang ins neue Zeitalter auszurufen.

5 New Age und Theosophie: Die Endzeit zwischen Mystik und Okkultismus

Zu den apokalyptischen Bewegungen gehören auch die meisten esoterischen New-Age-Gruppen und okkulten Zirkel. New Age (dt.: Neues Zeitalter) ist der Sammelbegriff für eine vielschichtige Bewegung, die in den achziger Jahren aus den USA nach Europa kam, das Wassermann-Zeitalter verkündet und den Paradigmawechsel beschwört. New Age befaßt sich mit übersinnlichen Phänomenen und betont die mystischen Werte und kosmischen Kräfte. Die Bewegung war zu einem großen Teil Wegbereiter für die Esoterik und den Okkultismus.

Die mystischen Bewegungen berufen sich auf ein Geheimwissen und behaupten, den Pfad der universellen Weisheit im Sinn der kosmischen Gesetze zu beschreiten. Neben den theosophischen Zirkeln sind dies die mystischen Logen, Mysterienschulen, Geheimorden, Rosenkreuzer und die Gralsbewegung. In ihnen öffnen geistige Mittler, mystische Meister, Medien oder Weltenlehrer den Suchenden angeblich das Tor zur spirituellen Welt. Die Anhänger dieser Gemeinschaften erwarten einen neuen Christus und glauben, durch okkulte oder mystische Rituale die Verbindung zur höheren Geisteswelt herstellen und nach der End- oder Wendezeit zur kosmischen Götterwelt emporsteigen zu können.

Die spirituellen Ideen der Esoteriker und modernen Mystiker gründen zu einem großen Teil auf der theosophischen Lehre der 1831 geborenen Deutschrussin Helena-Petrowna Blavatsky, geborene Hahn von Rottenstein. Blavatsky lebte teilweise in Indien und Sri Lanka und behauptete, die theosophische Lehre von einem »Meister« empfangen zu haben. Zentraler Glaubensinhalt der Theosophie: Der Mensch muß sein Bewußtsein mit spirituellen Ritualen und mystischen

Erkenntnissen entwickeln, in dem er sich an die Anweisungen der »Großen weißen Bruderschaft der aufgestiegenen Meister« hält, die von deren weltlichen Repräsentanten vermittelt werden. Die Theosophie ist eine Mischung aus fernöstlichen Weltanschauungen und okkulten Versatzstücken. Ziel der mystisch-okkulten Reise ist die Verbindung der Menschen mit der göttlichen (kosmischen) Hierarchie und die Aktivierung des eigenen göttlichen Potentials. Das Gedankengut von Blavatsky schimmert überall im New Age und in der »esoterischen Welt« durch. Die Theosophen glauben an das baldige Erscheinen eines »neuen Christus«, häufig als »Lord Maitreya« bezeichnet, der das Wassermann-Zeitalter begründen und die Menschheit zu einem höheren Bewußtsein führen soll. Verschiedene Splittergruppen der Theosophischen Gesellschaft arbeiten heute noch nach den Grundsätzen der theosophischen Meisterin.

Viele theosophische Zirkel und New-Age-Gruppen haben gnostische Erlösungskonzepte entwickelt und glauben, authentische Botschaften der göttlichen Autorität oder einer höheren geistigen Hierarchie zu empfangen. Sie sind nicht auf die Gnade Gottes angewiesen, sondern können sich mit spirituellen Ritualen vermeintlich selbst erlösen. Die theosophische Universale Kirche (UK) oder Bruderschaft der Menschheit behauptet etwa, ihr Avatar Peter Leach-Lewis sei der einzige lebende Gesandte der aufgestiegenen Meister. Zu diesen zählt sie Konfuzius, Buddha, Jesus Christus, Franz von Assisi und viele andere Religionsgründer und Weise. Da die Avatare, wie die Repräsentanten und Vermittler genannt werden, der übrigen theosophischen Bewegungen wie der Theosophischen Gesellschaft oder von I'Am nicht mehr leben, sind diese Gruppen in den Augen der UK-Anhänger von den heilsbringenden »göttlichen Botschaften« abgeschnitten.

Diese esoterischen Sondergemeinschaften sind überzeugt, sie seien frei von sektiererischen Tendenzen. Ihre mediale Verbindung zur »universellen Weisheit« gibt den Mitgliedern ein

Gefühl der Unfehlbarkeit. Diese Selbstüberschätzung macht ihnen in der Regel eine kritische Auseinandersetzung mit ihrer Heilslehre, Organisation und den mystischen Meistern unmöglich.

Viele Anhänger esoterisch-theosophischer Heilslehren tauchen in eine neue geistige oder übersinnliche Welt ein. In ihrer Überschwenglichkeit richten sie, angeleitet von den Großmeistern und Avataren, ihr Leben radikal auf den Guru und seinen Kult aus. Sie katapultieren sich in ihrer anfänglichen Euphorie in eine Scheinwelt und vernachlässigen weltliche Erfordernisse. Die Trennung zwischen einer minderwertigen Alltagsrealität und einer übergeordneten geistigen Welt führt häufig zur Entfremdung vom bisherigen Leben. Wenn die Sehnsucht nach absoluter Harmonie in die Ausübung mystischer Rituale mündet, führt die Suche nach der »kosmischen Wahrheit« nicht selten zur Flucht vor der Wirklichkeit.

Esoteriker, die ihr Leben einseitig auf übersinnliche Werte ausrichten, müssen mit einer emotionalen Regression rechnen. Statt Gnade und Bescheidenheit, wie sie die ursprüngliche Esoterik verlangt, fördert die forcierte mystische Nabelschau eine egozentrische und narzißtische Persönlichkeitsentwicklung. Wer in die Welt der Götter eindringen will, überschreitet oft die Grenzen des menschlichen Bewußtseins. Er wird zum Zauberlehrling, der okkulte Kräfte weckt, die er möglicherweise nicht mehr bannen kann.

In der esoterischen Welt wird die Vernunft oft als Hindernis auf dem Weg zur Erleuchtung betrachtet. Suchende machen die spirituelle Selbstverwirklichung zum dominierenden Lebensinhalt. Schließlich ist es ihr erklärtes Ziel, die »grobstoffliche Welt« oder die irdische Gebundenheit mindestens im mystischen Sinn so rasch als möglich zu überwinden. Das Leben auf dieser Erde ist für Esoteriker eine Art Prüfung, bei der es gilt, die karmische Belastung abzutragen und die Erleuchtung zu erlangen. Diese mystische Katharsis ist eigentlich ein permanenter apokalyptischer Prozeß, ein Wechselspiel von Tod und Wiedergeburt, begleitet von der Hoffnung auf die Erleuchtung, die dem Reinkarnationszyklus ein Ende bereiten soll. Esoteriker, die den Pfad zur höheren geistigen Welt im Sinn der theosophischen Lehre oder der Gralsidee beschreiten, stoßen in heikle übersinnliche Grenzbereiche vor.

Die Bewußtseinsspaltung einer Mysterienschülerin

Ein eindrückliches Beispiel einer Bewußtseinsspaltung schildert Inge Schneider in ihrem Buch *Countdown Apokalypse*. Die Autorin, die trotz eigener Grenzerfahrung noch offen für esoterische Prozesse ist, machte ihre mystischen Erfahrungen in der gnostischen Geistesschule des Lectorium Rosicrucianum, einer Rosenkreuzer-Gemeinschaft. Sie gehört zu jenen Geistesschulen, die ihren Anhängern einen gewissen persönlichen Freiraum zubilligen.

Inge Schneider war von der Atmosphäre in den hellen Tempeln der Rosenkreuzer und vom »Kraftfeld« der Mysterienschule, in der das geistige Bewußtsein sämtlicher Bruderschaften gebündelt sein soll, fasziniert. »Das Leben ›in der Welt‹, im Alltag, wurde für mich zum Problem. Eine tiefe Disharmonie entstand in mir durch die Erkenntnis, daß ich in meinem Beruf als Direktionssekretärin und später als Informatorin ja eine Tätigkeit in der Welt zu erfüllen hatte, die von der Geistesschule als die ›Welt des Todes‹ bezeichnet wurde«. Die Spaltung, die in der Geistesschule zwischen den beiden Welten gemacht wurde, zog sich bald auch durch ihr ganzes Wesen und trennte es in zwei Teile. Sie bekam Konzentrationsprobleme und stellte fest, daß sich ihre Persönlichkeit nicht verwandelte, wie versprochen worden war, sondern auflöste. Halluzinationen und Wahrnehmungsverschiebungen stellten sich ein, sie verlor plötzlich auf der Straße das Bewußtsein.

Ein Arzt wies Inge Schneider in eine psychiatrische Klinik ein, wo sie nach mehreren Tagen in verwirrtem Zustand erwachte. Sie halluzinierte weiter, und ein Psychiater diagnostizierte Schizophrenie. Nun wurde sie vom Lectorium »dispensiert«, also ausgeschlossen: »Man kann ermessen, was der Ausschluß für mich bedeutete, denn der Verbleib in dieser Schule war für mich gleichbedeutend mit Lebenssinn, außerhalb herrschten Todesgrauen und Verzweiflung. Daß mich das Kader der Schule in die ›Welt des Todes‹ zurückgestoßen hatte, kam einem Todesurteil gleich. Und so folgte eine Zeit, in der ich mich täglich mit Selbstmordgedanken trug.«

Drei Jahre lang pilgerte sie von Therapeut zu Therapeut und von Heiler zu Heiler. »Auch Ärzte, Hellseher und Wahrsager wurden bemüht. Alle denkbaren Heilungsmöglichkeiten wurden ausprobiert – wir reisten sogar auf die Philippinen zu den Geistheilern. Alles half gerade so lange, bis die Energie der Heiler, die ich in mein Wesen aufgenommen hatte, verbraucht war.« Es gibt wahrscheinlich eine einfache Erklärung für das Scheitern der Therapien der Geistheiler und esoterischen Therapeuten: Diese operierten mit ähnlichen mystisch-okkulten Energien, Methoden und Ritualen wie denen, die bei Inge Schneider offensichtlich die Schizophrenie ausgelöst hatten. Statt ihr zu helfen, begünstigten die Heiler vermutlich die unheilvolle Entwicklung weiter. Das Beispiel zeigt auch, mit welcher Unbekümmertheit und Fahrlässigkeit viele alternative »Therapeuten« arbeiten. Sie legten Inge Schneider die Hand auf, ließen ihr ein bißchen »Energie« zufließen, meditierten mit ihr usw. Sie scheuten sich auch nicht, rasche Heilerfolge zu versprechen.

Drei Jahre nach dem psychischen Zusammenbruch stellte Inge Schneider den Antrag, wieder in die Geistesschule der Rosenkreuzer aufgenommen zu werden. »Noch glaubte ich daran, daß ich erst bei einem Wiedereintritt in die ›Schule des goldenen Rosenkreuzes‹ wieder ganz geheilt sein würde. Noch immer war ich davon überzeugt, daß diese Schule die Inkarnation der Wahrheit auf Erden war.« Da sie nun aber eine gewisse Distanz zur mystischen Welt der Rosenkreuzer hatte, erlebte sie die Zeremonien nach ihrem Wiedereintritt nüchterner. Nach drei weiteren Jahren trat sie freiwillig aus der Mysterienschule aus. Der Ablösungsprozeß dauerte aber noch Jahre. »Unsägliche Ängste tauchten da plötzlich aus dem Unterbewußten auf, raubten mir den Schlaf und verwirrten mich tagsüber.« Die Verarbeitung der Erfahrungen beim Schreiben des Buches lösten noch einmal Ängste aus. »Durfte ich überhaupt darüber schreiben, fragte ich mich immer wieder. War das nicht ein Vergehen, das mit dem ›geistigen Tod‹ bestraft wurde? Hatte ich nicht immer wieder gehört, daß jener, der aus der Geistesschule austrat, ein Leben lang unglücklich sein würde? Wie ein Geächteter sei der Abtrünnige nirgends mehr zu Hause.«

Trotz der traumatischen Erfahrungen ist Inge Schneider auch heute noch überzeugt, daß die Geistesschule der Rosenkreuzer »die Wahrheit kennt, jene Wahrheit, wonach insgeheim Tausende lechzen«. Und noch heute wird sie von Gewissensbissen geplagt. Sie fragt sich, ob sie die Schuld für ihr mystisches Versagen und die psychischen Probleme bei sich suchen müsse, oder ob sie das Lectorium verantwortlich machen könne. Wobei beide Varianten für sie verhängnisvoll sind: Im ersten Fall erniedrigt sie sich selbst sinnlos, der zweite wäre gleichbedeutend mit einer Todsünde, wie die Autorin schreibt: »Ich würde ›schweres Karma‹ auf mich laden, dessen Aufarbeitung vielleicht Tausende von Jahren beanspruchen würde – so lehrte man uns.« Den Absolutheitsanspruch des Lectoriums in Frage zu stellen sei die einzige Sünde, für die es keine Vergebung gebe.

Rosenkreuzer: Zeit der Erlösung läuft im Jahr 2001 ab

Obwohl der Personenkult bei den Rosenkreuzern nicht so ausgeprägt wie bei anderen Geistesschulen ist – die Verehrung des Gründers Jan van Rijckenborgh sowie der Großmeisterin Catharose de Petri hält sich in Grenzen –, weisen ihr Absolutheitsanspruch und ihre apokalyptischen Ideen sektenhafte Züge auf. Inge Schneider beschreibt in ihrem Buch, daß die Menschheit nach Ansicht der Rosenkreuzer nur noch bis zum Jahr 2001 die Chance habe, sich dem rettenden Prinzip des Lectoriums anzuschließen. Womit sich auch die Rosenkreuzer in den Chor der apokalyptischen Visionäre zur Jahrtausendwende einreihen.

In der Geistesschule ist von der Rückkehr in das Land der Verheißung die Rede, die durch eine Transfiguration und die Vermittlung durch die Universelle Bruderschaft der Rosenkreuzer erreicht werden kann. Das Lectorium versteht diese »Rückkehr« nicht im biblischen Sinne der Apokalypse, doch steckt dahinter auch eine Endzeitvision. Die Rosenkreuzer gehen wie die meisten Mysterienschulen von einem Neubeginn aus, der ein Ende der menschlichen Existenz in der gegenwärtigen Form bedeutet.

Der Gründer der gnostischen Schule, Jan van Rijckenborgh, schreibt von einem Schlachtfeld, »auf dem der große Kampf der Rassen und Völker ausgetragen wird«. Der Kultgründer läßt keine Zweifel offen, daß diese Schlacht kurz bevorstehe: »In unserer Periode muß man das Mittelmeer und das gesamte angrenzende Gebiet als den großen Mittelpunkt bezeichnen. Es ist das Herz unserer Periode. Dort hat sie begonnen, dort findet sie ein Ende.«

Krishnamurti stürzte die Theosophische Gesellschaft in eine Krise

Auch die Theosophische Gesellschaft beruft sich auf Maitreya, der laut der Gründerin Helena-Petrowna Blavatsky (1831 bis 1891) der letzte Messias sein soll. Annie Besant (1847–1933), die Präsidentin der Theosophischen Gesellschaft, erkannte in dem Inder Jiddu Krishnamurti (1897–1986) den neuen Heilsbringer. Krishnamurti wurde im indischen Adyar, dem Zentrum der Theosophischen Gesellschaft, erzogen und beeindruckte seine sprituellen Meister durch seine Ausstrahlung und sein Engagement in mystischen Belangen. Bereits als 16jähriger avancierte er zum Meister der Theosophischen Gesellschaft und wurde als neuer Christus verehrt.

Der Rummel, den die Theosophen und Esoteriker um ihn machten, mißfiel Krishnamurti mit der Zeit. Der Personenkult schuf Bindungen, die schlecht zu seinem Anspruch paßten, sich von allen irdischen Fesseln zu lösen. Krishnamurti weigerte sich, die Rolle des neuen Weltenlehrers zu übernehmen. Das Kadermitglied Rudolf Steiner verließ die Gesellschaft im Streit und gründete die Anthroposophie. Krishnamurti löste den Orden 1929 auf und stürzte die Theosophische Gesellschaft in eine Krise, von der sie sich bis heute nicht erholt hat. Der Meister demonstrierte den Anhängern, daß sie ihn nur als Projektionsfläche für ihre eigenen übersinnlichen Bedürfnisse und Sehnsüchte benutzten und offenbar nicht fähig seien, den Weg zum höheren Selbst ohne ihren spirituellen Führer zu gehen. Er sagte seinen Schülern, es gebe keinen Pfad, der zur einzigen Wahrheit führe, weil die Weisheit etwas Lebendiges sei. Keine Religion und kein Lehrer könne die Suchenden zur wahren Erkenntnis führen, denn die Wahrheit liege in jedem einzelnen.

Krishnamurti entzog sich seinen Jüngern und richtete sich eine Klause in der Schweiz ein. Sein Rückzug schmälerte seine Popularität aber kaum. Bald pilgerten Tausende aus aller Welt zu seiner Wohnstätte und lauschten seinen Weisheiten. Später wies er die Besucher ein zweites Mal ab, weil er die hohen Erwartungen der spirituellen Sucher nicht länger erfüllen wollte.

Der Theosophischen Gesellschaft war zwar nur ein kurzer Erfolg beschieden, die okkulte Heilslehre von Helena-Petrowna Blavatsky übte aber weiterhin Einfluß aus. Ihre Ideen vom Karma, der Wiedergeburt, den kosmischen Gesetzen, der höheren geistigen Hierarchie, der astralen Energie und der mystischen Selbsterlösung finden sich in allen esoterischen Lehren und New-Age-Gruppen wieder.

Christus-Inkarnation der Findhorn-Bewegung kündet neues Zeitalter an

Einen ausgeprägten apokalyptischen Aspekt zeigt auch die Findhorn-Bewegung, die von Peter und Eileen Caddy in der Findhornbucht bei Inverness (Schottland) gegründet wurde und eine wichtige Rolle in der New-Age-Szene spielt. Caddy soll »Durchgaben« (Mitteilungen) eines höheren Wesens erhalten haben, das ihr den Auftrag gab, ein spirituelles Zentrum aufzubauen. Findhorn entwickelte sich rasch zu einer Pilgerstätte, die ein internationales, esoterisch interessiertes Publikum anzieht. In den Botschaften an Caddy als erdgebundenes Medium kündigte die geistige Hierarchie angeblich ein neues Zeitalter an, das mit dem Erscheinen eines kosmischen Christus eingeläutet werde. Dabei soll es sich um ein Superwesen handeln, das gleichsam Gott und Jesus verkörpere und die Autorität einer Christus-Inkarnation habe. Die New-Age-Jünger hoffen, im spirituellen Zentrum mit kosmischer Energie aufgeladen zu werden.

Der Tibeter und die apokalyptischen Botschaften von Alice A. Bailey

Apokalyptische Botschaften aus den kosmischen Sphären will auch das okkulte Medium Alice A. Bailey erhalten haben. Die Durchsagen empfing sie angeblich vom »Tibeter«, einem spirituellen Meister, auf medialem Weg. Der Tibeter soll ihr den Auftrag der geistigen Hierarchie erteilt haben, die Menschheit in ihrer mystischen Entwicklung anzuleiten. Ihre Hauptaufgabe bestehe darin, die Menschen auf zwei zentrale Aspekte vorzubereiten, nämlich auf die bevorstehende Inkarnation von Christus und auf das Wirken einer Gruppe von Medien, die als Mittler zwischen der Menscheit und den aufgestiegenen Meistern arbeiten würden. Für die theosophischen Jünger von

Alice A. Bailey besteht kein Zweifel, daß sie zu den Auserwählten der geistigen Hierarchie zählen. Und sie sind überzeugt,
daß mit der Wiederkunft ihres mystischen Christus die Heilsgeschichte der Menschheit in die Endzeit übergeht.

Laut Bailey soll Christus 1945 der geistigen Hierarchie mitgeteilt haben, er wolle den direkten Kontakt mit der Menschheit wieder aufnehmen. Die Großmeisterin schreibt in ihrem
Buch *Die Wiederkunft Christi*, die ganze Menschheit erwarte
Christus, oder wie immer der himmlische Bote genannt werde.
Der Tibeter habe ihr in seinem Weltgebet offenbart, daß dieser
unterwegs sei. Damit reiht sich die theosophische Großmeisterin in die Galerie der apokalyptischen Prophetinnen und
Propheten ein.

Der Christus der Universalen Kirche

Eine apokalyptische Heilslehre weist auch die theosophische
Bewegung der Universalen Kirche (UK) auf. Gründer und Medium des Kultes ist der in Virginia, USA, residierende Engländer Peter Leach-Lewis, der sich als Patriarch und Orakel Jesu
Christi ausgibt und angeblich Botschaften von den aufgestiegenen Meistern empfängt. Der Name Universale Kirche ist
Programm. Peter Leach-Lewis fühlt sich als Medium der verschiedenen Religionsstifter berufen, möglichst viele Glaubensgemeinschaften unter dem Dach seiner Bewegung zu vereinen.

Der Kult, der sich auch »Fundament für Höheres Geistiges
Lernen« nennt und sich als der 3. Franziskaner-Orden versteht, beansprucht das geistige Erbe der Theosophischen Gesellschaft. Die umstrittene Kultbewegung beruft sich unter
anderem auf die britische Theosophin der ersten Stunde, Alice
A. Bailey (1880–1949). Die Universale Kirche bezieht ihre
Endzeitvorstellungen wie viele esoterische oder theosophische
Gemeinschaften aus den christlichen Aspekten ihrer synkretistischen, bunt zusammengewürfelten Heilslehre. Leach-Lewis

behauptet, in einem früheren Leben der Apostel Jakobus gewesen zu sein, ein Bruder des Apostels Johannes.

Nach Leach-Lewis' Meinung konkretisiert sich die Apokalypse in unserer Zeit. Das Orakel empfing angeblich eine göttliche Botschaft, die es den Kultanhängern im September 1987 offenbarte: »Ich bin Jener, Welcher wiedergekommen ist! Ich bin der Christus in ihm; Ich bin der Christus in euch. So wie ihr ein Teil des Wasserelementes seid, bin auch Ich ein Teil von euch, wie ihr ein Teil des Vaters seid; und Ich bin eins mit Dem Vater und Der Vater ist eins mit euch. Und wenn ihr es wollt, könnt ihr eins sein mit Mir ... Ich bin hier und Ich bin wiedergekommen. Erkennt, daß Ich wiedergekommen bin, in Fleisch und Blut, durch Meinen physischen Bruder. Beginnt ihr zu verstehen, wie Ich und Jesus eins sind?« (Peter Leach-Lewis schreibt alle Begriffe, die sich auf die höheren geistigen Wesen beziehen, mit Großbuchstaben.) Der Kultführer bezeichnet sich als Gesandter Gottes. Die Schriften und Durchsagen der Universalen Kirche erwecken den Eindruck, Peter Leach-Lewis könne der wiedergekommene Christus sein.

Benjamin Creme wartet auf den mystischen Christus

Auch Benjamin Creme ist ein Heilsverkünder aus dem esoterisch-theosophischen Umfeld. Er hat es sich ebenfalls zur Aufgabe gemacht, die Menschheit auf die Wiederkunft eines mystischen Christus vorzubereiten. Wie Helena-Petrowna Blavatsky, die Begründerin der Theosophischen Gesellschaft, nennt der in Großbritannien lebende Kultführer den göttlichen Boten Maitreya.

Bei der Verbreitung seiner apokalyptischen Ideen kann sich Benjamin Creme auf eine breite Anhängerschaft stützen, die sich in der Kultbewegung Share International organisiert hat. Der Vermittler der göttlichen Botschaft gibt sich seit Mitte der 70er Jahre als Medium des neuen Christus aus, der in der anbrechenden Wendezeit als Weltenlehrer erscheinen werde. Der Endzeitvisionär behauptete bereits 1982, Christus lebe auf Erden und wirke unerkannt in London. Wenn die Zeit reif sei, werde er sich in Interviews mit elektronischen Medien zu erkennen geben. Bisher sei Maitreya von den Rundfunk- und Fernsehstationen noch nicht eingeladen worden, um sich öffentlich vorzustellen, erklärte Creme.

Der Kultführer stützt sich bei seinen »Offenbarungen« auf die Bibel sowie die beiden theosophischen Großmeisterinnen Blavatsky und Bailey. Dem neuen Christus schreibt Creme Eigenschaften und Fähigkeiten zu, die nicht vergleichbar sind mit dem Wirken des Jesus Christus vor rund 2000 Jahren. Er beschreibt Jesus als Meister der geistigen Hierarchie und als spirituelle Autorität, der die Erde nie wirklich verlassen habe, sondern kontinuierlich in der unterirdischen Stadt Shambala im Himalaja gewirkt habe. (Shambala gilt in vielen esoterischen und theosophischen Heilslehren als mystische Residenz der höheren geistigen Hierarchie.) 1977 inkarnierte Jesus angeblich wieder in Form einer menschlichen Gestalt.

Creme behauptet, apokalyptische Horrorszenarien würden das Ende des ausgehenden Zeitalters markieren. Der Übergang zum »esoterischen Millennium« werde sich aber weniger dramatisch abspielen als in der Johannes-Offenbarung. Cremes apokalyptische Schilderungen orientieren sich an Gegenwartsproblemen. Wie bei den meisten theosophischen Lehren soll der Zerfall des alten Systems mit einem Börsencrash und vielfältigen Katastrophen eingeläutet werden. Maitreya werde aber rechtzeitig das Ruder in die Hand nehmen und als Weltenlehrer die Menschheit sicher durch den Sturm führen, erklärt Creme. Telepathische Übermittlung sollen dafür sorgen, daß die ganze Weltbevölkerung die rettende Botschaft empfangen könne. Im neuen Zeitalter sollen Friede und Gerechtigkeit herrschen. Und die »neuen Menschen« würden erfüllt sein von kosmischer Energie und einem höheren geistigen Bewußtsein, verspricht Creme.

Share International gibt sich einen sozialpolitischen Anstrich und setzt sich für Gerechtigkeit auf dieser Welt ein. Benjamin Creme sieht im anbrechenden Wassermann-Zeitalter
eine Wendezeit, die auch soziale Reformen bewirken werde.
Über die traditionellen Religionsgemeinschaften gießt Creme
nur Hohn und Spott.

I'Am

Auch die theosophische Gemeinschaft I'Am spricht von der
Wiederkehr eines kosmischen Meisters, der stark an den Maitreya von Helena-Petrowna Blavatsky erinnert. Ihre Anhänger
vergleichen die gegenwärtigen Umwälzungen in der westlichen Welt – zum Beispiel die Verwirklichung der Europäischen Union und die ökumenischen Bestrebungen – mit der
apokalyptischen Schlacht um Harmagedon. In den Schriften
der gnostischen Gemeinschaft finden sich Hinweise auf die
biblischen Prophezeiungen, die ihre Endzeitvisionen unter-
mauern sollen. Obwohl sich die Ideologen von I'Am nicht auf
einen Zeitpunkt festlegen, lassen die aktuellen Bezüge den
Schluß zu, daß sie die Apokalypse in naher Zukunft erwarten.
Außerdem glauben die Anhänger dieser theosophischen Splittergruppe an die Wiederkunft eines kosmischen Wesens.

6 Adolf Hitler:
War der Nationalsozialismus ein Endzeitkult?

Die theosophisch-okkulten Ideen erleben zwar im Zeitalter des New Age und der Esoterik eine neue Blüte, sie spielten aber schon früher in Geheimbünden, Logen und theosophischen Bewegungen eine ebenso wichtige wie unheilvolle Rolle. So leiteten beispielsweise die Ideologen des Nationalsozialismus ihre Rassentheorie von den arischen Übermenschen teilweise von theosophischen Konzepten ab. Und ein Teil der späteren Führungsspitze des Dritten Reichs lernte die okkulten Ideen in den 20er Jahren in der logenartigen Thule-Gesellschaft kennen. Diese spiritistisch-okkulten Wurzeln des NS-Regimes werden von vielen Historikern noch immer unterschätzt. Sie haben offenbar Schwierigkeiten mit der Vorstellung, daß okkulte Wahnideen die Weltgeschichte auch in der Neuzeit noch entscheidend prägen können.

In den mystischen Visionen verschiedener NS-Ideologen sollte der arische Übermensch eine neue Weltordnung schaffen. Das Resultat ist bekannt: Besessen vom rassistischen Kult der Ariosophie schritten Hitler und seine Schergen zur Tat. (Ariosophie ist der zur Ideologie oder Religion hochstilisierte Mythos der »arischen Rasse«.) In apokalyptischer Manier sahen sie in den Juden den »Antichrist«, den es zu vernichten galt. Gleichzeitig wollten die Nationalsozialisten das Tausendjährige Reich begründen und die Weltherrschaft an sich reißen.

Der Nationalsozialismus entwickelte auf dem Fundament einer politischen Ideologie eine klassische apokalyptische Heilslehre. Hitler sah sich als den neuen Messias, er träumte vom biblisch inspirierten Millennium. Die Arier im Gewand der Nazis waren die auserwählte reinrassige Elite, die nach dem Endsieg (Schlacht um Harmagedon) ins »Nazi-Paradies« einmarschieren würden.

Damian Thompson behauptet in seinem Buch *Das Ende der Zeiten*, es sei »eine Ironie der Geschichte, daß die Nazis unbewußt die Strukturen des (christlichen) Glaubens übernahmen«, der eigentlich von Juden entwickelt worden sei. Schon das Buch Daniel verspreche eine strahlende neue Welt, wenn das auserwählte Volk seine Feinde besiege. Laut Thompson übertreffen allerdings die apokalyptischen Ideen der Nazis die Vorstellungen Daniels bei weitem. Eine Parallele finde sich nur in der Johannes-Offenbarung. Für Thompson ist der abgrundtiefe Haß der Nationalsozialisten gegenüber den Juden »der deutlichste Hinweis auf die im Grunde religiöse Natur ihres Glaubens«. Für Hitler seien die Juden »eine übernatürliche Streitmacht des Bösen« gewesen. Diese Überzeugung habe den Holocaust erst möglich gemacht.

Umstritten ist allerdings, wie groß ihr Einfluß auf die politische Entwicklung des Dritten Reichs und des Zweiten Weltkriegs war. Es gibt nur wenige historische Dokumente, die diesen dunklen Aspekt in der modernen Geschichte erhellen könnten. Um das breite, teilweise ideologisch gefärbte Spektrum der Einschätzungen und Interpretationen darzulegen, soll das Phänomen hier von drei Seiten beleuchtet werden.

• Die meisten Historiker schätzen die theosophischen und okkulten Einflüsse auf den Nationalsozialismus und das Dritte Reich als nicht sehr hoch ein. Allerdings haben nur wenige sich die Mühe gemacht, die Einflüsse genauer zu untersuchen. Einzelne Historiker sind aber überzeugt, daß das Dritte Reich verschiedene sektenhafte Züge aufweist.

• Verschiedene Zweige der Esoterik- und New-Age-Szene, die theosophischen Bewegungen und die Neue Rechte messen den magisch-okkulten Aspekten im Dritten Reich große Bedeutung zu. Teilweise versuchen sie damit, den Nationalsozialismus zu verklären und als Ideologie zu rehabilitieren.

• Okkultisten, Neuheiden und rechtsradikale Ufologen glauben sogar, daß dem Nationalsozialismus eine »astrale« oder

»kosmische« Dimension zukommt, weil die »arischen Gott-
menschen« teils auf fernen Planeten, teils in unterirdischen
Reichen im Himalaja-Gebiet leben würden. Die göttlichen
Wesen hätten angeblich einst in der sagenumwobenen
Hochkultur Thule gewirkt. Um Thule ranken sich ähnliche
Mythen wie um den angeblich versunkenen, einst von »ari-
schen Übermenschen« bevölkerten Kontinent Atlantis. Die
Vertreter dieser Hypothese sind überzeugt, daß zumindest
ein Teil des Nazi-Kaders nach dem Zusammenbruch des
Dritten Reichs mit Flugkörpern in das All geflüchtet sei
(siehe Kapitel 7).

Nationalsozialismus und Okkultismus im
Spiegel der Geschichtsschreibung

In der Geschichtsschreibung werden die okkulten und mystischen Elemente des Nationalsozialismus oft vernachlässigt. Im
Gegensatz zu den meisten Historikern, die den Einfluß der ma-
gisch-theosophischen Ideen auf die NS-Führungsspitze und
die politische Entwicklung des Dritten Reichs als gering betrachten, betont Dietrich Bronder in seinem Buch *Bevor Hitler
kam* den okkulten Aspekt des Nationalsozialismus. Der Autor
stützt sich dabei vor allem auf ein Buch gleichen Titels, das der
Okkultist Rudolf Freiherr von Sebottendorf 1932 herausgab.
Als Gründer der Thule-Gesellschaft und Logenbruder verschiedener Weggefärten von Hitler war Sebottendorf ein »Eingeweihter«, der in den 20er Jahren einzelne Vertreter der späteren
NS-Führung für okkulte und rassistische Ideen gewann.
   Bronder ist zwar umstritten, verschiedene seiner Recherchen sind jedoch hilfreich, um den Sachverhalt zu erleuchten.
Nach ihm war die Thule-Gesellschaft die ideologische und ok-
kulte Kaderschmiede der Nationalsozialisten. Der Orden habe
aus einem politischen und einem okkulten Zweig bestanden.
Nach außen gab sich der politische Arm als Studiengesellschaft

für germanisches Altertum aus und diente gleichzeitig als Deckmantel für den okkulten Orden. Der Geheimbund pflegte völkische Ideologie und verklärte germanisches Brauchtum.

Die Thule-Gesellschaft wurde 1918 von Sebottendorf in München gegründet, wo auch der 1912 von Philipp Stauff initiierte Germanen-Orden seine Zentrale hatte. Die beiden rechtsradikalen Organisationen verfolgten ähnliche politische und okkulte Ideen und waren personell verflochten. Als der politische Druck auf die rechten Bewegungen in München durch die Räterepublik stärker wurde, schlossen sich der Thule- und der Germanen-Orden zur Thule-Gesellschaft zusammen. Die Bewegung wurde zum Hort des Widerstands gegen die linken Kräfte in München. Mehrere Mitglieder der Thule-Gesellschaft wurden von Rotgardisten als Gefahr erschossen.

Bronder charakterisiert die Thule-Gesellschaft als Geheimbund: »Innerhalb der Loge bestand als ›esoterischer Kern‹ ein magischer Zirkel, in dem Geheimwissenschaften – an der Spitze Astrologie – getrieben wurden. Um aber auch eine entsprechende Breitenwirkung und mit ihr Einfluß auf die Politik zu erreichen, verzichtete man nach außen hin auf die Beschäftigung mit Magie und Okkultismus und bildete einen ›exoterischen Kreis‹, die ›Thule-Gesellschaft‹. In ihr pflegte man germanisches Weistum und, nur leicht okkultisch gefärbt, die germanische Vorgeschichte sowie den Antisemitismus.«

Die Thule-Gesellschaft führte im Wappen ein Hakenkreuz als Lichtquelle über einem Dolch. Dieses Symbol galt schon im Altertum vielen Kulturen und Religionen aus dem Orient als Zeichen für religiöse oder mystische Energie. Verschiedenen fernöstlichen Kulten und Religionsgemeinschaften dient es noch heute als spirituelles Symbol. Auch für esoterisch-theosophische Zirkel hat es noch immer eine magische Bedeutung. Im Dritten Reich wurde das Kreuz ein Symbol für Terror und Massenwahn. Es gibt keine eindeutigen Beweise dafür, wer das Hakenkreuz wann und warum für die Nazi-Partei NSDAP reklamiert hat. Hitler schrieb 1920, der Kult der alten Germanen müsse erneuert werden. Unter diesem Text sind fünf Haken-kreuz-Entwürfe abgebildet.

Der Thule-Orden verfolgte neben mystischen Ideen und der Renaissance des Germanentums auch politische Ziele. Er wollte diese mit machtpolitischen Instrumenten umsetzen und zur Massenbewegung werden. Um den politischen Einfluß und die Reichweite des Thule-Ordens auszubauen, suchte der Gründer Sebottendorf eine vaterländisch gesinnte Partei und paktierte mit Karl Harrer (1890–1928), der zusammen mit Anton Drexler die rechtsradikale Deutsche Arbeiter Partei (DAP) gegründet hatte.

Im September 1919 nahm Hitler erstmals an einer Parteiver-sammlung in München teil, allerdings als Spitzel der Reichs-wehr. Da er sich an den Diskussionen beteiligte, wurde er ohne spezielle Anfrage in die Partei aufgenommen. Ein Jahr später übernahm er dank seiner rhetorischen und organisatorischen Fähigkeiten die Führung der DAP und benannte sie in Natio-nalsozialistische Deutsche Arbeiterpartei (NSDAP) um. Hitler hatte also über die DAP Kontakt mit einzelnen Thule-Mitglie-dern.

Der Thule-Gründer Sebottendorf verfügte über beträcht-liche Geldmittel, mit denen er auch Hitler unterstützte und förderte, wie René Freund in seinem Buch *Braune Magie?* schreibt. Er bestätigt, daß zumindest eine indirekte Verbin-dung zwischen dem Okkultisten Sebottendorf und Hitler be-standen habe. Er hält es auch nicht für abwegig, daß Sebotten-dorf sich rühmen konnte, die Thule-Leute seien die ersten gewesen, die sich mit Hitler verbündet hätten.

Aufschlußreich ist deshalb die Frage, welche NS-Funk-tionäre bei der Thule-Gesellschaft aktiv waren. Bronders Liste ist länger als die von Freund. Neben Hitler führt Bronder fol-gende Männer auf, die später führende Positionen im NS-Re-gime bekleideten: Rudolf Heß, SS-Obergruppenführer, Reichs-minister und Hitler-Stellvertreter; Reichsmarschall Hermann Göring; Heinrich Himmler, Reichsführer SS, Minister, Polizeichef und einer der Hauptverantwortlichen für die Errichtung von Konzentrationslagern und die Massentötung von Juden; Reichsleiter Alfred Rosenberg; Hans Frank, Generalgouverneur für Polen in Krakau; Julius Streicher, Gauleiter; Bernhard Stempfle, Intimfreund und Beichtvater Hitlers; Theo Morell, Leibarzt Hitlers. Von den führenden NS-Funktionären führt Freund zwar Göring, Himmler und Streicher nicht an, dafür zusätzlich Max Amann, erster Geschäftsführer der NSDAP, Anton Drexler, Gründer der DAP und Ehrenvorsitzender der NSDAP, Karl Harrer, Reichsvorsitzender der DAP und Heinrich Jost, Kommandant der gefürchteten »Einsatztruppe A«. Die meisten Historiker sind sich einig, daß zumindest Hitler und Streicher nicht in der Thule-Gesellschaft aktiv waren.

Der Thule-Orden ließ sich unter anderem von den beiden Okkultisten Guido von List und Jörg Lanz von Liebenfels inspirieren. Die beiden waren die treibenden Kräfte der okkulten Armanen-Loge und lieferten den nationalsozialistischen Ideologen die Vorstellung vom arischen Übermenschen. Eine Wahnidee, die auch bei Hitler auf fruchtbaren Boden fiel. Deshalb lohnt sich ein Blick in die Geisteswelt von List und Lanz.

Guido von List:
Geschichtsforschung mit okkulten Ritualen

List (1848–1919) gründete 1908 eine eigene Loge, die Guido-von-List-Gesellschaft, die enge Verbindungen zur Theosophie hatte. Die von finanzkräftigen und angesehenen Personen geführte Gesellschaft finanzierte List ausgedehnte »Forschungen« und Publikationen im mystisch-okkulten Bereich. Alle Mitglieder der Wiener Theosophischen Gesellschaft waren auch im List-Orden aktiv. List verstand sich als »Germanenforscher« und glaubte an die polytheistische Religion der Ario-Germanen. Seine »Erkenntnisse« über die Germanen gewann er mit Hilfe des okkulten Rituals der Reinkarnationserinnerungen, die List »Erb-Erinnerung« oder »Findung« nannte. Diese Begriffe finden sich »bei den kuriosen SS-Forschungsstellen wieder«, schreibt Freund. Mit dieser okkulten Methode werden angeblich die mystischen Erfahrungen aus früheren Leben aktiviert.

List war auch treibende Kraft in der Armanen-Loge. Bronder bezeichnet den Orden »als geistiges Zentrum des rassischen Antisemitismus«. List soll bereits Anfang des Jahrhunderts beim Österreichischen Alpenverein unter den Studenten und der Jungmannschaft den »Heil-Gruß« eingeführt haben.

Er propagierte die Unterdrückung minderwertiger Rassen. In der angeblichen jüdischen Weltverschwörung sah er eine große Gefahr für Deutschland. Deshalb nahm er nach theosophischem Muster eine hierarchische Gliederung der Rassen nach ihrer geistigen oder spirituellen Entwicklung vor. An die Spitze setzte er die Armanen, die als Eingeweihte, Priester und Adlige dazu bestimmt seien, die geistige und weltliche Vorherrschaft zu übernehmen.

List »säuberte« nach eigener Meinung die theosophische Lehre, indem er verschiedene fernöstliche Elemente eliminierte und mit germanisch-völkischen Ideen anreicherte. Er verknüpfte seine arische Rassentheorie mit eigenwilligen Vorstellungen von der urgermanischen Religion sowie den mystischen Aspekten der Theosophie und nannte seine eigene Lehre »Ariosophie«. Er verklärte darin das Germanentum und ließ die germanischen Riten wieder aufleben. List erklärte, der arische Mensch könne Teil des göttlichen Bewußtseins werden, wobei der Okkultist die mystische Entwicklung der Menschen von der Rassenfrage abhängig machte. Nur Menschen mit germanischem Ursprung gestand er die Vereinigung mit den Göttern zu.

List wollte die Rassenreinheit durch ein Sippenrecht und Ehegesetz erhalten und die ariogermanischen Übermenschen »veredeln«. Seine Ideologie sah vor, daß nur reinrassigen Hausvätern die Bürgerrechte eingeräumt würden. Außerdem träumte er von einer Staatsform nach dem Vorbild seines Ordens. Funktionsträger sollten ausschließlich germanische Priester sein. Symbol »seines« Staates sollte die doppelte Sieg-Rune sein, also ein Doppel-S, das bekanntlich im Dritten Reich eine unheilvolle Bedeutung erlangte. List hatte angeblich durch Reinkarnationserinnerungen den Ursprung der Runen entdeckt. Sich selbst nannte er einen »hohen arischen Lehrer«.

Viele Elemente von Lists Ariosophie tauchen im Nationalsozialismus wieder auf. Somit stellt sich die Frage, ob Hitler zumindest die rassistischen Wahnideen von List übernahm oder ob sich die beiden gar gekannt haben. Bronder erklärt, die beiden seien sich höchstwahrscheinlich persönlich begegnet, was allerdings äußerst unwahrscheinlich ist.

Umstritten ist auch, ob Hitler Lists Ideen studiert hat. Peter Orzechowski, Autor des Buches *Schwarze Magie – Braune Macht*, hält es für sehr wahrscheinlich, daß Hitler Schriften von List gelesen habe. René Freund hingegen ist skeptisch: Bronder liefere »nicht den geringsten Beleg« für seine Behauptung. Tatsache ist aber, daß sich die Rassenvorstellungen des Nationalsozialismus und die ariosophischen Ideen von List in weiten Teilen decken.

Jörg Lanz von Liebenfels:
»Die blonde Rasse ist der Meister Götterwerk«

Noch schillernder war Lists Kultbruder Lanz von Liebenfels (1874–1954), der dem Blondheitskult huldigte. Bronder schreibt: »Nach Selbsternennung zum ›Baron Jörg Lancz de Liebenfels‹ gründete er einen nach streng katholischem Vorbild organisierten – wenn auch vielleicht nicht von der katholischen Kirche inspirierten – Orden ONT, ›Orden des Neuen Tempels‹ (Ordo Novi Templi) (…) Viele dieser Neutemplerbräuche finden sich im Weihe-Ritual der Hitler-Jugend und vor allem der Junkerschaft der nationalsozialistischen Ordens-

burgen wieder, auch das Ku-Klux-Klan-Ritual in den USA
ähnelt dem der Templer.«

Bronder bezeichnet die Ideen von Lanz als Rassenkult-Reli-
gion, eine Mischung aus »arischem Christentum« und Germa-
nen-Vergötterung. Im Zentrum dieser »Religion« stand ebenfalls die Überlegenheit der arischen Rasse. Lanz schrieb: »Die
Rasse ist Gott, der Gott ist gereinigte Rasse.« Der Sündenfall
im Paradies sei durch die Rassenmischung geschehen: »Die
blonde heroische Rasse ist der Götter Meisterwerk, die Dun-
kelrassen der Dämonen Pfuschwerk.« Auch Jesus sei es nicht
geglückt, den arischen Menschen von der Erbsünde der »Sodomie« zu befreien, da die »Blutschande mit den ›Äfflingen‹
weiter fortschritt«.

Mit dem Tempel-Orden wollte Lanz radikale Methoden ein-
führen, die die Rassenreinheit garantierten. Seine Strategien
sahen vor, die Reinrassigen zu fördern, die niederrassigen
Juden zu kastrieren, sterilisieren oder zu liquidieren. Lanz
strebte den »gottgleichen Menschen« und die »arische Helden-
rasse« an. Er war überzeugt, daß zu seiner Zeit die »Niederras-
sen« die Herrschaft ausübten. Schuld daran gab er weitgehend
den Frauen, die grundsätzlich einen Hang zu Niederrassigen
hätten. Er forderte eine Rassenaristokratie und Privilegien für
die blonden »Arier«.

Selbst René Freund, der den Einfluß der okkulten Ideen von
List und Lanz auf das Dritte Reich geringer einschätzt als
Bronder, sieht eine geistige Verwandtschaft: »Erschreckend
sind die Parallelen zwischen der Lanzschen Theorie und der
Praxis des Dritten Reichs: Lanz fordert in seinen Heften und
Büchern die ›Ausrottung des Tiermenschen‹, dessen Verban-
nung in den ›Affenwald‹, einen Rassenkampf ›bis aufs Kastra-
tionsmesser‹ sowie Zwangsarbeit und Mord: ›Bringt Frauja
Opfer dar, ihr Göttersöhne!‹« (Frauja ist für Lanz ein Syno-
nym für Jesus, den er zum germanischen Gott machte.)

Freund bezeichnet die Gemeinsamkeiten der Rassentheo-
rien von Lanz und dem NS-Regime als verblüffend, zum Bei-

spiel in der sprachlichen Übereinstimmung: »Begriffe wie ›der heilige Gral des Deutschen Blutes‹, ›Untermenschen‹ oder ›Rassenschande‹ wurden zum Teil von Lanz geprägt und von Hitler übernommen.«

Machtkampf der Okkultisten

Wie groß war nun der Einfluß der ehemaligen Thule-Mitglieder und späteren Nationalsozialisten auf Hitler und das Dritte Reich? Zu dieser Frage gibt es kaum gesicherte Dokumente. Als Hitler an die Macht kam, wollte er von den okkulten Ideen nichts mehr wissen und band auch die ehemaligen Thule-Mitglieder und okkulten Eiferer zurück. Aber er übernahm die rassistischen Aspekte der Ariosophie zu einem großen Teil. Er erkannte spätestens bei der Machtübernahme 1933, daß ihm die magischen Ideen gefährlich werden und seine Popularität beeinträchtigen könnten. In der Rolle des Staatsmannes wurde Hitler rasch zum Realpolitiker.

Unbestritten ist hingegen, daß Rudolf Heß, Stellvertreter Hitlers und Schüler von Haushofer, von okkulten Disziplinen fasziniert war. Von der Ariosophie über die Astrologie bis zur Theosophie beschäftigte er sich mit verschiedenen mystischen oder okkulten Heilslehren und Ritualen.

An okkulten Fragen besonders interessiert war Heinrich Himmler, Reichsführer der SS und ab 1943 Reichsinnenminister. Himmler baute die SS zu einer parteiinternen Polizeiorganisation und zur Waffen-SS als selbständiger Truppe aus; ihm unterstanden die Konzentrationslager und er war entscheidend verantwortlich für den Massenmord an den Juden. Laut Freund hat die SS »ihre Weltanschauung aus okkulten Quellen« genährt. Himmler machte aus der SS nicht nur eine Kampfeinheit, sondern auch einen geheimbündlerischen Kult mit vielen Ritualen. Auf der mittelalterlichen Wewelsburg, der »Ordensburg« der SS, gebärdete sich Himmler als Magier. In den Riten ließ er die Kreuzritter, Rosenkreuzer und Tempelritter aufleben und die Gralsmystik auferstehen.

Es sei erstaunlich, mit welcher Konsequenz die SS »all jene Gedanken in die grausame Tat umsetzte«, die etwa den okkultistischen Wahnsystemen eines Lanz von Liebenfels entsprungen seien, schreibt René Freund. Bezeichnend ist der Name des SS-»Aufzuchtsvereins« »Lebensborn«. SS-Männer mußten sich einer strengen Kontrolle unterziehen. Arische Körpermerkmale waren entscheidend für die Aufnahme in die Elitetruppe. SS-Männer waren auserkoren, das arische Erbgut auf möglichst breiter Ebene weiterzutragen und zu veredeln.

Und wie steht es mit dem okkulten Gedankengut bei Hitler? »Das Denken in Jahrmillionen, in Äonen und kosmischen Unendlichkeiten, das Beschwören eines Weltenkampfes, in dem die gute ›andere Kraft‹ das Böse ›wieder zum Luzifer zurückwirft‹ (*Mein Kampf*), die Erlösergestalt und der göttliche Mensch sind Archetypen magisch-esoterischer Denkungsart«, schreibt René Freund in *Braune Magie?*. Er verweist damit zwar auf die okkulten Wurzeln, doch warnt er auch davor, die mystisch-magischen Einflüsse auf den Nationalsozialismus nach 1933 überzubewerten. Hitler verbot Sebottendorfs Buch *Bevor Hitler kam*, um allen Spekulationen darüber, was sein Denken beeinflußt haben könnte, den Boden zu entziehen.

Wie gesehen, haben die okkulten Ideen von den reinrassigen Ariern und der Wahn von der jüdischen Weltverschwörung ihre Wurzeln nicht mehr in der Theosophie und Ariosophie. Der ideologische Einfluß der Okkultisten aus der Thule-Gesellschaft auf den Nationalsozialismus war grundsätzlich gegeben. Der Zweite Weltkrieg war ein einziger apokalyptischer Wahn, der teilweise den Köpfen von Okkultisten und Theosophen entsprang. Es wäre allerdings ein historischer Kurzschluß, den Zweiten Weltkrieg und das Dritte Reich als Sektenphänomen mit Hitler als Kultführer zu interpretieren. Der Wahn der NS-Führung hatte zwar Wurzeln in einer magisch-okkulten Verblendung, die Mobilisierung der Massen, der Aufbau des Nationalsozialismus, die Judenvernichtung und letztlich der Weltkrieg sind aber vor allem »säkulare« Ereignisse mit politischen Dimensionen, die ein Großteil des deutschen Volkes mittrug und in die Tat umsetzte. Es wäre also zu kurz gegriffen, die nationalsozialistische Massensuggestion einzig als sektenhafte Indoktrination zu sehen, auch wenn das NS-Regime Züge einer Sekte und seine Ideologie einer apokalyptischen Heilslehre vergleichbar war.

Diese Präzisierung ist vor allem in bezug auf die aktuelle Diskussion über die germanischen Naturreligionen, die Neuheiden, Biozentristen und die esoterisch angehauchte Neue Rechte wichtig. Eine tendenziöse Interpretation der NS-Geschichte erleichtert diesen Kreisen die Verklärung der spiritistischen Wurzeln und Grundanliegen des Dritten Reichs. Sie suchen ständig Argumente, um ihre getarnten Kampagnen zur Rehabilitierung der Ariosophie und des Nationalsozialismus zu rechtfertigen. Dabei interpretieren sie politische Fakten nach ihrem faschistischen Gusto um. Verklärt als esoterische Versatzstücke sollen rassistische und völkische Ideen ins Bewußtsein der breiten Bevölkerung gebracht werden. Rechtsradikale Autoren haben eine ganze Reihe von Büchern auf den Markt geworfen, die den Nationalsozialismus und ihre Ideologen verklären. In Fachkreisen hat sich dafür der Begriff des »esoterischen Hitlerismus« durchgesetzt. Damit versuchen die verschiedenen neuheidnischen Bewegungen, die Esoterik- und New-Age-Szenen, die sich ebenfalls für mystisch-magische Phänomene interessieren, für ihre Zwecke zu instrumenalisieren. Verkauft werden diese teilweise verbotenen Machwerke vor allem in Esoterikbuchläden – oft unter dem Ladentisch.

Dieser Teil der Esoterik-Szene ist überzeugt, daß sich im Umfeld der Thule-Gesellschaft und der NSDAP auch Mitglieder der »Loge der Brüder vom Licht« sowie Tempelritter und Theosophen eingenistet hatten. Nach dieser Meinung hatte die Thule-Gesellschaft und später auch die SS enge Kontakte zu einem tibetischen Schwarzmagier, dessen Markenzeichen grüne Handschuhe waren. Er sei der Hüter der Schlüssel zur mystischen Himalaja-Stadt Shambala gewesen. Shambala gilt in esoterisch-theosophischen Kreisen als unterirdisches Zentrum, in dem angeblich die Meister der höheren geistigen Hierarchie residieren. Die »Stadt« ist das Symbol für eine unerschöpfliche mystische Energiequelle. Verschiedene esoterische Zweige glauben, daß arische Übermenschen dort eine neue Heimat gefunden hätten, nachdem der Kontinent Atlantis untergegangen sei.

Anhänger der Neuen Rechten und esoterischer Zirkel behaupten weiter, der innerste Zirkel der SS habe die Geheimgesellschaft »Schwarze Sonne« gebildet. Der Name bezeichne eine Zentralsonne, um die sich die Sonne unseres Planetensystems drehe. Die »Schwarze Sonne« symbolisiert nach den Vorstellungen verschiedener okkulter Meister eine mystische Energie, die angeblich nur Eingeweihte empfangen können. Mit ihr können sie hellsichtig werden und das Geheimwissen auf medialem Weg empfangen. Dargestellt wird diese Energie durch ein gleichschenkliges Kreuz, das Balkenkreuz. Deshalb hätten die Nazis das magische Symbol auf ihre Panzer und Flugzeuge gemalt. Das gleiche Kreuz wird von Rosenkreuzern, Templern und vielen anderen Logen auch heute noch verwendet. Auch die Sonnentempler, die mit ihren wiederholten Massakern Mitte der 90er Jahre weltweit für Schlagzeilen sorgten, benutzten dieses Kreuz als mystisches Emblem.

7 Neue Rechte: Okkulte Reise zu den Ur-Ariern auf den fernen Planeten

Die Neue Rechte hat in den 80er und 90er Jahren erkannt, daß sie das Interesse der Esoterik- und New-Age-Szene an den übersinnlich-okkulten Aspekten des Dritten Reichs für ihre rechtsradikalen Zwecke nutzen und politischen Profit aus der wachsenden Faszination gegenüber spirituellen Phänomenen schlagen kann. Die Ideologen der erstarkten neurechten Bewegungen sahen in der Esoterikwelle eine neue Chance, ihre mystisch-völkischen Ideen einer breiteren Bevölkerungsschicht nahe zu bringen. Sie erkannten in der Geistesverwandtschaft in spirituellen Fragen mit der New-Age-Szene ein wirkungsvolles Propagandamittel.

Die Vordenker der Neuen Rechten kochen die mystischen Ideen der Thule-Gesellschaft und seiner Exponenten in unzähligen Büchern und Schriften geschickt auf, um die Neugier der New-Age-Anhänger und Esoteriker zu wecken. Nimmt man die hohen Auflagen der einschlägigen Literatur als Gradmesser, muß von einem durchschlagenden Erfolg gesprochen werden. Die rechtsradikalen Autoren achten allerdings sorgsam darauf, sich neutral zu geben und sowohl die Kriegsgreuel als auch den Holocaust auszuklammern. In ihren Schriften beschreiben sie in relativ nüchterner Weise die ideologischen und mystischen Konzepte des Dritten Reichs, ohne auf deren verheerende Auswirkungen einzugehen. Die braune Ideologie wird mystisch verbrämt und tendenziös interpretiert.

Der Erfolg dieser Autoren, die sich an New-Age-Anhänger richten, läßt sich am Beispiel des Buches *Geheim-Gesellschaften* von Jan van Helsing zeigen. Der Name ist ein Pseudonym, aber der bei der Veröffentlichung 1993 avancierte der 29jährige deutsche Autor in esoterischen und neurechten Kreisen zur Kultfigur. Van Helsing schob schnell einen zweiten und dritten

Band seines braunen Machwerks nach. Das Buch wurde wegen seiner antisemitischen Aussagen mehrfach beschlagnahmt. In der Schweiz wurde der rechtsradikale Propagandist Emil Rahm 1997 rechtskräftig verurteilt, weil er in seiner Polit-Postille *Memo-Press* das Buch angepriesen und an Interessenten verschickt hatte. Die Staatsanwaltschaft Mannheim erhob gegen van Helsing und Verleger Klaus-Dieter Ewert Anklage wegen Volksverhetzung.

Das Pseudonym van Helsing ist dem Buch *Dracula* von Bram Stoker entliehen. Der Vampirjäger darin heißt van Helsing. Hinter diesem Pseudonym versteckt sich Jan Udo Holey. Der Autor verschleiert seine ideologischen Absichten mit einer geschickten Montage aus Fakten, nicht nachprüfbaren Zeugenaussagen, Teilwahrheiten und faktisch unhaltbaren Interpretationen. Er erweckt über weite Strecken den Eindruck eines distanzierten Analytikers, der angeblich bei seinen Recherchen überraschende neue Fakten zu Tage gefördert habe.

Van Helsing will dem Leser plausibel machen, daß seine mystischen und historischen Erkenntnisse ein neues Geschichtsverständnis ermöglichten. Dabei schlägt der Autor einen abenteuerlichen Bogen von Ur-Ariern auf den Aldebaren bis zu Hitler in »Neuschwabenland«, jenem angeblichen Forschungszentrum in der Antarktis. Letztlich verfolgt er mit seinem Buch das Ziel, desorientierte Leser in die rechtsradikale und okkulte Ecke zu locken. Die Zeitschrift *Der Spiegel* beschreibt Holeys Verschwörungstheorien als eine Mixtur aus *Mein Kampf*, wilder Science-fiction und schwarzer Magie (51/1996).

Jan van Helsings Reise durch das Sonnensystem

Der Autor behauptet in seinem umstrittenen Bestseller, die Hauptstadt des ersten Kontinents, der von Ariern besiedelt worden sei, habe Ultima Thule geheißen. Der Erdteil selbst heiße Hyperborea und sei älter als die beiden ebenfalls untergegangenen Kontinente Lemuria und Atlantis gewesen. Hyperborea sei im Nordmeer gelegen und nach einer Eiszeit versunken. Die Hypoboreaner seien aus dem Sonnensystem Aldebaran eingewandert, das im Sternbild Stier liegt. Sie sollen phänomenale Wesen gewesen sein, vier Meter groß und mit heller Hautfarbe, blonden Haaren und blauen Augen. Auf die Erde übersiedelt seien sie nach Ansicht verschiedener rechtsradikaler Ideologen mit Ufo-ähnlichen »Vril-Flugkörpern«. Diese sollen praktisch Lichtgeschwindigkeit erreicht und mit »Vril-Technik« die Schwerkraft für den Antrieb genutzt haben. Die extraterrestrischen Einwanderer seien laut van Helsing technisch und geistig hochentwickelte friedliche Wesen gewesen.

Als Hyperborea zu versinken begann, hätten die Übermenschen große Kanäle in die Erde gegraben und im Himalaja-Gebiet einen unterirdischen Stützpunkt eingerichtet. Das neue Reich hieß Agartha, die Hauptstadt Shambala. Das Symbol des Shambala-Reichs sei ein nach links drehendes Hakenkreuz gewesen. Dort hätten, so van Helsing, später auch die reinrassigen Arier Zuflucht gefunden. Die »Eingeweihten« des okkulten Armes der Thule-Gesellschaft sollen in Hitler den Repräsentanten der Shambala-Autoritäten oder eben den neuen Messias gesehen haben. Auf geheimen Erkundungsreisen nach Indien und Tibet hätten Nazi-Expeditionen mediale Verbindung zu den angeblichen Meistern gesucht.

Nach Schilderungen verschiedener rechtsradikaler und esoterischer Autoren soll Hitler von der Idee besessen gewesen sein, den Eingang zu diesem unterirdischen Reich zu finden und in Kontakt mit den Urahnen, also den arischen Übermenschen, zu kommen. Heinrich Himmler habe junge Männer der SS (bei van Helsing steht die Abkürzung für »Schwarze Sonne«) ausgebildet, die in die geheime Mission eingeweiht und auf der Wewelsburg rituell »versiegelt« worden seien, schreibt van Helsing. Hitler soll die Verschmelzung mit dieser arischen Rasse angestrebt haben.

Tatsächlich scheint die SS Expeditionen in diese Gebiete organisiert zu haben, über deren eigentlichen Zweck jedoch Unklarheit herrscht. Verschiedene neurechte Autoren behaupten, die SS habe den Heiligen Gral gesucht. Roman Schweidlenka schreibt in seinem Buch *Altes blüht aus den Ruinen*, die von Himmler 1935 gegründete Forschungs- und Lehrgemeinschaft »SS-Ahnenerbe« habe auf der Suche nach einer spirituell hochstehenden Superrasse 1938/39 eine Geheimexpedition nach Tibet unternommen.

Die neurechten Ideologen und Esoteriker beschreiben in ihren Exkursen über jene phantastische mystische Welt auch apokalyptische Szenarien. Sagen und Legenden über das verborgene Reich sollen demnach Prophezeiungen über einen dritten Weltkrieg, Naturkatastrophen und einen Polsprung enthalten, die zwei Drittel der Menschheit dahinraffen würden. Anschließend würden die »Gottmenschen« aus dem verborgenen Reich auf die Erde zurückkehren und das Wassermann-Zeitalter begründen. Die Parallelen zu den Heilslehren theosophischer und esoterischer Zirkel sind kein Zufall.

Die Autoren der okkulten Bücher beschönigen Hitlers Gedankengut in jeder Hinsicht. Aus rechtlichen Überlegungen und um die Glaubwürdigkeit zu erhöhen, zitiert beispielsweise van Helsing aus anderen Schriften. Er behauptet, Hitler habe sich vom Buch *The Coming Race* von Lord Bulwer-Lytton inspirieren lassen. Das Buch porträtiere die arische Rasse in unterirdischen Zentren und beschreibe fliegende Untertassen. Fasziniert sei der Führer angeblich auch von Ferdynand Ossendowskis Buch *Beasts, Men and Gods* über die Sagen von Agartha und Shambala gewesen.

Ist Hitler mit Vril-Flugkörpern auf einen anderen Planeten geflüchtet?

Die Neue Rechte benutzt auch die Sagen und Legenden über die Vril-Gesellschaft als Propagandainstrument. Sie biedert sich bei der rasch wachsenden Ufo-Gemeinde mit der Behauptung an, das NS-Regime habe alltaugliche Flugkörper entwickelt. Rechte Schriften befassen sich ausführlich mit der Vril-Gesellschaft, die für die Entwicklung von extraterrestrischen Flugkörpern verantwortlich gewesen sein soll. Diese phantastischen Ufo-Geschichten dienen ebenfalls der Mystifizierung des Dritten Reichs: Dem staunenden, astrologisch und esoterisch interessierten Publikum wird suggeriert, die Führung des Nationalsozialismus sei spirituell und wissenschaftlich derart potent gewesen, daß es angeblich mediale Kontakte zu außerirdischen Intelligenzen aufnehmen und mit deren Hilfe Flugmaschinen bauen konnte.

Verschiedene Exponenten der braunen Szene versteigern sich gar zur Behauptung, Hitler sei 1945 mit einem solchen Flugkörper geflüchtet und bereite den Endsieg aus dem All vor. Auf einem Ufo-Weltkongreß in Zürich hielt beispielsweise der Österreicher Norbert J. Ratthofer am 25. Februar 1996 einen Vortrag mit dem Titel »Das Vril-Projekt: Demnächst Endkampf um die Erde?«. Aufschlußreich sind auch die Untertitel des Referats: »Geheimnis des Dritten Reichs« und »Ufos – das Dritte Reich schlägt zurück«. Van Helsing stützt sich denn auch auf Ratthofer.

Solche Visionen faszinieren die Anhänger der Neuen Rechten und versetzen sie in Endzeitstimmung. Die Hoffnung auf das Tausendjährige Reich erhält neue Nahrung. Solche Szenarien dienen dazu, Hitler oder die Führungskräfte des Dritten Reichs zu rehabilitieren und dessen Zusammenbruch zu erklären oder zu verbrämen. Obwohl es weder Dokumente noch glaubwürdige Zeugen für die Existenz dieser Ufos gibt, kursieren die Geschichten in diesen Kreisen als Tatsachenberichte. In ihren Propagandaschriften behaupten die Neuen Rechten, die Alliierten hätten alle Unterlagen über die »Vril-Projekte« vernichtet, um zu verhindern, daß sich ein Mythos um die arischen Übermenschen bilde.

Über den Ursprung und die Bedeutung des Begriffs »Vril« kursieren verschiedene Theorien und Ansichten. »Vril« soll eine Art Superform von Energie symbolisieren, mit der beispielsweise Flugkörper sagenhafte Geschwindigkeiten erreichen. Die Vril-Gesellschaft soll sich auch mit den kosmischen oder extraterrestrischen Aspekten der mystischen Ideologie befaßt haben. William Bramley schreibt in seinem Buch *Die Götter von Eden*, die Vril-Gesellschaft sei nach einem gleichnamigen Buch von Lord Bulwer-Lytton, einem englischen Rosenkreuzer, benannt worden. Laut Bramley zählten Professor Karl Haushofer, sein ehemaliger Assistent Rudolf Heß und Heinrich Himmler zu den Mitgliedern der Vril-Gesellschaft.

Bezeichnend ist, daß van Helsing das Kapitel über die »Vril-Flugscheiben« mit Überlegungen zu Hitlers Verbleib nach 1945 einleitet. Er resümiert die verschiedenen Theorien hierüber in knappen zehn Zeilen. Am wahrscheinlichsten sei, daß sich Hitler die »Entwicklungen der Vril-Gesellschaft zu Nutze gemacht hat, um Deutschland zu verlassen« – sollte er überlebt haben. Und dann folgen 30 Seiten über die Vril-Gesellschaft, untermauert mit angeblichen Dokumenten, welche die Hypothesen wie »Tatsachen« erscheinen lassen.

Van Helsing erklärt scheinheilig, daß die Geschichte über die Vril-Gesellschaft nicht ganz in sein Buch passe, das vor allem politische Themen behandle. Da es sich aber um die »interessanteste Gesellschaft« drehe, die jemals existiert habe, sei die Abhandlung der Vril-Gesellschaft ein Muß. In Wirklichkeit ist das Kapitel hochpolitisch. Es untermauert die These der Neuen Rechten, daß die anerkannten geschichtlichen Abhandlungen zum Dritten Reich historische Fakten verdrehen würden. Außerdem glorifiziert van Helsing damit das NS-Regime, das in wissenschaftlicher Hinsicht den übrigen Nationen um Jahrzehnte voraus gewesen sei.

Die Tatsache, daß die Vril-Gesellschaft keinen Eingang in die »seriöse Geschichtsschreibung« fand, erklärt van Helsing mit der Verschwörungstheorie. Karl Haushofer, der okkulte Magier der Thule-Gesellschaft, soll vor 1919 den Orden »Brüder des Lichts« gegründet haben, der später in Vril-Gesellschaft umbenannt worden sei. »In dieser vereinten sich ebenfalls die 1917 aus dem Germanenorden hervorgegangene Templer-Neugründung ›Die Herren vom Schwarzen Stein‹ (DHvSS) und die ›Schwarzen Ritter‹ der Thule- und SS-Elite ›Schwarze Sonne‹.« Zwischen den Thule- und den Vril-Leuten habe es viele Anknüpfungspunkte gegeben, zum Beispiel den mystischen Glauben an die versunkenen Kontinente Atlantis und Thule. Die personellen Verflechtungen und mystischen Übereinstimmungen führten zum Zusammenschluß der beiden Organisationen, heißt es in *Geheim-Gesellschaften*.

In der Literatur der Neo-Nazis wird ein Geheimtreffen beschrieben, das in einem Forsthaus in der Ramsau bei Berchtesgaden im Dezember 1919 stattgefunden haben soll. Das Medium Maria Orsitsch habe geheime Durchgaben in einer Templergeheimschrift erhalten, die wissenschaftliche Daten zum Bau von Ufo-ähnlichen Flugkörpern enthielten. Als Übermittler der phantastischen Botschaften identifizierte das Medium die Intelligenzen aus dem Sonnensystem der Aldebaren, das 68 Lichtjahre entfernt im Sternbild Stier liege. Bei den Außerirdischen solle es sich um einen Zweig der »Superarier« handeln.

Die Nazis haben laut van Helsing ihre Informationen also via Mitteilungen auf telepathischem Weg erhalten. Danach sollen sich die Wesen des Sonnensystems Aldebaren in verschiedene Richtungen entwickelt haben. Das Herrenvolk der Arier oder Gottmenschen erklomm angeblich höhere Bewußtseinsstufen, die übrigen Stämme erlagen der Versuchung der Rassenmischung und degenerierten geistig. Die Arier verfrachteten die minderwertigen Wesen mit ihren Raumschiffen auf andere Planeten, besagt die abenteuerliche These der neurechten Buchautoren. Sie versuchen damit, der Idee von den rassenreinen Ariern einen höheren Sinn und eine urgeschichtliche Bedeutung beizumessen.

Vor 500 Millionen Jahren mußten die Herrenmenschen auf Grund klimatischer Veränderungen angeblich von ihrem Planeten flüchten. Ein Teil ließ sich auf der Erde nieder und bevölkerte die beiden inzwischen versunkenen Kontinente. Als auch Atlantis unterging, richteten sich die »Musterarier« im unterirdischen Reich im Himalaja ein. Sie mieden den Kontakt mit den »rassendurchmischten« Menschen. Die Theorien der Okkultisten und Ufologen der »alten« neurechten Szene decken sich also über weite Teile.

Doch zurück zu den »Vril-Flugkörpern«. Die Geburtsstunde für das erste »sogenannte deutsche Ufo« schlug nach Ansicht von van Helsing im Juni 1934: »Unter der Leitung von Dr. W. O. Schumann entstand das erste Experimental-Rundflugzeug, das RFZ 1, auf dem Gelände der deutschen Flugzeugfabrik Arado in Brandenburg.« Beim ersten und einzigen Flug sei die Maschine etwa 60 Meter senkrecht aufgestiegen, habe zu trudeln begonnen und sei bei der Notlandung zerstört worden. »Das war das Ende der RFZ 1, aber der Anfang der Vril-Flugkörper«, schreibt van Helsing. Bald darauf sei die Flugscheibe Vril-1-Jäger entwickelt worden, die eine Geschwindigkeit von 12 000 Kilometer pro Stunde erreicht haben soll. Von der weltalltauglichen Maschine seien 17 Stück gebaut worden.

Die Flugscheiben wurden angeblich immer größer und schneller und bekamen »Thule-Triebwerke«. Als Augenzeuge wird ein ehemaliger CIA-Agent zitiert, der erklärt, die Maschinen hätten senkrecht starten, rechte Winkel fliegen und enorme Geschwindigkeiten erreichen können. Außerdem seien sie mit Laserwaffen ausgerüstet gewesen. Es folgen Beschreibungen verschiedener Flugscheiben, die den Eindruck erwecken, die Nazis hätten über ganze Flotten solcher Flugobjekte verfügt.

Van Helsing baut in seine spekulativen Schilderungen auch mystische Versatzstücke und politische Aspekte ein. So soll um Weihnachten 1943 ein Treffen der Vril-Gesellschaft im Nordseebad Kolberg stattgefunden haben, an dem auch die beiden Nazi-Medien Maria und Sigrun teilgenommen hätten. »Hauptthema dieser Zusammenkunft war das Aldebaran-Unternehmen. Die Medien hatten genaue Angaben über die bewohnten Planeten um die Sonne Aldebarans bekommen und man begann eine Reise dorthin auszuarbeiten.« Am 2. Januar 1944 habe eine Besprechung zwischen Hitler, Himmler und führenden Vertretern der Vril-Gesellschaft stattgefunden: »Man wollte mit dem Vril-7-Großraumschiff durch einen lichtgeschwindigkeitsunabhängigen Dimensionskanal nach Aldebaran vordringen.«

An dieser Stelle des Buches wird ganz beiläufig in einem kurzen Abschnitt die »Tatsache« erwähnt, Hitler habe mit der Idee gespielt, zum Sonnensystem der arischen Gottmenschen zu fliegen. Van Helsing suggeriert, die Exponenten des Dritten Reichs hätten über das technische Know-how und die notwendigen Flugmaschinen für dieses Projekt verfügt. Die Spekulationen, Interpretationen und angeblichen Tatsachen sind geschickt montiert und erwecken den Eindruck, führende Köpfe des Dritten Reichs hätten den Zweiten Weltkrieg überlebt. Mindestens zwei »Vril-Flugscheiben« – eine soll »Odin« geheißen haben – seien im April 1945 mit einem Teil der Wissenschafter und Logenmitglieder von Brandenburg aus »nach Aldebaran gestartet«, nachdem sie das Testgelände in der Antarktis gesprengt hätten. Andere Vril-Großraumschiffe hätten »wichtige reichsdeutsche Persönlichkeiten nach Südamerika und Neuschwabenland« gebracht, heißt es an anderer Stelle des Buches. »Neuschwabenland« war nach Ansicht der Neuen Rechten das geheime Forschungszentrum, das die Vril-Gesellschaft in der Antarktis aufgebaut haben soll. Und in Südamerika hätten die Nazis geheime Stützpunkte aufgebaut, in die sie nach dem Krieg geflüchtet seien. Hier schließt sich der Kreis: Van Helsing und viele rechtsradikale Ideologen hoffen, daß die NS-Spitzenleute, neuen Christussen gleich, wiederkehren und die neuen Arier erlösen werden.

Der Mythos von »Neuschwabenland« grassiert tatsächlich in den neurechten Szenen und in verschiedenen Esoterik-Zirkeln. In *Geheim-Gesellschaften* schreibt van Helsing beispielsweise: »1938 wurde eine deutsche Antarktis-Expedition mit dem Flugzeugträger ›Schwabenland‹ durchgeführt. Dabei wurden 600000 Quadratkilometer zu deutschem Boden erklärt, ›Neuschwabenland‹.« Es würden heute noch mehr als 100 deutsche U-Boote vermißt. Es sei anzunehmen, »daß sie mit den zerlegten Flugscheiben oder zumindest mit den Bauplänen nach Neuschwabenland geflüchtet sind«, heißt es wörtlich. Zum Schluß spannt van Helsing den Bogen in die Nachkriegszeit, in der sich die Beobachtung von Ufos gehäuft hätten. Bei einer »außergewöhnlich hohen Prozentzahl der Fälle, bei denen es zu persönlichen Kontakten mit Insassen von sogenannten Ufos gekommen ist«, habe es sich um »besonders schöne Exemplare der Spezies ›Arier‹« gehandelt.

Van Helsing benutzt die Vril-These, um den Boden für die Verschwörungstheorie neu zu bereiten. Die Alliierten hätten die Dokumente vernichtet, um die Geschichtsforschung zu verhindern. Die von den »Illuminati durch die zionistisch-angloamerikanische Lobby kontrollierte Medien- und Nachrichtenwelt« scheue keine Kosten, die Deutschen davon abzuhalten, Nachforschungen über die Vril-Gesellschaft anzustellen. Van Helsing gibt zwar zu, daß es keine Dokumente oder Beweismittel gebe. Trotzdem suggeriert er, die Hintergründe der Vril-Gesellschaft zu kennen.

Rechtsradikale, Esoteriker, Theosophen und Ufo-Anhänger stilisieren *Geheim-Gesellschaften* zu einem Kultbuch. Die Vernetzung dieser verschiedenen Szenen zeigt sich auch daran, daß die drei Bände *Geheim-Gesellschaften* hunderttausendfach verkauft wurden, obwohl es die seriösen Buchhandlungen aus ihrem Sortiment verbannten oder aus rechtlichen Gründen verbannen mußten.

Alle Anstrengungen der neurechten Autoren und Vordenker, ihre faschistoiden Motive zu vertuschen, können nicht über die wahren Absichten hinwegtäuschen. Die Verklärung der Nazis als mystisch hochentwickelte Erlöser ist unübersehbar, ebenso die Vermischung von okkulten und politischen Versatzstücken. Van Helsing und seine vielen Gesinnungsfreunde trauern noch immer dem Dritten Reich nach und hoffen auf die Wiederkunft der arischen Übermenschen.

8 Weltverschwörung:
Die unheimliche Allianz der Esoteriker,
Neuheiden und christlichen Fundamentalisten

Die neurechten Ideologen verdanken den Erfolg ihrer Bücher in erster Linie den Weltverschwörungstheorien, die sie ausführlich thematisieren. Eine wichtige Drehscheibe der rechtsradikalen Vordenker ist der Ewert-Verlag aus Rhede. Die Titel seiner Bücher demonstrieren das ideologische Programm: *Die geheime Regierung, Die Insider, Das wichtigste Geheimnis der Menschheit – So wird die Menschheit hinters Licht geführt, Die unsichtbaren Waffen der Macht.*

Auch van Helsing kolportiert ausführlich die unausrottbaren Theorien von der angeblichen Weltverschwörung. Die Schauermärchen von der geheimen Weltregierung, die sich aus Freimaurern, Illuminati und zionistischen Kapitalisten zusammensetzen soll, grassieren in Kreisen, die auch von der Theosophie, den Naturreligionen und esoterischen Disziplinen angetan sind. Die Neue Rechte benutzt die Renaissance der Weltverschwörungstheorie dazu, die Esoterik- und New-Age-Szene zu ideologisieren und zu instrumentalisieren. Oft genug wird die plumpe Geschichtslüge weitgehend widerspruchslos akzeptiert.

Indem Dutzende von Autoren aus dem neurechten und esoterischen Umfeld die Verschwörungstheorie wieder aufkochen, verklären sie das NS-Regime. Sie suggerieren den Lesern, Hitler habe den Zweiten Weltkrieg inszeniert, um die zionistische Verschwörung und die geheime Weltregierung zu zerschlagen. Der Zynismus, der hinter dieser Geschichtsklitterung steckt, ist offensichtlich, strebte doch Hitler mit beispiellosen Verbrechen gegen die Menschheit genau jene globale Herrschaft an, vor der er die Welt zu retten vorgab.

Van Helsing tischt die gleiche Geschichte auf, die seit über hundert Jahren benutzt wird, um der schweigenden Mehrheit

Angst einzuflößen und faschistoide Interessen zu verfolgen. Im Vorwort heißt es:»In diesem Buch wird jedoch die Geschichte von ein paar sehr greifbaren Personen erzählt, die im Jahre 1773 in einem Haus in der Judenstraße in Frankfurt planten, sich durch drei Weltkriege den Weg für eine ›Eine-Weltregierung‹ bis zum Jahr 2000 zu ebnen.« Diese Hintermänner würden unter den Insidern »Illuminati« genannt, also die Eingeweihten oder Erleuchteten. Dabei handle es sich um eine Geheimregierung.

Dann driftet van Helsing definitiv in den Bereich der okkulten Phantasie ab. Das Treiben der Illuminati auf der Erde beginne »meines Wissens circa 300000 v. Chr., als die ›Bruderschaft der Schlange‹ in Mesopotamien« von den »Erleuchteten« infiltriert worden seien. Ein Blick in die Entwicklungsgeschichte der Menschheit hätte van Helsing gezeigt, daß es sich bei der »Bruderschaft der Schlange« höchstens um einen okkulten Orden der Dinosaurier gehandelt haben könnte.

Heute hätten die Illuminati durch internationale Bankiers, die Elitegesellschaften und Imperien »die Welt in ihrer Schlinge«, doziert der Autor. »Das letzte mir bekannte Treffen war am 20. Mai 1992 im Hotel Ermitage in Evian, Frankreich. Dieses Treffen hatte als Hauptinhalt ›die Agenda 2000‹, die geplante Weltregierung bis zum Jahr 2000.«

Ausführlich werden die sogenannten »Protokolle der Weisen von Zion« abgehandelt. Zionistische Kreise, Illuminati und Bankiers hätten in 24 Protokollen festgeschrieben, wie sie das gesamte Weltvermögen kontrollieren und damit die Welt regieren könnten. 1773 soll Mayer Amschel Rothschild ein geheimes Treffen mit zwölf wohlhabenden und einflußreichen jüdischen Geldgebern (»den Weisen von Zion«) abgehalten haben, um die Protokolle auszuarbeiten. Laut van Helsing wurden die Protokolle »bis zum Jahr 1901 geheimgehalten, bis sie in die Hände des russischen Professors S. Nilus fielen«, der sie unter dem Titel *Die jüdische Gefahr* veröffentlicht habe. Über diesen entscheidenden Vorgang verliert der Autor in seinem

350 Seiten starken Buch dürre 21 Zeilen. Dies verwundert allerdings nicht, da die Protokolle gefälscht sind, wie gerichtlich belegt ist. Sie gelten als Erfindung des zaristischen Geheimdienstes »Ochrana«.

Die »Protokolle«, die an alte antijudaistische Weltverschwörungsmythen anknüpfen, sind 1903 erstmals in der St. Petersburger Zeitung *Snamja* erschienen. Die Londoner *Times* wies breits 1921 nach, daß die Protokolle gefälscht worden sind. Die anonymen Urheber ließen sich von Pamphleten inspirieren, die als Propagandaaktion gegen Napoleon III. eingesetzt wurden.

Die Nationalsozialisten benutzten die dubiosen 24 Protokolle im Dritten Reich, um die Judenverfolgung ideologisch zu rechtfertigen. »Der NSDAP kamen die Protokolle äußerst gelegen. Hitler, Rosenberg, Streicher und andere waren tief beeindruckt von den propagandistischen Möglichkeiten«, bestätigt Ruth Körner in *Legenden, Lügen, Vorurteile*. Die Protokolle hätten die »Beweise« für die antisemitischen Propagandalügen geliefert und die Kriegserklärung an die »jüdisch-imperialistischen Mächte« gerechtfertigt.

Hitler erwähnte die Protokolle bereits 1925 in *Mein Kampf*: »Wie sehr das ganze Dasein dieses Volkes auf einer fortlaufenden Lüge beruht, wird in unvergleichlicher Art und Sicherheit in von den Juden so unendlich gehaßten ›Protokolle der Weisen von Zion‹ aufgezeigt. (...) Es ist ganz gleich, aus wessen Judenkopf diese Enthüllungen stammen, maßgebend aber ist, daß sie in geradezu grauenerregender Sicherheit das Wesen und die Tätigkeit des Judenvolkes aufdecken und in ihren inneren Zusammenhängen sowie den letzten Schlußzielen klarlegen.«

1933 klagten jüdische Gemeinden die Berner Frontisten an, die die Hetzschriften verteilt hatten. Der Prozeß erregte weit über die Schweiz hinaus für Aufsehen, saßen doch moralisch auch die Nationalsozialisten auf der Anklagebank. Die erste Instanz kam zum Schluß, daß die Schrift gefälscht ist. Das Berner Gericht verurteilte die beiden Frontisten Silvio Schnell und

Theodor Fischer am 14. Mai 1935 zu einer Geldstrafe. Das Urteil wurde 1937 aus formaljuristischen Gründen aufgehoben. Die Protokolle ließen sich nicht in die Kategorie der Schundliteratur einordnen, entschieden die Richter. Die Frage, ob die Hetzschrift eine Fälschung sei, prüfte das Obergericht nicht. Auch wenn die rechtsradikalen Ideologen den Freispruch als politischen Sieg feierten und die Protokolle noch heute als authentisches Dokument bezeichnen, bleibt es dabei: Das einzige Gericht, das die Schrift auf ihre Echtheit hin prüfte, kam zu einem negativen Befund.

Van Helsing beklagt sich, daß es in Deutschland verboten sei, die Protokolle zu verkaufen oder zu vervielfältigen, obwohl »doch anscheinend Presse- und Meinungsfreiheit« herrsche. »Das ist wahrscheinlich mit daraufhin zurückzuführen, daß Adolf Hitler sie ebenfalls zur Unterstützung seiner ›antijüdischen Gesinnung‹ (...) benutzte«, schreibt van Helsing. Weil Hitler die geheime Weltregierung nicht ganz zerschlagen konnte, fühlt sich nun die Neue Rechte berufen, die Welt vor den »Illuminati« zu warnen.

Die Neue Rechte verschleiert ihre Absichten konsequent. Es gehe ihm weniger darum, wer die Protokolle gegenwärtig anwende, erklärt van Helsing scheinheilig, sondern um das Prinzip: »Hier haben wir einen Plan vorliegen, der aufzeigt, wie man es anstellen muß, die Welt zu versklaven.« Und der Vordenker der Neuen Rechten beginnt sogleich, die jüdischen Banker, Zionisten, Freimaurer und Illuminati aufzuzählen, die angeblich in der geheimen Weltregierung aktiv sind. Die Liste ist lang. Laut van Helsing sollen auch viele Staatsmänner im Dunstkreis der geheimen Regierung stehen. François Mitterand wird als Großmeister der »Grand Orient«-Freimaurerloge »enttarnt«, George Bush als besonders eifriger Drahtzieher. Zum »Komitee der 300« sollen auch Henry Kissinger, Königin Elisabeth II., Königin Juliana, Prinzessin Beatrix, Otto von Habsburg, Olof Palme, David Rockefeller, Baron de Rothschild usw. gehören oder gehört haben.

Eine wichtige Rolle bei der Weltverschwörung spiele angeblich auch die Trilaterale Kommission, zu der auch US-Präsident Bill Clinton, Sicherheitsberater Zbigniew Brzezinski und die deutschen Politiker Kurt Biedenkopf, Otto Graf Lambsdorff und Gerhard Schröder gehören. Ins Verschwörungskonstrukt werden auch der Club of Rome und die UNO gepreßt. Die Leitsätze für die Staatengemeinschaft sollen auf dem Freimaurerkongreß von 1917 in Paris angenommen worden sein.

Die Weltverschwörer führen die »Illuminati-Pyramide«, die auf dem Eindollarschein abgebildet ist, als Beweis für ihre Hypothesen an. Die geheime Weltregierung habe der bekanntesten Banknote der Welt ihren Stempel aufgedrückt und damit quasi das geheime Symbol, das »Siegel der Vereinigten Staaten«, millionenfach in die Hände der ahnungslosen Öffentlichkeit gegeben. Die Pyramide enthalte die 13 Stufen der Weltregierung, behaupten die neurechten Ideologen. Das Auge auf der Spitze der Pyramide symbolisiere das Auge Luzifers. So kontrolliere der Antichrist nach apokalyptischer Manier die Weltregierung. Die nächsten sechs Ebenen umfaßt die verschiedenen Hierarchiestufen der Illuminati. An der Spitze stünden die Mitglieder der Familie Rothschild. »Sie werden von den Illuminati als Gottheit in Menschenform angesehen, und ihr Wort gilt als Gesetz«, heißt es in *Geheim-Gesellschaften*. Man sage der Familie nach, sie habe direkten Kontakt zu Luzifer.

Auf der zweithöchsten Stufe throne der Rat der 13, der große Druidenrat, der die private Priesterschaft der Rothschilds bilde. Es folge der Rat der 33, der die ranghöchsten Freimaurer umfassen soll. Im Komitee der 300 sitzen angeblich Bankier und Politiker. Dieser Rat, der von der britischen Krone beherrscht werde, führe die Weltbank und unterstütze den Opiumhandel. Die weiteren Ebenen der Machtpyramide der geheimen Weltregierung symbolisierten angeblich die Loge »Grand Orient«, den Kommunismus, den Schottischen Ritus, die Serviceclubs »Rotary« und »Lions-Club«, die Johannisgrade, die Freimaurer ohne Schurz und den Humanismus. Van Helsing entlarvt seine braune Gesinnung deutlich mit der Behauptung, der Humanismus sei das Werk des Antichrist.

Diese Interessensgruppen strebten die Weltordnung über die Kontrolle des Bankwesens und des Weltkapitals an, das unter anderem über die Zinswirtschaft in die Hände der Illuminati fallen soll, behauptet van Helsing. Indem er die definitive Kontrolle oder Machtübernahme der Illuminati und Zionisten für das Jahr 2000 prophezeit, reiht er sich in die Galerie der Endzeitpropheten ein, die die Apokalypse zur Jahrtausendwende erwarten.

Scientology-Gründer Hubbard geehrt

Auch Scientology-Gründer L. Ron Hubbard findet als »Persönlichkeit mit interessantem Hintergrund« einen Ehrenplatz in van Helsings Buch. In einer abenteuerlichen These behauptet van Helsing, Hubbard habe als Marineoffizier von einem geheimen Bewußtseinskontroll-Programm der USA Kenntnis bekommen. Nachdem sich Hubbard, der »Erforscher des menschlichen Denkens«, geweigert habe, sich den »Kontrollpsychiatern anzuschließen«, habe er das Buch *Dianetik – die moderne Wissenschaft der geistigen Gesundheit* geschrieben.

Van Helsing lobt Hubbard mit den Worten, er proklamiere die geistige Freiheit und Integrität als Grundrecht der Menschheit. Seine Auditing-Techniken, also die Therapien, seien außerdem sehr erfolgreich. Die amerikanische Regierung habe heimlich einige Verfahren von Hubbard angewendet, »um die Versklavung der Menschheit zu versuchen«. Andere Techniken von Hubbard seien in der Tat ein Gegenmittel zu den Regierungsmethoden der Bewußtseinskontrolle gewesen.

Ein beliebtes Tummelfeld und Propagandainstrument der neurechten Szenen und Weltverschwörer ist das Internet, in dem die Verschwörungstheorien in den schillerndsten Farben ausgemalt werden. Auch eine Splittergruppe der Scientologen, die sich nach dem Tod von Hubbard Ende der 80er Jahre abspaltete, hat sich eingeschaltet. Die Abtrünnigen, die sich »Freie Zone« nennen, glauben zwar immer noch an die Technologie und Heilslehre von Hubbard, sie kritisieren aber deren Anwendung durch die Mutterorganisation. Es überrascht nicht, daß sich die Jünger des ehemaligen Science-fiction-Autors von den Ufo-Theorien der Vril-Gesellschaft faszinieren lassen. Schließlich propagiert auch Hubbard in seiner Heilslehre eine ins Diesseits transponierte kosmische Superwelt mit den operierenden Thetanen, also den scientologischen Übermenschen (siehe Kapitel 26).

Anhänger der Freien Zone wiederholen in einem Internet-Artikel die Behauptung, im Dritten Reich seien Flugscheiben entwickelt und gebaut worden. Die Autoren formulieren ihre Ideen zwar vorsichtig, konstruieren allerdings »Beweisketten«, die ihre ideologische Ausrichtung verraten. »Tatsächlich muß es eine derartige hochtechnologische Entwicklung gegeben haben, wie von ehemaligen Mitarbeitern und auch von Augenzeugen berichtet wurde. Seit 1938 gab es Expeditionen in die Antarktis. Berichte aus dieser Zeit weisen auf massive Transporte schwerer Maschinen und Bergbaueinrichtungen in dieses Gebiet hin.«

Im Internet-Text wird ein amerikanischer Forscher genannt, der erklärt haben soll, daß in den 30er Jahren die beiden außerirdischen Rassen der Plejadier und der Kondrashikin der US-Regierung Hilfe angeboten hätten. Da die USA das Angebot der Plejadier abgelehnt hätten, hätten diese den Deutschen beigestanden. Die Entwicklung der deutschen Flugscheiben habe 1941 begonnen, die Produktion sei 1944 erfolgt, wird behauptet. Es existierten Zeichnungen von der Flugscheibe Haunebu, die eine Geschwindigkeit von 6000 Kilometer pro Stunde erreicht habe. Und keck werden Augenzeugen zitiert, die begeistert die Flugeigenschaften dieser Scheiben beschreiben. Auf unkritische Leser wirken die anonymen Schilderungen wie Tatsachenberichte. Wie van Helsing erwecken die Anhänger von Hubbard am Schluß den Eindruck, als seien die Vril-Flugkörper eine historische Tatsache.

Hunderte von geheimnisvollen runden Flugobjekten seien gesichtet worden und hätten US-Bomber mit hoher Geschwindigkeit umkreist. »Im Winterhalbjahr 1946/47 startete die US-Kriegsmarine unter Leitung von Admiral Richard E. Byrd die als Expedition getarnte, militärische Aktion ›Operation High Jump‹ in die Antarktis«, heißt es im Internet-Text. Admiral Byrd sei am Südpol auf Außeriridische gestoßen, die er in seinem Tagebuch als sehr groß, blond und blauäugig beschrieben habe. Nach dem spurlosen Verschwinden von vier Kampfflugzeugen habe der Admiral die Expedition vorzeitig abgebrochen und die Antarktis verlassen. »Weitere neun Flugzeuge mußten unbrauchbar zurückgelassen werden.«

Esoterik-Magazin *ZeitenSchrift* auf dem Shambala-Pfad

Die Effizienz der Propagandamaschinerie der braunen Allianz demonstriert auch das in der Schweiz erscheinende esoterische Magazin *ZeitenSchrift*. Die Titelgeschichte der ersten Nummer aus dem Jahr 1993 untermauert den okkulten Mythos von den mystischen Übermenschen und der unterirdischen Stadt Shambala. Der Artikel spricht »von der Tatsache, daß die Erde hohl ist und in ihrem Innern eine vollkommene Menschheit lebt«.

Wer die Hintergründe der Zeitschrift kennt, ist allerdings nicht überrascht, daß die beiden Herausgeber Ursula und Benjamin Seiler-Spielmann mit dieser Story ihr Heft lancierten: Beide sind Anhänger der theosophischen Sekte Universale Kirche, auch »Fundament für Höheres Geistiges Lernen« oder »Bruderschaft der Menschheit« genannt. Die Anhänger der Universalen Kirche verbreiten ebenfalls die Idee von der »Höheren Geistigen Hierarchie«, die ihr Reich in der unterirdischen Stadt Shambala im Himalaya-Gebiet eingerichtet haben soll (siehe Kapitel 5). Den »geistigen Auftrag« für die Gründung einer esoterischen Zeitschrift gab der Kultführer Peter Leach-Lewis am Jahreskongreß vom 23. Juli 1993 in Toronto vor den versammelten Anhängern persönlich. Doch davon erfahren die Abonnenten und Leser nichts. *Zeiten-Schrift* verheimlicht die Verbindung zum theosophischen Kult.

PLL, wie Leach-Lewis in der Sekte genannt wird, erhielt angeblich eine Durchsage des aufgestiegenen Meisters Hanu-vah, der die Kultanhänger ermunterte, die beiden Journalisten zu unterstützen: »Helft ihnen. Wir auf unserer Seite des Schleiers tun alles, was in unserer Macht steht, um euch zu un-terstützen, Ursula und Benjamin. Ihr habt meine persönliche Segnungen«, verkündete das Medium PLL. Ihren Segen muß-ten aber auch die Kultmitglieder geben und für einen Kredit von 60 000 Franken bürgen. Aufgenommen wurde das Dar-lehen bei der Freien Gemeinschaftsbank von Dornach, dem Geldinstitut der Anthroposophen. Die Gemeinschaftsbank kündigte allerdings den Kredit, nachdem die Universale Kirche wegen antisemitischer Verlautbarungen in die Schlagzeilen geraten war. Es dürfte allerdings kein Zufall gewesen sein, daß die UK den Kredit bei der Gemeinschaftsbank aufgenommen hatte, denn der Gründer der Anthroposophie, Rudolf Steiner, war Mitbegründer der Theosophischen Gesellschaft.

Die Universale Kirche demonstriert damit, daß mystisch-okkulte Visionen und rechtsradikale, rassistische Ideen in vie-len Zirkeln zwei Seiten der gleichen Medaille sind. Im Rund-brief »Inner Light«, verschickt am 24. Juli 1993 an über 400 deutschsprachige Mitglieder des theosophischen Kultes, offen-barte Peter Leach-Lewis rassistische Einstellungen: »Ich mag keine Juden. Ich sage euch nicht, daß ihr keine Juden mögen sollt. Ich mag einfach keine Juden. (…) Oh, Ich (sic!) weiß, daß es einige Juden in dieser versammelten Gruppe gibt, die nach Hause gehen und sagen werden, daß diese Gruppe anti-jüdisch ist. (…) Starke Worte? Ja, doch wird es Zeit, daß ihr erkennt, daß ihr nicht jüdisch seid und daß die Juden ein Krebs im Körper der Menschheit sind.« Diese Botschaft will Peter Leach-Lewis von Lord Morya von der »Höheren Geistigen Hierarchie« empfangen haben.

Im Rundbrief vom 12. Dezember 1993 schoß der Kultführer die nächste Breitseite ab. Israel sei »der Sitz des Antichristen«, ließ er verlauten. Und in einem Dankesbrief an die Mitglieder vom 22. September 1994 griff er die Weltverschwörungstheorie auf: »Wir leben in einer Welt, in der die Protokolle von Zion im Geheimen alles, was Du und ich für gut halten und ganz und wahr, an sich reißen und pervertieren!« Und im Rundschreiben vom 1. Juli 1995 setzte er seine rassistischen Äußerungen mit den Aussagen fort, die Zionisten würden »wie die Gassenkatzen der Nacht« ihre »programmierten Schreie ›Es ist nichts als eine weitere dumme Weltverschwörungstheorie‹ in den Äther hinaus miauen, bis ihre Widersacher schweigen«. Ein bekannter polnischer Priester habe gesagt, wegen »ihrer satanischen Gier zettelten die Juden den 2. Weltkrieg an, genauso, wie sie für den Beginn des Kommunismus verantwortlich waren«. Diese Aussagen kommentierte Leach-Lewis mit den Sätzen: »Es ist vollkommen wahr. Dieser gesegnete Kirchenmann sprach die absolute Wahrheit.«

Reimer Peters, damaliger Schlüsselhalter der Universalen Kirche in der Schweiz, übersetzte und verschickte den Rundbrief. Nachdem ich selber das »Inner Light« im *Tages-Anzeiger* vom 27. Oktober 1995 publik gemacht hatte, führte die Polizei im europäischen Zentrum der Universalen Kirche im Schweizer Ort Walzenhausen eine Razzia durch. Der Untersuchungsrichter klagte Reimer Peters wegen Verdacht auf rassistische Äußerungen an.

Im Juli 1996 kam es zu einer denkwürdigen Gerichtsverhandlung in Trogen, Kanton Appenzell-Ausserrhoden. Rund 250 Kultanhänger der Universalen Kirche veranstalteten vor dem Gerichtsgebäude eine Demonstration spiritueller Art. Gekleidet in Kultgewänder, wollten sie ein mystisches Kraftfeld erzeugen, um ihrem Schlüsselhalter mental beizustehen. Die Bewohner von Trogen waren sichtlich irritiert, weil sie in den Kultgewändern Franziskaner-Kutten erkannten. Tatsächlich versteht sich der theosophische Kult auch als 3. Franziskaner-Orden. Die Universale Kirche integriert nämlich Franz von Assisi in die »Höhere Geistige Hierarchie« und macht ihn zu einem ihrer mystischen Führer.

Der 55jährige Vertreter der Bruderschaft distanzierte sich bei der Gerichtsverhandlung nicht von den rassistischen Äußerungen seines Gurus. Er stellte sie quasi als göttliche Wahrheit dar, da es sich um Durchsagen der »Höheren Geistigen Hierarchie« handle. Der Kultführer hatte keine andere Wahl, sonst wäre seine okkulte Heilstheorie von den »Göttern in der heiligen Stadt Shambala« und ihren unantastbaren Durchsagen zusammengestürzt. Das Ritual der Kultanhänger vor dem Gerichtsgebäude schützte ihren Schlüsselhalter nicht vor der Bestrafung. Die Richter verurteilten Reimer Peters wegen Verletzung des Antirassismus-Gesetzes zu vier Monaten Gefängnis auf Bewährung und zu einer Buße von 5000 Schweizer Franken. Die zweite Instanz und das Bundesgericht bestätigten das Urteil im März 1997 resp. im Januar 1998.

Vor dem gleichen Dilemma wie Peters stand auch Hans Ulrich Hertel, ehemaliger Schlüsselhalter und Präsident des Weltfundaments für Naturwissenschaft. In einem Interview verteidigte das Führungsmitglied der UK die rassistischen Aussagen seines Gurus und machte sich die inkriminierten Sätze zu eigen. Hertel wurde angeklagt und stand am 2. April 1997 vor dem Bezirksgericht Zürich. Die rund 80 UK-Anhänger in ihren Franziskaner-Kutten versuchten, den Gerichtssaal in einen Kultraum zu verwandeln und unterstützten Hertel, in dem sie mit suggestiver Energie ein mystisches Kraftfeld zu erzeugen versuchten. Vergeblich, Hertel wurde als »Mitläufer« zu einer Geldbuße verurteilt.

Das »Weltfundament für Naturwissenschaft« wurde 1993 vom Kultführer Peter Leach-Lewis gegründet. Es rekrutiert

»Männer und Frauen der Wissenschaft und der Gesellschaft« und animiert sie, als »Agenten vor Ort« zu wirken und Bericht zu erstatten, falls in ihrer Firma etwas »ernstlich falsch ist«. Der Naturwissenschafter Hertel führt zusammen mit seinem Guru einen Feldzug gegen Mikrowellenherde. Sie verkünden bei jeder Gelegenheit, die Haushaltgeräte seien »schädlicher und heimtückischer als die Gasöfen von Dachau«. In Zukunft würden Hunderte von Millionen von Menschen Krebs bekommen, behaupten die beiden Kultführer.

Peter Leach-Lewis tobte vor Wut, als er die Urteile vernahm und setzte noch eins drauf. Der »Botschafter Gottes«, wie er sich nun bezeichnete, gab »seinem« esoterischen Magazin *ZeitenSchrift* ein 24seitiges Interview, das in einem Sonderdruck zu Heft Nr. 13/1997 publiziert wurde. Darin verhöhnte er die Schweizer Justiz, weil sie Reimer Peters verurteilt hatte. Es wäre besser gewesen, wenn die Nazis in die Schweiz einmarschiert wären, erklärte der Kultführer. Gleichzeitig bekräftigte er die rassistischen Aussagen im Rundbrief.

Damit ritt Leach-Lewis zwei weitere seiner Kultanhänger in einen Prozeß. Die beiden Herausgeber der *ZeitenSchrift* wurden ebenfalls wegen Verbreitung rassistischer Äußerungen angeklagt. Es ging dabei aber nicht nur um das Interview mit Leach-Lewis, sondern auch um das Buch *Geheim-Gesellschaften*, das *ZeitenSchrift* zum Verkauf angeboten hatte. Die Propagierung der rechtsradikalen Schrift ist ein weiterer Hinweis auf die breite ideologische Allianz der Weltverschwörer. (Der Prozeß hat bei Drucklegung des Buches noch nicht stattgefunden.)

Ein Blick ins Inhaltsverzeichnis verschiedener Ausgaben der *ZeitenSchrift* läßt erkennen, welchen Geist die beiden Herausgeber und Mitglieder der UK beschwören. »Die UFOs des Nazi-Regimes und: Vom Geheimwissen zur Schwarzmagie« (Nr. 3), »Hitlers Fluchtweg nach Argentinien« (Nr. 4), »Das Spiel der Illuminati um die ›Neue Weltordnung‹« und »Juden: Ihre Rolle in der Welt von heute – ihre wahre Herkunft« (Nr. 10), »Geheimlogen: Woher sie kommen und wie sie die Menschheit prägten«, »Der Sinn der Freimaurerei und wie sie heute gelebt wird«, »Die Verschwörung der Illuminaten« und »Interview mit Jan van Helsing« (Nr. 12).

Bei Bewegungen mit einem mystisch-okkulten und rassistischen Hintergrund sind oft auch braune und apokalyptische Elemente zu finden. Die Universale Kirche macht da keine Ausnahme. Im Rundbrief »Der Lebendige Stein – Eine Botschaft für die heutige Zeit« aus dem Jahre 1984 heißt es: »Die Menschheit steht heute am Tor der Wirklichkeit. Dies ist nicht nur in einem hohen Masse dem Druck der Zeiten, in denen wir jetzt leben, zuzuschreiben, sondern jetzt ist auch ein Neuer Tag und ein ›Besseres Zeitalter‹. Das zweitausend Jahre während Zeitalter der ›Vorbereitung‹, das so erfolgreich durch die Mission des Geliebten Meisters Jesus, des Christus, eingeleitet wurde, ist nun beinahe beendet. Das (vorhergesagte) vollkommene Zeitalter des Glaubens hat gerade zu dämmern begonnen, in unserer heutigen Zeit. Das Königreich des Christus (…) hat schon begonnen! (…) Wir sehen hier, was man für den wichtigsten Grundsatz des heutigen christlichen Glaubens halten kann – die ›Ankunft des Königreichs‹ oder, wie es meist fälschlich genannt wird, ›das zweite Kommen‹«.

Die Weltverschwörungstheorie greift immer weiter um sich. Anfang 1998 ließ sich auch die rechtsradikale Partei der Schweizer Demokraten anstecken, die in der Schweiz in vielen Parlamenten und Behörden vertreten ist und sich dem Kampf gegen die Überfremdung verschrieben hat. In der Nummer vom Dezember 1997 veröffentlichte die Parteizeitung ein Inserat, in dem eine Tonbandkassette zum Kauf angeboten wurde. Martin Frischknecht (nicht zu verwechseln mit dem gleichnamigen Herausgeber der *Spuren*) beschwört darauf »Dinge, welche der Öffentlichkeit weitgehend durch die kontrollierten Medien vorenthalten werden«. Das Titelbild der Kassette ziert die Pyramide des Eindollarscheins, welche die Geheimregierung symbolisieren soll. Frischknecht gibt denn auch zu, daß er sich auf die »Verschwörungsbücher« von Jan van Helsing und Des Griffin stützte. Ein Drittel des Verkaufspreises für die Kassetten ging an die Partei der Schweizer Demokraten.

Die Mystifizierung des Nationalsozialismus durch so unterschiedliche Bewegungen ist ein Phänomen, das nicht allein mit der geschickten Propaganda der Neuen Rechten erklärt werden kann. Ihre ideologischen Konstrukte fallen bei den Esoterikern, Theosophen, Ufo-Gläubigen, Biozentristen und Anhängern von Naturreligionen auf einen fruchtbaren Boden. Die neurechten Ideologen profitieren von einem fundamentalistischen Zeitgeist, der eine Wiedergeburt autoritärer Konzepte und mystischer Sehnsucht begünstigt.

Neofaschistische Ideen lassen sich heute über das Interesse an mystischen oder okkulten Phänomenen wecken und transportieren. Die spektakuläre Verquickung der verschiedenen Theorien, Sagen, Hypothesen und politischen Versatzstücke zaubert eine paranormale Superwelt hervor, die viele in ihrer esoterischen Verblendung fasziniert. Der Glaube an die übernatürlichen Phänomene und spirituellen Ideen nimmt religiösen Charakter an und benebelt den kritischen Verstand.

9 Neuheiden: Mit Hexen, Druiden und Germanen in die Zeitenwende

Die schillernde Szene der Neuen Heiden setzt sich aus einer Vielzahl von Zirkeln mit okkulten, esoterischen oder neuheidnischen Heilsvorstellungen und apokalyptischen Visionen zusammen und ist nur schwer überschaubar. Zur Feier »historischer Siege« treffen sich die Anhänger völkischer, germanischer, keltischer, animistischer, neorassistischer und heidnischer Ideen: Ein Schmelztiegel von Gläubigen und Phantasten, die zwar unterschiedliche Ideale postulieren, aber ähnliche Ziele verfolgen und ein faschistoides Klima schaffen. Politisch instrumentalisiert werden die neuheidnischen oder neugermanischen Zirkel vor allem von der Neuen Rechten, die sich dabei kultischer Ideen und der Weltverschwörungstheorie bedienen.

Die ideologische Verflechtung und personelle Verquickung der neuheidnischen und neurechten Szenen führt zu einer Potenzierung des rechtsradikalen Milieus. Eine scharfe Trennung der beiden Strömungen ist nicht möglich. Die Neue Rechte verfolgt eher politische Ziele und kultiviert völkische Ideen, die sie aus dem Germanentum ableitet. Die verschiedenen neurechten Zirkel pflegen rassistische Ideen und verklären die arische Rasse. Die Neuheiden hingegen betonen mystisch-religiöse Komponenten und erst in zweiter Linie politische Aspekte. Ihre Heilslehre ist vielfältiger und offener, in ihrem spirituellen Himmel hat alles Platz, was dem »höheren Selbst« und dem kosmischen Bewußtsein dient. Neben germanischen Göttern tummeln sich bei ihnen auch Hexen und Schamanen, Elfen und Engel, Druiden und Armanen. Jede individuelle übersinnliche Erfahrung wird zur kosmischen Wahrheit, die den Suchenden ein Teil des göttlichen Systems werden läßt.

Die Neuen Heiden versuchen gezielt, das Heidentum zu redefinieren und dem anrüchigen Begriff einen neuen Inhalt zu verpassen. War die Bezeichnung Heidentum der Inbegriff für Gottlosigkeit, Rückständigkeit und Kulturlosigkeit, soll sie nun mit einem positiven Inhalt besetzt werden. Die Neuen Heiden wollen das Heidentum zum Synonym für Naturhaftigkeit, mystische Urkraft, geistige Unabhängigkeit und Reinheit machen. Das neue Heidentum soll über bewußtseinsbildende Sprachprozesse salonfähig gemacht werden. Dazu gehört auch, daß sich die Anhänger nicht als areligiös verstehen. Ihr Himmel ist voller (Natur-)Götter. Immer mehr zivilisationsmüde und ideologisch verklärte Esoteriker sind fasziniert vom Heilsmix aus der religiösen Urkraft unserer Ahnen und den spirituellen Erbtheorien.

Die christliche Idee von der Gleichheit der Menschen, die zur Unterstützung der Hilfsbedürftigen auffordert, ist für viele Neuheiden selbstzerstörerisch. Entwicklungshilfe beispielsweise behindere die »natürliche Selektion«: Wenn die Schwachen bei einer Hungersnot sterben, sei dies eine natürliche Auslese, welche die Entwicklung der Rasse fördere, behaupten sie. Die internationale Staatengemeinschaft, die den Entwicklungsländern Demokratie aufzwingen wolle, verübe damit einen Akt der Willkür. Ein Volk könne so in seiner harmonischen Entwicklung gestört werden, erklären die Neuen Heiden in einem zynischen Zirkelschluß.

Selbst für die europäischen Staaten verwerfen die neurechten und teilweise die neuheidnischen Ideologen die Demokratie als Staatsform. Das demokratische Gleichheitsprinzip lehnen sie als kulturelles Erbe jüdisch-christlichen Gedankenguts ab, mit dem die »arische Rasse« inflitriert worden sei. Die Neuen Heiden träumen von einer Art modernem Feudalsystems, in dem die mystisch, geistig und genetisch am höchsten entwickelten Personen Verantwortung und Führerschaft übernehmen sollen. Die Demokratie soll durch eine rechte Kulturrevolution überwunden werden. Ihrer Ansicht nach ist ganz Nordeuropa eine Gemeinschaft mit den gleichen ethnischen Wurzeln, die in die »arische Epoche« zurückreichen.

Die Ideologie der Neuheiden ist eine Ideologie der Starken. Überleben und sich zu Höherem entwickeln sollen sich alle »überlegenen« Individuen, Völker und Rassen. Die Überlegenheit ergibt sich aus der Erbmasse, der völkisch-kulturellen Umgebung und der Tradition.

Gefährlich wird die Verklärung der germanischen Urseele in der Diskussion um die Überfremdung und bei der Bewältigung der Zivilisationsprobleme. Für die Neuheiden ist der Rückgriff auf diffuse völkisch-religiöse Ideen das rettende Heilsprinzip. Die Besinnung auf ein naturnahes Leben und die »natürliche Auslese« der Völker betrachten sie als ein wirksames Mittel gegen die vielfältigen Gegenwartsprobleme.

Ideologische Romantisierung des Naturhaften

Die Romantisierung der Naturreligionen und des Naturhaften begünstigt die Renaissance ariosophischer Wahnideen und die Verklärung des Nationalsozialismus. Die Heilskonzepte eines Jörg Lanz von Liebenfels und eines Guido von List werden heute von vielen Esoterikern studiert und teilweise kritiklos akzeptiert. Vor allem die Neuheiden und die Anhänger von Naturreligionen übernehmen die ario-germanischen Vorstellungen der Neuen Rechten. Es ist kein Zufall, daß sie die Schriften von List neu auflegen, die von neuheidnischen und neurechten Zirkeln verkauft werden. Im Internet wird beispielsweise Lists Buch *Deutsch-mythologische Landschaftsbilder* mit dem Ausspruch angekündigt: »Nach 60 Jahren wieder lieferbar«. Und über sein Buch *Die Bilderschrift der Ariogermanen* heißt es: »Vergessenes Wissen im Wappenwesen, in den Zünften, in den Orden des Mittelalters: Die Geheimzeichen, Hieroglyphen, Symbole, Kreibenzahlen usw. knüpfen an das Runengeheimnis an, dieses Thema weiterverfolgend über die Bauhütten, Templer- und Ritterorden, Skalden- und Minnesängerorden und Meistersingerzunft, Feme und Rechtsaltertümer.«

Der radikale Teil der Neuen Heiden ist heute ein wichtiger Pfeiler der Neuen Rechten. Zu den Vordenkern dieser religiösen Ideologie gehören nicht nur spirituelle Sonderlinge, sondern auch geachete Akademiker und Philosophen. Der ideologische Taktgeber der rechtsradikalen Strömungen ist Alain de Benoist, Exponent der französischen Nouvelle Droite und Autor zahlreicher politischer Werke. Es ist wohl kaum ein Zufall, daß ein Teil seiner Bücher im Thule-Forum erschienen ist. Seine Verbindung zum rechtsradikalen Lager sieht Jutta Ditfurth *(Entspannt in die Barbarei)* unter anderem im Umstand, daß Benoist zusammen mit Rolf Kosiek, Chefideologe der Nationaldemokratischen Partei Deutschland (NPD), im Beirat der Gesellschaft für biologische Anthropologie e. V. saß. Diese Gesellschaft trug einst den bezeichnenden Namen Deutsche Gesellschaft für Erbgesundheitspflege.

Die Geistesströmung der Nouvelle Droite entstand Ende der 60er Jahre und verschwand nach einigen Jahren wieder in der Versenkung. Zahlreiche rechtskonservative, völkische und nationalistische Bewegungen bedienten sich aber bei der Nouvelle Droite, um ihr braunes Gedankengut in ein nach außen gemäßigt wirkendes ideologisches Konzept zu gießen. Ironie des Schicksals: Die Vordenker der Nouvelle Droite waren ursprünglich linke Philosophen. Weshalb sich die einst gefeierten Philosophen der Nouvelle Droite an die Brust der Neuheiden warfen, ist nicht klar. Wahrscheinlich waren sie nach dem abrupten Karriereende frustriert und erlagen den Schalmeien der neuheidnischen Bewegungen, die ihnen eine neue Plattform schufen.

Die Neue Rechte kultiviert eine Denkart, bei der mystisch-spirituelle Elemente dominieren. Die Besinnung auf traditionelle kultische und religiöse Werte aus grauer Vorzeit trifft den Nerv vieler Esoteriker. Die Neue Rechte hat nichts mit rechtsradikalen Skinheads zu tun, die randalieren und mit dem »Heil-Hitler«-Gruß die Öffentlichkeit provozieren. Die neurechten Ideologen begünstigen allerdings das politische Klima, in dem die braunen Blüten besonders gut gedeihen.

Benoist und ein Teil der Neuen Rechten propagieren einen neuen europäischen Glauben. Sie träumen von einem Ethnopluralismus. Diese Ideologie besagt, daß sich ein Volk nur innerhalb seines geographischen Umfelds und seiner religiösen und kulturellen Traditionen entwickeln darf, wenn es seine Identität bewahren will. Benoist glaubt an eine Rückkehr des »geistigen Heidentums«. Die Vertreter des Ethnopluralismus beschwören auch biologisch-rassistische Werte, die im Erbgut verankert sein sollen. Das neodarwinistische Ausleseverfahren ist für die Neuen Heiden der Schlüssel ihrer rassistischen Ideologie. Verschiedene Vertreter wagen gar die Behauptung, Intelligenz sei ein Produkt der ethnisch zentrierten Auslese, also genetisch verankert. Für sie besteht kein Zweifel, daß die »germanischen Rassen« an der Spitze der Entwicklung stehen. Pierre Krebs, Mitbegründer des Thule-Seminars, spricht sogar von einer genetischen Entartung der einzelnen Rassen durch die Vermischung. So möchten denn verschiedene Vertreter der Neuen Rechten der Reinrassigkeit nachhelfen, zum Beispiel durch genetische Untersuchungen und geplante Befruchtung.

Benoist versucht nachzuweisen, daß die egalitären und monotheistischen Lehren des Judentums und des Christentums nicht den religiösen Traditionen und der geistigen Entwicklung in Europa entsprechen. Für ihn und die Neuheiden stammen die abendländischen Werte aus einem fremden Kulturraum. Bei der Verklärung völkischer Ideen wird auch Gott ins Spiel gebracht. Der Politologe fordert, die Völker müßten ihren jeweiligen Gott innerhalb der eigenen geschichtlichen und mystischen Traditionen suchen. Die abendländischen Wertvorstellungen enthalten für Benoist und seine Gesinnungsgenossen ein selbstzerstörerisches Potential. Die Dekadenzerscheinungen der modernen Gesellschaft sind für die Neuen Rechten eine direkte Folge des jüdisch-christlichen Erbes. Nordeuropa ist ihrer Ansicht nach aus dem Nahen Osten kulturell und religiös kolonisiert worden. Die Neuen Heiden haben diese völkischen, rassistischen und biologistischen Ideen weitgehend übernommen.

In der Werkmappe *Sekten* der ökumenischen Arbeitsgruppe Neue religiöse Bewegung (Nr. 74) schreibt Harald Baer, die Neuheiden hätten kein einheitliches Bekenntnis. Zu den gemeinsamen Glaubensgrundsätzen gehöre jedoch die Überzeugung, daß das germanische Volk im Einklang mit der Natur und den Göttern gelebt habe, bis die erzwungene Christianisierung die germanische Religion in den Untergrund drängte. Die Neuheiden behaupten, das Heidentum habe bis zur Säkularisierung des Christentums im Verborgenen überlebt. Die heidnischen Rituale würden etwa seit dem 19. Jahrhundert praktiziert. Um den Einfluß auf das Christentum zu dokumentieren, verweisen sie auf die vielen heidnischen Riten und Traditionen in den christlichen Kirchen, die Ausdruck archetypischer Verwurzelung der altheidnischen Mentalität seien. Ihr Argument, daß die christliche Ideologie und die christlichen Institutionen für das politische, soziale und religiöse Chaos in der westlichen Welt verantwortlich seien, verfängt bei vielen Esoterikern und Kritikern der christlichen Kirchen.

Die Neuen Heiden holen ihren Gott auf diese Welt und machen sich zu einem integrierten Teil der göttlichen Ordnung. Das neue Heidentum kennt keine Trennung zwischen Gott und der Welt, beide bedingen und durchdringen sich angeblich gegenseitig. Daraus ergibt sich der unbestreitbare Missionsvorteil, daß man verunsicherte Menschen mit der Vorstellung blenden kann, sie könnten mit mystischen Ritualen eine göttliche Stufe erreichen. Die Unterwerfung unter einen christlichen Gott und der Glaube an transzendentale Ideen sind für die Neuen Heiden entwürdigend, weil sie der »göttlichen« Seele des Menschen angeblich nicht gerecht würden.

In einer Zeit des Machbarkeitswahns und der Desorientierung erscheint die Theorie eines göttlichen Potentials im Individuum vielen Leute wie Balsam für die verwundete Seele. Die

meisten esoterischen und gnostischen Heilstheorien vertreten
ähnliche Vorstellungen. Neue Heiden, die ihre göttliche Kraft
zur Entfaltung bringen können, gehen in den Götterhimmel
ein. Der christliche Glaube wird durch den Glauben ersetzt,
Gottesdimensionen selbst erschaffen zu können. Die spirituelle
Energie, die bei den heidnischen Ritualen erzeugt wird, hat angeblich Auswirkungen auf die materielle Welt und umgekehrt.
Durch mystische Bewußtseinsprozesse wollen die Neuheiden
die Mutter Erde in einen Götterhimmel transformieren. Die
menschliche Allmachtsphantasie erreicht bei ihnen einen
Höhepunkt.

Mystische Konzepte mit totalitärer Stoßrichtung

Letztlich führen die völkisch-okkulten Ideen, die sowohl für
die religiösen wie politischen Zielsetzungen wegweisend sein
sollen, direkt in eine totalitäre Ideologie. Diese Botschaften
vernehmen die Neuheiden in Deutschland vom akademisch
gebildeten Politologen und »unverdächtigen Ausländer« Benoist mit großer Befriedigung. Ideologisch gestärkt und vom
wachsenden Fremdenhaß beflügelt, propagieren sie eine per-
vertierte altgermanische Naturreligion, auch wenn sie sich
damit dem Verdacht aussetzen, nationalistische oder nationalsozialistische Gespenster zu wecken.

Zwar verpacken die »Neuen Germanen« ihr Heidentum
sprachlich in intellektuelle Wendungen. Wer die Ideologie aber
auf den Inhalt abklopft, findet bekannte braune Wurzeln. Es
überrascht deshalb nicht, daß die Neuen Heiden das Christentum mit dem Argument als »jüdische Religion« abzuwerten
versuchen, Jesus und die Urchristen seien jüdischen Ursprungs
gewesen. Sie übernehmen damit über weite Teile die rassistischen und antisemitischen Positionen der Neuen Rechten.

Zu den Neuen Heiden zählen heute aber nicht nur die
Anhänger der germanischen Naturreligionen und völkischen

Bewegungen, auch viele Okkultisten, radikale Esoteriker, Schamanen und »feministische Hexen« bezeichnen sich als Neuheiden. Allein schon diese bunte Palette von »Gläubigen« zeigt, daß ein diffuser Mystizismus das verbindende Element dieser Gruppen ist. Es findet sich im Glauben an das Göttliche im Menschen, an die völkische Selbstbestimmung, an die Überlegenheit der arischen Rasse und in der Romantisierung des Naturhaften.

Der heidnische, neugermanische und völkische Glaube steht in scharfem Kontrast zu den christlichen Wertvorstellungen und einem rationalen Weltbild. Monotheistische Konzepte lehnen die Neuheiden ab, sie halten sich lieber an die »menschlichen« Götter der Kelten und Germanen. Wie die Esoteriker siedeln sie das Göttliche im Hier und Jetzt an und suchen das Heil im Diesseits. Der Glaube an mystische Konzepte und die gnostische Selbsterlösung bestimmt ihre Sinne.

Die spirituell auf das germanische »Stammgebiet« fixierten Neuheiden orientieren sich an fernöstlichen Religionen und der Theosophie. Sie wollen nicht auf die Karmatheorie und die Reinkarnationsvorstellung verzichten, auch wenn sie damit das geistige Erbe der Armanen verwässern. Die Neuheiden fasziniert vor allem die theosophische Vorstellung, daß sich Menschen durch spirituelle Entwicklung zu göttlichen Wesen entwickeln können. Es stört sie offensichtlich nicht, daß den Germanen diese Vorstellung völlig fremd war. Die Wiedergeburtstheorie erlaubt ihnen, die arische Rassentheorie als religiösen Imperativ zu verstehen und ihm den Ruch des Rassismus zu nehmen. Die neugermanischen Heiden sind überzeugt, daß ihr Wesen unsterblich ist und nach dem Prinzip der karmischen Entwicklung göttliche Dimensionen erreichen kann. Inkarniert wird nach neuheidnischer Vorstellung aber nur, wer arisches Blut hat.

Die Neuheiden pflegen in der Regel germanische Kulte. Für sie ist die Natur der Schlüssel zum Heil. In mystischer Verblendung verklären sie die Naturverbundenheit der Kelten und

Germanen und beanspruchen das geistige Erbe der »Naturvölker«. Obwohl es nur wenige gesicherte Informationen über die Spiritualität der Germanen gibt, glauben die Neuen Heiden, ihre Riten und mystischen Geheimnisse zu kennen. Ihr Wissen und die übersinnlichen Ideen beziehen sie unter anderem aus der Edda, den isländischen Schriften des Mittelalters.

Die Neuen Heiden sehen im Christentum die Wurzeln für das gegenwärtige zivilisatorische Chaos. Als historischen Irrtum betrachten sie vor allem das später auch in der Aufklärung erhobene Postulat der Gleichheit: Die Gleichwertigkeit der Rassen und Völker, aber auch der Individuen innerhalb der Ethnien und Gesellschaften, führt in ihren Augen direkt in die genetische Katastrophe und in die Dekadenz. Der Glaube, Menschen aller Rassen und Ethnien hätten den gleichen Gott und seien vor Gott gleich, ist für die Neuen Heiden eine fatale Irrlehre. Entsprechend wird die Menschenrechtserklärung der UNO verworfen. »Nicht jedem ersten besten kann Menschenwürde zugesprochen werden, auch wo sie vorhanden ist, erscheint sie in verschiedenen Abstufungen«, schreibt beispielsweise M. Christadler in der Schrift *Neokonservative und ›Neue Rechte‹*. Er bringt seine rassistische Theorie mit der Aussage auf den Punkt, eine allgemeine Achtung vor dem Menschen sei Aberglaube.

Die Neuheiden schöpfen ihre okkulten Vorstellungen aus verschiedenen mystischen, religiösen und politischen Quellen und konstruieren Heilstheorien, die auf ihre speziellen Sehnsüchte und Bedürfnisse zugeschnittenen sind. Impulse lieferten neben der Neuen Rechten auch New-Age-Gruppen aus den USA, die bei den Neuheiden Neugierde auf mystische und okkulte Ideen und Rituale weckten. Auch die Renaissance des Keltenkultes in den 70er Jahren begünstigte die Verbreitung des neuheidnischen Gedankenguts und die Vermischung mit rechtsradikalen oder völkischen Ideen in manchen Kreisen. König Arthur mit seiner Tafelrunde wird von den Neuheiden zur Kultfigur stilisiert, der Roman *Die Nebel von Avalon* von

Marion Zimmer Bradley fasziniert nicht nur ein breites Publikum, sondern die Neuheiden, die Esoterik-Szene und die Gralslogen im speziellen.

Der Mythos von den übersinnlichen Fähigkeiten der Druiden, der keltischen Priester, zog viele Esoteriker in den Bann. Der Keltenkult ließ viele Druidengruppen entstehen, die im Dachverband Altes Volk organisiert sind. Sie zelebrieren an besonderen Kultplätzen ihre Rituale zur Sonnenwende. Ihr Medium ist das Internet, wo neben deutschen auch Schweizer Druiden eine Homepage haben.

Es würde den Rahmen dieses Buches sprengen, die vielen vor allem in Deutschland aktiven neuheidnischen und völkischen Bewegungen, okkulten Zirkel, arischen Orden, esoterisch-theosophischen Gemeinschaften zu porträtieren. Zu ihnen gehören die Ariosophen, die Gylfiliten, die Armanen, der Bund der Goden, die Heidnische Gemeinschaft, der Bund für Gotteserkenntnis, die Artegemeinschaft (im Dritten Reich als Nordische Glaubensgemeinschaft bekannt), die Germanische Glaubensgemeinschaft (GGG), die Deutschen Unitarier (DUR), der Germanen-Orden, der Nordische Ring, Wotans Volk, die Arbeitsgemeinschaft Naturreligiöser Stammesverbände Europas (ANSE), der 1990 gegründete Dachverband neuheidnischer Zirkel usw.

Die meisten dieser Gruppen wehren sich gegen die Behauptung, völkisches oder rassistisches Gedankengut zu pflegen und zu verbreiten. Auch die Unitarier. Doch laut Colin Goldner hat die DUR in etlichen Prozessen erfolglos versucht, Bezeichnungen wie »völkisch-rassistische Sekte« oder »nazistische Tarnorganisation« verbieten zu lassen. Der Ausdruck »Nazi-Sekte« sei zulässig, fand das Hamburger Oberlandesgericht. In Anlehnung an dieses Urteil hat die Bundestagsabgeordnete Annelie Buntenbach (Bündnis 90/Die Grünen) in einer Pressemitteilung vom 9. April 1997 darauf hingewiesen, daß die DUR nicht nur von »hochrangigen Nationalsozialisten« gegründet worden sei, sondern DUR-Mitglieder bis in die jüngste Zeit im neonazistischen Spektrum aktiv seien. Die DUR konnte jahrelang unbehindert in der Gesellschaft wirken und ein gewisses Renommee aufbauen, schreibt Colin Goldner.

Die neuheidnischen Bewegungen und Zirkel sind teilweise untereinander zerstritten und führen ideologische Dispute. Es sind auch nicht alle gleich radikal. Trotzdem bilden sie gemeinsam das rechtsradikale, kultische Milieu, das die völkische Ideologie nährt. Bei allen Differenzen sind sie sich einig, daß die arische oder germanische Rasse die Krone der Schöpfung sei. Darüber kann auch das Lippenbekenntnis vieler Neuheiden nicht hinwegtäuschen, mit Rassismus und Faschismus nichts zu tun zu haben. Bezeichnenderweise nehmen mehrere Gruppierungen nur Mitglieder »arischer Abstammung« auf. Freimaurer werden in der Regel ausgeschlossen.

Es gibt aber auch neuheidnische Gruppen, die offen zu ihren braunen Ideen stehen. Die Gylfiliten erklären, Hitler habe die westliche Welt vor der kommunistischen Weltdiktatur gerettet und die bolschewistische Revolution verhindert. Sie nehmen keine Jesuiten, Rosenkreuzer, Juden und Freimaurer in ihren Orden auf.

Diese germanisch-völkischen und neuheidnischen Gruppen sind in erster Linie ein deutsches Phänomen, das im Zug der neuen Spiritualität auf die übrigen europäischen Länder auszustrahlen beginnt. Die Bünde, Orden und Gesellschaften fischen erfolgreich im kultischen Teich der Esoterik- und New-Age-Szenen. Verschiedene Exponenten dieser völkisch-okkulten Gruppen spielen oder spielten eine führende Rolle in rechtsradikalen Organisationen wie der Wiking-Jugend, dem Bund Heimattreuer Jugend, der (inzwischen verbotenen) Nationalistischen Front, der Freiheitlichen Deutschen Arbeiterpartei (ebenfalls verboten), der Volkssozialistischen Bewegung und der Aktion Oder Neiße.

In den letzten Jahren kann man eine zunehmende Verflechtung der neuheidnischen Zirkel mit den politisch ausgerichteten neurechten Bewegungen beobachten. Das Phänomen beschränkt sich nicht auf Deutschland. Ein Beispiel gibt Damian Thompson: Die angesehene englische Zeitung *New Statesman* publizierte am 23. Juni 1995 einen Artikel mit dem Titel *New-age Nazism*, der auf einer Untersuchung zweier Spezialisten beruhte. Das Resultat der Analyse: Der Einfluß der extremen Rechten sei »bei einem alarmierend großen Teil der wachsenden New-Age-Bewegung und der Grünen« fühlbar. Tatsächlich kursiert auch in englischen Esoterikkreisen die Mär von den »Protokollen der Weisen von Zion«.

Der Artikel behauptet, die New-Age-Zeitschriften *Nexus* und *Rainbow Ark* seien zu »Plattformen für antisemitische Konspirationstheorien der extremen Rechten« geworden. Rechtsradikale haben ihre Theorien in New-Age-Konzepte verpackt, wie ein Beispiel aus der Esoterik-Zeitschrift *Rainbow Ark* dokumentiert: »Wenn Personen starken Haß gegen eine andere Rasse hegen, dann stellt ihr höheres Selbst oft (karmisch) sicher, daß sie sich in dieser Rasse inkarnieren, um sie selbst auszubalancieren; so haben sehr viele der schlimmsten Nazis sich schon in jüdischen Körpern inkarniert, und damit erklären sich einige der Feuerwerke, die in Israel stattfinden und weiter stattfinden werden.«

Diese Karmatheorie kursiert auch bei vielen Esoterikern und kultischen Zirkeln im deutschsprachigen Raum. Einer der bekanntesten Vortragsreferenten und »Szenen-Gurus«, der »Reinkarnationstherapeut« Tom Hockemeyer alias Trutz Hardo, wurde im Mai 1998 vom Amtsgericht Neuwied wegen Volksverhetzung zu einer Geldstrafe von 4000 DM verurteilt. Hardo hat in seinem Buch *Jedem das Seine*, das bewußt an die Inschrift am Tor des Konzentrationslagers Buchenwald erinnert, behauptet, der Mord an den Juden sei der »karmische Ausgleich« für böse Taten, welche die Opfer in einem früheren Leben begangen hätten. Hardo bezeichnet Hitler als Werkzeug des Schicksals. Diese Erkenntnisse habe er aus Erlebnisschilderungen gewonnen, die seine Klienten bei Rückführungen in frühere Leben gemacht hätten. Viele Opfer des Holocaust seien früher selbst einmal Judenmörder gewesen, schrieb Hardo. Der Richter verbot den Verkauf des Buches. Gegen das Urteil wurde Rekurs eingelegt.

Die meisten neuheidnischen Gruppen haben ein apokalyptisches Heilskonzept. Wie manche Esoteriker verkünden auch die Neuen Heiden Endzeitszenarien, die von angeblichen Naturkatastrophen, Polsprüngen und sozialen Unruhen begleitet werden. Auch die Weltverschwörung der Juden, Freimaurer und Logen, die die arische Rasse angeblich zurückdrängen wollen, gehören zu diesen Endzeitvorstellungen. Wie die New-Age-Anhänger prophezeien sie ein neues Zeitalter. Dabei spielt die Astrologie eine wichtige Rolle. Die gegenwärtigen sozialen und politischen Krisen und die drohenden Endzeitkatastrophen wollen die Germanen-Gläubigen mit Hilfe ökologischer Befreiungsstrategien und spirituellen Wachstums bannen. Überleben werden die Eingeweihten, denen es gelingt, zum germanischen Götterhimmel aufzusteigen.

Kurzporträts der wichtigsten neuheidnischen Gruppen sollen die spirituellen und politischen Vorstellungen der kultischen Bewegungen konkretisieren.

Die unheimlichen Geister der Armanen, Goden und Gylfiliten

Eine Führungsrolle im neuheidnischen Milieu übernahm in den letzten Jahren der Armanen-Orden, der 1976 von Adolf Schleipfer und seiner damaligen Ehefrau Sigrun Hammerbacher, die sich heute meist Sigrun Freifrau von Schlichting nennt, gegründet wurde. Sigrun Hammerbacher soll, so die *Frankenpost*, früher im rechtsextremen Bund Heimattreuer Jugend aktiv gewesen sein. Der Chef der Armanen biedert sich mit einer Mischung aus mystischen und politischen Postulaten bei den Esoterikern an. »Religion«, so Schleipfer, »kann man sich nicht aussuchen wie eine Parteimitgliedschaft«, sie sei rassenbedingt. Für Arier sei der germanische Glaube der einzige artgemäße. Die armanischen Ordensmitglieder glauben, inkarnierte germanische Priester zu sein. Schleipfer hatte 1969 die Guido-von-List-Gesellschaft gegründet und präsidiert, die auf den gleichnamigen ariosophischen Ideologen zurückgeht. Rainer Fromm bezeichnet den Armanen-Orden in seinem Buch *Am rechten Rand* als eine »rassistische neuheidnische Religionsgemeinschaft«.

Der Orden verfolgt das Ziel, die religiösen Wurzeln der germanischen Ahnen freizulegen. Die Anhänger sind überzeugt, daß die sozialpolitischen Umwälzungen und der Zerfall religiöser Systeme das Ende der Aufklärung signalisieren. Ihrer Ansicht nach hat das Christentum nicht nur die keltischen und germanischen Traditionen zerstört, sondern auch die innere Verbundenheit der Menschen mit der Natur und den Einklang mit dem Kosmos. Die heilstheoretischen Ideen der Armanen beruhen auf theosophischen Prinzipien, ergänzt durch mystische Vorstellungen von List und Lanz. Die wahnhaften Ideen der beiden Okkultisten haben also das Dritte Reich überlebt.

Der Armanen-Orden malt ähnliche Verschwörungsszenarien aus wie die Neuen Rechten, die christlichen Fundamentalisten und die verblendeten Esoteriker. Den rassenideologischen Überbau holen sie sich bei den Vordenkern des Dritten Reichs. Gaskammern hat es ihrer Ansicht nach nicht gegeben, und Auschwitz ist für sie eine historische Lüge, um die Märtyrerrolle der Juden als taktisches Kalkül zu nutzen. Für die Katastrophen der jüngeren Geschichte machen die Ordensleute die Freimaurer und den »Geldadel« verantwortlich. Dieser würde mit Großtechnologie die Natur zerstören, behaupten die Armanen. Humanitäre Ideen sind ihnen ein Greuel, in der UNO sehen sie ein gefährliches Werkzeug der Weltverschwörer.

Der armanische Orden beschwört in mystischer Verklärung den germanischen Urmenschen. Das gesamte religiöse und

»paradiesische« Potential ist seiner Ansicht nach auf dieser Erde zu finden und im Menschen verborgen. Wer es versteht, durch den Zivilisationsmüll zu den mystischen Wurzeln vorzustoßen, könne Einblick in die universellen Weisheiten erhalten und sich geistig mit dem Kosmos verbinden. Die Armanen glauben, sie könnten sich letztlich in die Hierarchie der Götter einreihen. Den Ordensleuten schwebt ein einfaches Leben im Einklang mit der Natur vor. Mystische Rituale bei Vollmondnächten und Sonnenwenden im Freien sollen die verschütteten Urinstinkte wieder aktivieren.

Die Armanen stoßen mit ihren extremen Ideen sogar bei einzelnen neuheidnischen Gruppen auf Ablehnung. Die Verklärung und Propagierung der Armanen-Ideologie und der Ariosophie geht beispielsweise der Wicca-Vereinigung Rabenclan, die zu den gemäßigten Hexen-Gruppen gehört, zu weit. In einem Artikel vom November 1996 schreibt die Hexen-Vereinigung, die Instrumentalisierung der mit dem Armanen-Orden assoziierten heidnischen Gruppierungen sei das Resultat einer Täuschung der Neuen Rechten und der Neo-Armanen.

Das »Gefasel von auserwählten Rassen und Völkern, von Geheimlehren, von Eingeweihten, von ›Meistern‹ und Geistern und besseren Reinkarnationen muß als das erkannt werden, was es ist: als ideologischer Nährboden für die Ariosophie«, erklärt der Wicca-Anhänger Jens Scholz. Er kommt zum Schluß, daß die Ariosophie eine rassistische Herrschaftsideologie sei, »womöglich die brutalste und widerwärtigste, die es je gab«. Der Vertreter des Rabenclans geht sogar mit der Theosophie ins Gericht: »Von der Rechtfertigung der Greuel der Kolonialzeit durch die Theosophie bis zur Rechtfertigung des Holocaust durch die Ariosophie war es nur ein kleiner Schritt.« Dieses Beispiel zeigt, daß es auch neuheidnische Organisationen gibt, die sich eindeutig vom braunen Milieu distanzieren.

Die Goden streben einen »artgemäßen« Glauben an

Im Gegensatz zu den Armanen bilden die Goden eine relativ junge Bewegung. Der von Franz Hermann Musfeldt 1957 gegründete Orden versteht sich als religiöse Erneuerungsgemeinschaft auf »artgemäßer Grundlage«. Er sieht sich insbesondere im Dienst der weißen Rasse. Der Glaube der Goden orientiert sich an kosmischen Gesetzmäßigkeiten. Die Anhänger suchen ebenfalls die Einheit mit der Gottheit, da das Göttliche im Menschen angelegt sei. Der Name ihrer Zeitschrift *Kosmische Wahrheit* ist Programm. Ende der 80er Jahre gründete eine Splittergruppe den Bund der Goden.

In seinem Buch *Am rechten Rand* nennt Rainer Fromm die Goden eine rechtsradikale Sekte, die knapp 500 Mitglieder zähle. Musfeldt glaube, so Fromm, an den »arischen Jesus«. In der Ordensschrift *Die kosmische Wahrheit* vom Mai 1981 kommt die Synthese von rechtsradikalen Ideen und kultischen Vorstellungen zum Ausdruck: »Das Streben der Goden-Bewegung ist eine Erneuerung des artgemäßen Glaubens, im Sinne einer kosmischen Religion, mit dem Ziel, einen neuen Weg in der sich heute wandelnden Welt zu einer naturverbundenen, dogmenfreien, universellen, europäischen, kosmischen Gottheit-(Allgeist-)Erkenntnislehre, die den heutigen wissenschaftlichen Erkenntnissen nicht entgegensteht, zu finden und zu weisen.«

Der Orden hat sich in jüngster Zeit mehr und mehr der Astrologie und Esoterik zugewendet. Die Verbindung zu anderen neuheidnischen Gruppen und Exponenten zeigt sich unter anderem darin, daß im Goden-Organ *Die kosmische Wahrheit* auch Sigrun Hammerbacher vom Armanen-Orden und Wolfgang Kantelberg, Gründer der Gylfiliten, Artikel publizieren.

Die Gylfiliten sehnen sich nach
der germanischen Götterdämmerung

Die Nähe zum braunen Milieu ist bei den Gylfiliten besonders ausgeprägt. Die 1976 von Wolfgang Kantelberg gegründete neuheidnische Religionsbewegung glaubt an die germanische Götterdämmerung nach dem dritten Weltkrieg. Laut *Frankenpost* war Kantelberg Gründungsmitglied der Volkssozialistischen Bewegung und führendes Mitglied der Nationaldemokratischen Partei Deutschland (NPD). Er zelebriere bei den Wehrsportübungen der volkssozialistischen Bewegung Kultfeiern, heißt es in *Sekten, Kulte und Religionen*. Kantelberg habe eine eigene heidnisch-germanische Kultsprache der Gylfiliten entwickelt, das »Diutisk«. Er selbst tritt als Bruder Wali auf.

Als geistigen Vater verehren die Kultanhänger den Schwedenkönig Gylfi. »Bei dem lodernden Lichtschein erinnert Bruder Wali die Anwesenden daran, daß nur der Mensch im Himmel Walhalla Aufnahme findet, der im Kampf fällt. Nach dieser religiösen Überzeugung hat auch Hitler seinen Platz auf der Heldentafel Odins bekommen« *(Sekten, Kulte und Religionen)*. (Odin ist der germanische Göttervater, der zusammen mit den beiden Raben Hugin und Munin in der Asgard-Festung Walhalla residiert. Der germanische Gott ist allwissend und Herr der Runen und der Heilkunde.)

An den Kultfeiern werde nicht nur Hitler verehrt, auch das Hakenkreuz werde als mystisches Symbol bei den Ritualen verwendet. Geburtstag und Todestag des Führers seien Feiertage. Die Gylfiliten träumen vom großgermanischen Reich und der artreinen Rasse. Die Wurzeln allen Übels haben auch die Gylfiliten im Christentum ausgemacht, das die germanischen Ideale habe entarten lassen. Das Organ der Gylfiliten ist die Zeitung *Odrörir*.

Die völkischen Ideen der
Germanischen Glaubensgemeinschaft

Eine wichtige Stimme im neurechten Chor ist die Germanische Glaubensgemeinschaft (GGG), die sich eine Ideologie aus völkischen Ideen, Esoterik, Astrologie, grüner Politik, Feminismus und Ökologie zusammengeschustert hat. Die neuheidnische Tendenz kommt in der radikalen Ablehnung des Christentums zum Ausdruck. Dominierende Figur ist der »Stammespriester« Géza von Neményi (geb. 1959). Nach Aussage der Evangelischen Zentralstelle für Weltanschauungsfragen (EZW) befürwortet die GGG die Euthanasie, das Aussetzen verkrüppelter Kleinkinder und ein Zeugungsverbot für Schwache. Neményi engagiert sich beim Bündnis 90/Die Grünen. Propagiert werden laut EZW Polygamie, Sodomie und Homosexualität. Die GGG, die 1907 gegründet worden ist, wurde 1991 wiederbelebt.

Die vorwiegend in Deutschland aktiven neuheidnischen Gruppierungen sind relativ klein. Szenenkenner schätzen den inneren Kreis auf ein paar tausend Personen. Doch Zehntausende aus dem esoterischen Umfeld haben sich von den neuheidnischen Ideen anstecken lassen und bilden den Nährboden für das braune Milieu. Das Gedankengut der Neuheiden breitet sich rasch aus. Wotan, Gaia und wie die Götter alle heißen, haben wieder Eingang in die Alltagskultur gefunden. Und Runenorakel, Keltenriten und germanische Mythologie stoßen auf ein breites Interesse auch bei Leuten, die keine braune Gesinnung haben. Die esoterische Literatur präsentiert diese Themen jedoch, ohne auf die arischen, okkulten und theosophischen Zusammenhänge einzugehen. So werden die okkulten und rechtsradikalen Mythen von vielen Lesern unbewußt verinnerlicht.

Mit wachsendem Fremdenhaß findet die Rassentheorie der Neuen Heiden auch bei verunsicherten Menschen Anklang, die mit mystisch-okkulten Ideen wenig anfangen können. Verschiedene Gruppen nutzen die Angst vor der Überfremdung als Propagandamittel für ihre völkischen Ideen. Das Gedankengut der Neuheiden und der Neuen Rechten sickert zunehmend in die Köpfe jener Leute, die offen für populistische Argumente sind.

In Deutschland streiten sich die Politiker über die Frage, wie gefährlich die neuheidnischen Gruppen tatsächlich sind. Der SPD-Bundestagsabgeordnete Siegfried Vergin warnte 1997 im Namen der SPD vor den neugermanischen Gruppen, die »zu einer rechtsextremen Reideologisierung« beitragen würden. Innenstaatssekretär Eduard Lintner (CSU) antwortete hingegen auf die Anfrage der SPD, diese Bewegungen »verfügen in der rechtsextremistischen Szene kaum über Einfluß«. Eine erhebliche Gefährdung der inneren Sicherheit sei nicht gegeben.

Ein Artikel der *Frankfurter Rundschau* vom 4. August 1997 zeigt jedoch, daß voreilige Entwarnung nicht angebracht ist. Die personellen Überschneidungen von den neugermanischen oder neuheidnischen Gruppen mit der rechtsextremen Szene seien auffallend. Arnulf Priem zum Beispiel, der Wotans Volk gegründet habe, sei ein militanter Rechtsextremist, der im Mai 1995 »wegen Bildung eines bewaffneten Haufens« zu dreieinhalb Jahren Haft verurteilt worden sei. Priem habe außerdem als Funktionär der NSDAP/AO und der Deutschen Alternative gewirkt. Als weitere zentrale Figur der deutschen Neonazis nennt der Artikel den Rechtsanwalt Jürgen Rieger, der 1972 Mitbegründer des Nordischen Rings war und 1989 Vorsitzender der Artegemeinschaft wurde.

Ein weiteres Beispiel erwähnt Rainer Fromm, Spezialist für die rechtsradikale Szene in Deutschland. In *Am rechten Rand* schreibt er, nicht nur die Doppelmitgliedschaften würden den Kontakt der neuheidnischen Armanen ins rechtsextremistische Lager belegen: »Neuheiden inserieren auch in *Nation Europa*, die als das wichtigste Periodikum der Rechtsaußen betrachtet werden kann, in der *Deutschen Rundschau*, in der Zeitschrift der Republikaner und vielen anderen Publikationen der Rechten.«

Der nordrhein-westfälische Verfassungsschutz weist in einem Mitte 1997 veröffentlichten Bericht auf den Zusammenhang zwischen kultischen Zirkeln und rechtsradikalen politischen Organisationen hin: »Das neuheidnische Weltanschauungsgebilde wird benutzt, um rechtsextremistisches Gedankengut gesellschaftspolitisch umzusetzen.« Der Bericht über die Artegemeinschaft hält weiter fest, an den Veranstaltungen der Organisation »nehmen überwiegend Angehörige der Neonazi-Szene« teil.

Der Bundesverfassungsschutz beobachtet vier neuheidnische Gruppen. Es handelt sich um den Bund der Gotteserkenntnis, den Nordischen Ring, die Artegemeinschaft und die Gesellschaft für biologische Anthropologie, Eugenik und Verhaltensforschung. Abgesehen vom Bund für Gotteserkenntnis soll Jürgen Rieger bei allen Organisationen eine wichtige Rolle spielen.

Zur neurechten Szene zählt auch Björn Schönlaub. In seiner Postille *Lebensborn* veröffentlichte der ehemalige Aktivist der Nationalistischen Front sein faschistoides Programm: »Ich bin stolz auf meine deutsche Abstammung/Ich zeuge nur Kinder unserer Art/Ich meide alles Artfremde/Ich kämpfe nur noch für meine Art/Wir sind die Kämpfer des neuen Reichs/Wir kämpfen bis zum Sieg.« (Zitiert nach einer ARD-Reportage vom 13. Juni 1996.)

Ins neurechte Umfeld gehört auch das Märchenzentrum Troubadour von Werner Georg Haverbeck, der laut Jutta Ditfurth Mitglied der SA, Reichsamtsleiter in der NS-Organisation »Kraft durch Freude« und Schützling von Rudolf Heß war. Auch das Kollegianum Humanum und die Neuzeitliche Diät- und Lebensschule der »Lichtgestalt« Otto Hanisch müssen zur neuheidnischen Szene gezählt werden. Hanischs Bewegung, die auch unter dem Namen Mazdaznan aktiv ist, singt Hymnen auf die Überlegenheit der weißen Rasse: »Die Hautfarbe der kommenden Rasse wird weißer als das weißeste Alabaster sein (…) Die kommende Rasse wird der Höhepunkt und der Abschluß der Menschheitsentwicklung sein.« (Zitiert nach der ARD-Reportage.)

Der Buchautor Peter Kratz sagt auch den »Freireligiösen« (Bund Freireligiöser Gemeinden Deutschlands, Bund für freies Christentum, Freie unitarische Gemeinden usw.) in Deutschland eine Verbindung zur neuheidnischen Szene nach. Eine Aussage, die politisch brisant ist, bekennen sich doch zu dieser heidnischen Anschauung Politiker, die in Länderparlamenten bis hinauf zum Bundestag vertreten sind. In einem Artikel in der Zeitschrift *Konkret* (1/98) bezeichnet Kratz die »Freireligiösen« als »Sekte, die Adolf Hitler zu ihrem Gott erklärte und ein genetisch gereinigtes deutsches Volk für göttlich hält«. Dies ist zwar eine kompromißlose, vielleicht auch etwas gewagte Interpretation, eine völkische Gesinnung darf den Freireligiösen und Unitariern getrost nachgesagt werden. Im *Handbuch des Deutschen Bundestags* entdeckte Kratz hinter dem Namen des SPD-Abgeordneten Prof. Dr. jur. Eckhart Pick aus Mainz die Religionsbezeichnung »freireligiös«. Seine Fraktionskollegin Doris Barnett war zwar vorsichtiger, bekannte sich jedoch in einem Artikel der freireligösen Zeitschrift *Wege ohne Dogma* zu ihrer »Religion«.

Peter Kratz' Liste der »Freireligiösen« ist erstaunlich lang und umfaßt einen Richter am Bundesverfassungsgericht, Minister, Ministerpräsidenten und eine ehemalige Bundesministerin. Die meisten gehören der SPD an. Der Autor untermauert seine überraschenden Vorwürfe, indem er den Werdegang der freireligiösen Ideologen nachzeichnete. Diese seien stramme Nazis gewesen und hätten sich vor 1945 an der Verfolgung von Christen und Juden beteiligt. Nach dem Krieg waren sie laut Kratz die treibenden Kräfte beim Bund Freireligiöser Gemeinden Deutschlands, »der zusammen mit den offen nazistischen Deutschen Unitariern, der nazistischen Germanischen Glaubens-Gemeinschaft und den Anhängern des Sozialdarwinisten

Ernst Haeckel 1949 den Deutschen Volksbund für Geistesfreiheit als Nazi-Auffangorganisation gründete«. Der Volksbund wurde 1992 in den Dachverband Freier Weltanschauungsgemeinschaften umgetauft.

Weiter argumentiert Kratz in seinem Artikel, die ehemalige Zeitschrift *Deutscher Glaube* sei früher ein Sammelbecken der Deutschen Unitarier gewesen. Die einst von SS-Leuten und Rassentheoretikern herausgegebene Zeitschrift bestimme bis heute die Ideologie der Unitarier, »die gemeinsam mit den Freireligiösen den Sektendachverband DFW dominieren«. Außerdem sei der Nazi und »Unitarier-Papst« Wilhelm Hauer, der nach dem Krieg die rassistische Agitation fortgesetzt habe, in der freireligiösen Zeitschrift *WOD* positiv dargestellt worden.

Die politisch motivierten Neuen Rechten gewinnen auch in der Schweiz an Boden. Wie in Deutschland verbünden sie sich mit den Esoterikern und Neuheiden. So hielt beispielsweise der Rechtsextremist Roger Wüthrich am 13. Januar 1998 auf Einladung der Schweizer Vereinigung für Parapsychologie einen Vortrag zum Thema »Geschenk der Götter an die Menschen?! Wotans Lehren«. Wüthrich war Mitbegründer der Wiking-Jugend Schweiz und der völkisch-heidnischen Avalon-Gemeinschaft, wie die *WochenZeitung* vom 22. Januar 1998 schrieb. Auf dem Büchertisch entdeckte der Journalist Hans Stutz ein Buch von Hermann Wirth, dem Gründer des SS-Instituts Deutsches Ahnenerbe.

10   Die völkischen Ideen der Öko-Bewegung und der Hexen

Viele radikale Feministinnen und Wicca-Gläubige, die dem Hexenkult huldigen, zählen zu den neuheidnischen Gruppen und bewegen sich teilweise ebenfalls im Dunstkreis des rechtsradikalen oder kultischen Milieus. Viele moderne Hexen fühlen sich den Kelten verbunden und glauben, die weiblichen Göttinnen hätten bei den Kelten eine wichtige Rolle gespielt. Die Losung in verschiedenen Hexenkreisen heißt denn auch: »Ich bin die Göttin«. Ihre »Religion der Weiblichkeit« trägt magische Züge. Der Intuition, ihrer Ansicht nach eine weibliche Eigenschaft, messen sie eine kosmische Bedeutung zu. Mit ihr sollen die göttlichen Naturgesetze erspürt werden. Verschiedene Wicca-Zirkel verbrämen Eisprung und Menstruation mystisch; die Gebärfähigkeit werten sie als spirituelle Überlegenheit. Viele Neo-Hexen fühlen sich allein aufgrund ihrer biologischen Eigenschaften als Priesterinnen und sehen sich in der Rolle von Schöpferinnen im spirituellen Sinn. Das Weibliche an sich wird zum religiösen Prinzip erhoben.

Die Wicca-Zirkel pflegen ähnliche Bräuche wie die Druiden. Auf mystischen Kultplätzen praktizieren sie im Freien okkulte Rituale mit ekstatischen Effekten. Dabei suchen sie den medialen Kontakt zu ihren Gottheiten. Für die modernen Hexen ist alles Naturhafte eine göttliche Erscheinungsweise. Der Geist der Natur soll das Göttliche ausatmen. Der Mensch muß sich in den Augen der Wicca-Anhängerinnen auf spirituelle Weise in den Zyklus der Natur einbinden, um Teil der göttlichen Kraft zu werden. Die Wicca-Gruppen kultivieren eine feministische Spiritualität und messen den einst verfolgten Hexen magische Kräfte zu, die durch die christlich-abendländische Denk- und Lebensweise angeblich verschüttet wurden und die es durch mystische Rituale freizulegen gilt. Verschiedene

Wicca-Zirkel postulieren weibliche Götter und eine frauenspezifische Religion. Wicca-Gläubige sind überzeugt, daß sie sich bei ihren magischen Ritualen direkt mit den Energien der Götter verbinden können. Sie verstehen die Magie als Energie, die dem Kosmos das Leben gibt. Die Meditation öffnet ihrer Ansicht nach der Seele die Pforten zum höheren göttlichen Selbst und zum Kosmos. Hexen, die das höhere Ich gefunden haben, sollen »eine irdische Verkörperung Gottes« werden. Sie messen sich die Macht zu, das Universum nach dem eigenen Willen zu verändern. Wicca ist ähnlich wie das Neue Heidentum eine Religion der »Selbstvergottung«.

Einzelne Wicca-Gruppen kultivieren eine Art weiblichen Rassismus, der, verbunden mit einer mystischen Naturhaftigkeit, gelegentlich in die »Blut-und-Boden-Ideologie« abdriftet. Dabei versteifen sich die Anhängerinnen eines rigorosen feministischen Glaubens oft auf jene Werte, die ihnen die männliche Welt zugeordnet hat und gegen die sich die gemäßigten Feministinnen wehren. So versuchen verschiedene Wicca-Zirkel, mit einer Umwertung der weiblichen Eigenschaften die »Herrschaft« anzustreben und das Patriarchat zu zerschlagen. Dabei überlassen sie die wirtschaftlichen, politischen und sozialpolitischen Felder den Männern, die weiter die Machtpositionen verteidigen und die männlichen Prinzipien in fast allen Lebensbereichen umsetzen.

Verschiedene Neo-Hexen behaupten, die Kelten hätten eine matriarchale Gesellschaftsstruktur gekannt. Bei den gemäßigten Hexengruppen ist die Wicca-Mystik allerdings kein Privileg für Frauen. Auch eingeweihte Männer nehmen gelegentlich an den Ritualen teil. Verschiedenen Wicca-Gruppen ist es geglückt, ideologische Teilallianzen mit feministischen Gruppen zu schließen. Meinungsverschiedenheiten und Auseinandersetzungen entstanden meist dann, wenn die Neuen Hexen den Frauen eine Erlöserfunktion beimaßen. Gemäßigte Feministinnen waren nicht bereit, die »neuen Göttinnen« zu repräsentieren. Vor allem Feministinnen, die sich aus aufklärerischen, progressiven Überlegungen heraus für die Rechte der Frauen engagieren, sind nicht bereit, neuheidnische Ideen zu übernehmen. Vollends zum Bruch kommt es, wenn Wicca-Anhängerinnen rassistische Ideen propagieren.

Der moderne Hexenkult begann Anfang des 20. Jahrhunderts in den USA. Mit ihrem 1921 herausgebrachten Buch *The Witch Cult in Western Europe* löste Margaret Murray eine Faszination für Hexenmystik aus, die Ende der 30er Jahre auf England und bald auch auf das europäische Festland übergriff. Wegbereiter in Europa waren die Engländer Gerald Gardner und Dorothy Clutterbuck.

Die Ägyptologin Margaret Murray behauptet, die Wurzeln des Hexentums reichten bis in die Jungsteinzeit zurück. Ihre abenteuerlichen Thesen stützen sich vor allem auf Wandmalereien wie die »Venus von Willendorf«, die vom Hexenkult zeugten und vor über 25 000 Jahren geschaffen worden seien. Sie erklären, die klassischen Hexen seien die Priesterinnen der Jungsteinzeit und der Antike gewesen. Doch auch bekennende Wicca-Spezialistinnen verbannen solche Behauptungen ins Reich der Mythen und Legenden.

Tatsächlich gibt es keine schriftlichen Zeugnisse über eine angebliche Hexenkultur in früheren Epochen. Deshalb orientieren sich viele Anhängerinnen des Wicca-Kultes an den Magiern der Weltliteratur, beispielsweise an Goethes Faust oder Shakespeares Macbeth. Die Wicca-Gruppen machen aus ihrer »Geschichtslosigkeit« eine Tugend. Im Gegensatz zu den Weltreligionen, die sich auf Überlieferungen und Schriften stützen, sei Wicca eine magische Religion. Eine anonyme Autorin erklärt in einer Hexenschrift: »Wicca-Hexen lernen die Weisheit ihrer Götter durch ihre Magie, durch Meditation und durch die Sabbatrituale. Von den magischen Zirkeln lernen sie, daß sie Mitschöpfer der Erde und des Universums sind.«

Die meisten Wicca-Gruppen betrachten das Hexentum als moderne Religion. Die Anhängerinnen sind vom magischen Kult fasziniert, weil er in ihren Augen die ursprüngliche, wahre und unverfälschte Spiritualität vermittle. Zu den Hexen werden teilweise auch die Schamanen und Priester von Rom, Ägypten und Mesopotamien usw. gezählt. Gotische Hexen werden von den Wicca-Gruppen hingegen als Fiktion der Inquisitoren und Kirchenfürsten bezeichnet.

Steuerfreiheit für Hexengruppen

In den USA soll der Kult nach Schätzungen von Wicca-Kennern rund zwei Millionen Anhängerinnen haben. Etwa 30 Hexengruppen sind in den USA als Religionsgemeinschaft anerkannt und steuerbefreit. In Europa sind England, Schweden und Deutschland die Hochburgen der Wicca-Zirkel. Gemäßigte Hexengruppen gibt es auch in der Schweiz. Verschiedene neuheidnische Bewegungen vertreten auch Wicca-Interessen, wie beispielsweise die internationale heidnische Organisation Pagan Federation, der Heidenkreis, der Yggdrasil-Kreis, der Steinkreis, der Urda-Clan, Jorinx, Starhawk, Hagia Chora oder das Alte Volk.

Ziel des Alten Volkes ist es beispielsweise, alle Naturreligionen zu vereinen, speziell die keltischen. Willkommen sind in dieser Bewegung insbesondere die Druiden, Hexen, Kräutersammler und jeder, der die Natur nach dem mystischen Prinzip verehrt. Diese Gruppen öffnen heute den spirituellen und ideologischen Fächer sehr weit, um ihr Rekrutierungspotential zu vergrößern. Dadurch wird der »neuheidnische Tourismus« und die Vernetzung mit der Esoterikszene zusätzlich begünstigt.

Das neuheidnische Netzwerk Steinkreis lockt das Publikum mit einem breiten spirituellen Angebot an. Es gibt einen Wicca-Arbeitskreis, Runen-Zirkel, durchgeführt werden Seminare in Kräutermagie, Tarot, Fernkurse in Wicca, Naturreligion und Naturmagie, Schamanismus, Asatru, Fahrten zu Kult- und Kraftplätzen und Rituale zur Heilung der Mutter

Erde. Geplant ist auch die Teilnahme an Esoterikmessen. Damit macht der Steinkreis deutlich, wo er die neue Klientel zu finden hofft.

Spirituell verwandt mit den Wicca-Gruppen sind auch die Neuen Schamanen, die in den 80er Jahren einen enormen Aufschwung erlebten. Die Ideen und Rituale der Schamanen faszinieren viele Esoteriker. Die Schamanen verstehen sich zwar nicht als Neuheiden und setzen sich auch nicht explizit mit den völkischen Ideen auseinander, doch vertreten sie ähnliche naturreligiöse Vorstellungen, wie sie bei den Wicca-Gruppen und neuheidnisch-germanischen Zirkeln zu finden sind.

Starke neuheidnische Impulse gehen auch von jenen esoterischen Gruppen aus, welche die Göttin »Mutter Erde« oder Gaia ins Zentrum ihrer religiösen Ideen stellen. Sie grenzen sich mit dem Argument gegen das Christentum ab, daß sie sich an einer lebensbejahenden Religion orientieren wollen. Die keltischen und germanischen Götter vermitteln ihnen angeblich jene heilstheoretischen Prinzipien, die ihren individualistischen und mystischen Bedürfnissen am besten entsprechen.

Die politische Gefahr der Neuen Heiden geht von den personellen Verflechtungen und ideologischen Übereinstimmungen mit den vielfältigen rechtsradikalen Bewegungen und neokonservativen Strömungen aus. Die Vernetzung der neuheidnischen, esoterisch-theosophischen und neurechten Szenen bewirkt ein breites kultisches Milieu.

Biozentristen und Öko-Faschisten im kultischen See

Seit einigen Jahren ist auch eine Verflechtung der neurechten und neuheidnischen Zirkel mit verschiedenen Gruppen der radikalen Öko-Bewegung zu beobachten. Heute gehören auch der Öko-Faschismus und Biozentrismus zum kultischen Milieu und zum weiteren Umfeld der neurechten und teilweise neuheidnischen Szene. Biozentristen sind Vertreter des Bioregionalismus, der Tiefenökologie, der Erdbefreiung und des Veganismus, des extremen Vegetarismus. Jutta Ditfurth schreibt in *Entspannt in die Barbarei* darüber: »Über eine rechte bis faschistische Interpretation von Ökologie, was Esoterik und Spiritualismus einschließt, haben die Herrschenden neue ›alternative‹ und ›ökologische‹ Gefolgsleute gefunden, mit denen sie die Utopie von sozialer Gleichheit und der darauf aufbauenden Freiheit aller Menschen bekämpfen können.« Sie sieht in diesen Strömungen einen Code für den Antihumanismus und gegen die Selbstbestimmung und Emanzipation des Menschen.

Diese Strömungen entwerteten »Menschen durch deren Gleichsetzung mit Tieren durch Gurus, Eliten und Götter, durch Rassismus und Antisemitismus«, schreibt Ditfurth. Die Vertreter dieser Strömungen würden sich durch den mythisch aufgeladenen Begriff von Natur und ihren Haß auf die Idee von sozialer Gleichheit blenden lassen. Ditfurth zitiert David Foreman, den Gründer der biozentrischen, tiefenökologischen Organisation Earth First: »Ja, menschliches Leid durch Trockenheit und Hunger in Äthiopien ist unglücklich, aber die Zerstörung anderer Lebewesen und der Umwelt ist noch unglücklicher.« In einem Artikel vom 1. Mai 1987 in der Zeitschrift von Earth First wird gefordert, die Menschheit müßte zum Wohl der Natur auf 20 Prozent ihrer bisherigen Bevölkerungszahl reduziert werden. Dabei komme Aids eine wichtige Bedeutung zu.

Die Bewegungen des Biozentrismus und der Tiefenökologie formierten sich in den 70er und 80er Jahren in den USA und schwappten später auf Europa über. Inzwischen gibt es Parallel-Organisationen, vor allem auch in Deutschland. Zum Beispiel die Unabhängigen Ökologen Deutschlands (UÖD) mit ihrem Sprachrohr *Ökologie*. Deutsche Biozentristen gründeten 1989 einen Ableger von Earth First. Merkmal dieser ideologischen Form der Ökologie ist eine gemäßigte Blut- und Boden-Mystik, die rassistische Elemente aufweist. Spirituelle Berührungspunkte mit der Esoterik führen dazu, daß sich immer mehr esoterische Gruppen mit biozentrischen Strömungen anfreunden. Die Vermischung zeigt sich unter anderem darin, daß in biozentristischen Blättern Autoren zu Wort kommen, die auch regelmäßig in Esoterik-Zeitschriften veröffentlichen.

Jutta Ditfurth definiert den Bioregionalismus als eine bestimmte Form des Ethnopluralismus. Darunter wird nicht die Integration verschiedener Ethnien verstanden, sondern die »Entflechtung«. Bioregionalisten beanspruchen ein Erstrecht auf die Umgebung, in der sie geboren sind. Natur, Völker und Bioregionen werden zu übergeordneten Kategorien, hinter die der einzelne Mensch zurücktreten muß. Ein Beispiel ist die Lega Nord: Die sezessionistische Partei in Norditalien möchte sich mit mystisch verbrämten Ideen vom angeblich kulturell schädlichen Einfluß vom übrigen Italien lösen und eigenständig werden. Die Bioregionalisten kämpfen gegen die vermeintliche Zerstörung regionaler Identität, die ihrer Ansicht nach zur Nivellierung kultureller und ethnischer Unterschiede und zur »Welteinheitszivilisation« führen.

Eine Bioregion ist amerikanischen Biozentristen zufolge eine vollendete Gemeinschaft zwischen Natur und Mensch, die über eine schamanistische Reise der Selbstfindung erreicht werde. Sie wird als Lebensterritorium mit speziellen Lebensformen, Kulturen, Religionen und sozialen Systemen verstanden, wie Jutta Ditfurth schreibt. Der Bioregionalist muß die Gesetze der Natur und der Erde erkennen und akzeptieren. Staatliche Grenzen entsprechen nicht immer den bioregionalen. Die rassenideologischen Ideen werden von den Biozentristen mit dem Hinweis verschleiert, sie verteidigten die Vielfalt der Völker, die durch eine Vermischung ihre Identität verlieren würden.

Die Biozentristen verehren die Mutter Erde als Göttin Gaia. Der Mythos von der »reinen Natur« provoziert einen Sozialdarwinismus, der wie bei den Neuheiden zur Ideologie des Stärkeren wird. Dazu gehört auch, daß sich Biozentristen mit viel Engagement für die »geschundene Erde« einsetzen. Earth First propagiert zwar nicht explizit Sabotage, doch Sachbeschädigungen oder das Zerstören von Autos und Maschinen werden als Kampfmittel nicht abgelehnt.

Jutta Ditfurth zählt auch die Veganer zu den Tiefenökologen. Beide bezeichnen sich als Erdbefreier. Die Mystifizierung der Natur beschränkt sich bei den Veganern aber vorwiegend auf die Tiere, die auf eine Stufe mit dem Mensch gestellt werden. Als Scharnier zwischen Earth First und der Vegan-Szene fungieren die Gruppen Hardline und Frontline. Inzwischen gibt es in Deutschland unzählige Veganer-Gruppen von Animal Peace, Vegane Offensive, Anarchistische Tierrechts-Aktion, Anarchistische VeganerInnen usw. Animal Peace (AP) soll 20 000 Mitglieder haben.

Laut Ditfurth vertritt AP menschenverachtende rechte Tierrechtspositionen und vergleicht die Massentierhaltung mit Konzentrationslagern. Fleisch zu essen, bedeutet für extreme Veganer zu morden. Sie bezeichnen Milch als weißes Blut und wehren sich gegen die Herstellung von Käse und Joghurt. Wer Eier ißt, wird der Barbarei bezichtigt.

In der Schweiz kann die Vereinigung gegen Tierfabriken des Tierschützers Erwin Kessler am ehesten zu den Veganern gezählt werden. Kessler griff in verschiedenen Publikationen wiederholt die Juden wegen des Schächtens an. Der Tierschützer verglich das Schächten im Vereinsorgan *Tierschutznachrichten* mit dem Holocaust. Die Juden, die »massenhaft Tiere durch Schächten umbringen«, seien »nicht besser als ihre früheren Nazi-Henker«, schrieb der Tierschützer. Koscheres Fleisch nannte er »Folteropfer-Leichenfraß«. »Die Nazis hatten ihre Ideologie, den Arierwahn. Orthodoxe Juden und Muslime haben eine andere, ebenfalls bestialische Ideologie«, schrieb er weiter. Damit habe Kessler die Juden mit Folterknechten und Menschenfressern verglichen, erklärte das Bezirksgericht Bülach 1997 und verurteilte den Tierschützer wegen rassistischer Äußerungen zu zwei Monaten Gefängnis ohne Bewährung. Der Tierschützer behauptete, die Richter hätten ein politisches Urteil gefällt.

Teil 3

Christliche Apokalypse und Fehlprognosen

11 Christliche Fundamentalisten: Die geheime Weltregierung zeigt sich im Antichrist

Der Glaube an die Weltverschwörung ist die Zwillingsschwester der Apokalypse. Wo die Endzeit beschworen wird, lauert meist auch die Hypothese vom geheimen Pakt der Illuminati, Zionisten, Freimaurer und Großkapitalisten. Die gefälschten *Protokolle der Weisen von Zion* werden von den Neuen Rechten und radikalen Esoterikern als »Beleg« für das angebliche Wirken des Antichrist in der »geheimen Weltregierung« zitiert. Globale Krisen und Endzeitstimmungen geben der Idee von der dunklen Macht, die die Welt im geheimen lenkt, wieder Auftrieb. Das ganze Übel dieser Welt wird so mit einem Schlag erklärbar. Für viele christlich-dogmatischen Gemeinden sind die politischen und sozialen Unruhen ein wichtiger Hinweis auf die »letzten Tage«. Schließlich prophezeit die Bibel, daß Gott zum entscheidenden Schlag ausholen werde, wenn der Antichrist die irdische Macht an sich gerissen hat. Die ultimative Schlacht von Harmagedon soll bald das Millennium und die Herrschaft Gottes einläuten, sind die »bekehrten Christen« überzeugt.

Mit ihrer Weltverschwörungstheorie elektrisieren die Ideologen der Neuen Rechten viele Gläubige rechtskatholischer und evangelikaler Gemeinden und Evangelisationsbewegungen. Diese sahen früher im kommunistischen System das Wirken des Antichrist. Sie waren überzeugt, die Sowjetunion werde noch vor Anbruch des dritten Jahrtausends in Israel einmarschieren. Beim Zusammenbruch des Ostblocks stürzten auch ihre apokalyptischen Hoffnungen ein. Mit den *Protokollen der Weisen von Zion*, die angeblich die Weltverschwörung der geheimen Regierung entlarven, lieferte die Neue Rechte vielen christlich-dogmatischen Glaubensgemeinschaften einen neuen Antichrist.

Die Gläubigen dürfen also wieder auf die baldige Endzeit hoffen. Angesichts der heilstheoretischen Bedeutung der Verschwörungsidee ist es zweitrangig, mit wem sie die ideologische Überzeugung teilen. Es scheint Evangelikalen, Charismatikern und rechtskatholischen Gemeinschaften auch nicht bewußt zu sein, daß sie einer rassistischen Ideologie Vorschub leisten, die vor wenigen Jahrzehnten zum Holocaust führte. Der Glaube an die Weltverschwörung beflügelt ihre Sehnsucht nach der Wiederkunft Christi und der apokalyptischen Erlösung. Die Hoffnung auf die definitive Erlösung verstellt vielen Gläubigen die Sicht auf die politischen Realitäten.

Im Gegensatz zu den Neuen Rechten und radikalen Esoterikern, die diese angebliche Verschwörung als Bedrohung empfinden, setzen fundamentalistische Christen insgeheim ihre Hoffnung in die »geheime Weltregierung«, weil sie sich von ihr die apokalyptische Erlösung erhoffen. Selbst die internationale Staatengemeinschaft UNO ist in ihren Augen das Werk des Antichrist.

Wim Malgo und der Mitternachtsruf propagieren Judenhaß als Chance

Der Holländer Wim Malgo (geb. 1922) gründete in der Schweiz das internationale Missionswerk Mitternachtsruf und den Verein Beth-Shalom. In seiner Schrift *Was sagt die Bibel über das Ende der Welt?* schrieb der Evangelist 1982, das zentrale Thema der UNO sei Israel. Trotzdem sei Jerusalem zum »Taumelbecher und Laststein« geworden, »an dem sich die Völker selber zerschmettern werden«, wie es die Bibel prophezeie. »Die verantwortlichen Männer im Sicherheitsrat, der im Grunde ein Unsicherheitsrat ist, sind daher Wegbereiter für das antichristliche Reich«, schreibt Malgo. Dieses werde nach kurzer Zeit ein Ende mit Schrecken nehmen, um dem Königreich Jesu Christi Platz zu machen.

146

Malgo versteigt sich sogar zu der Behauptung, daß die Ressentiments gegen die Juden eine Chance für Israel seien: »Der weltweit um sich greifende Antisemitismus, so widerspruchsvoll das auch tönt, wirkt zum Wohle Israels mit. Denn nur so werden die Juden nach Israel zurückkehren wollen, ins Land ihrer Väter zurückgeführt, wodurch sich Gottes Wort aus dem Buche des Propheten Jeremia erfüllt. (...) Die zunehmende weltweite Feindschaft gegen Jerusalem ist Erfüllung der Prophetie und wird sich deshalb ständig steigern, bis hin zur Schlacht von Harmagedon (Endkampf der Völker gegen Israel), wo Christus plötzlich in großer Kraft und Herrlichkeit mit seiner entrückten Brautgemeinde erscheint.« (Zu Wim Malgo siehe auch Kapitel 13.)

Die christlichen Fundamentalisten sind sich allerdings nicht einig, wie sie sich gegenüber den Juden und Israel verhalten sollen. Alle beziehen sich auf die Bibel, die Auslegungen klaffen aber teilweise weit auseinander. Dies hängt vor allem damit zusammen, daß die verschiedenen Glaubensgemeinschaften einzelne Bibelstellen unterschiedlich gewichten und interpretieren oder Aussagen aus dem Zusammenhang reißen. Einig sind sie sich nur, daß die Juden als das auserwählte Volk Gottes und Israel als das gelobte Land eine wichtige Rolle in der Heilsgeschichte und insbesondere bei der Apokalypse spielen.

Die christlich-zionistischen Gläubigen sind beispielsweise überzeugt, daß sich die apokalyptischen Prophezeiungen erst erfüllen können, wenn die in alle Welt zerstreuten Juden nach Israel zurückgeführt worden sind. (»Der Israel zerstreut hat wird es wieder sammeln und wird es hüten wie ein Hirte seine Herde!«, Jeremia 31,10) Zahlreiche fundamentalistische Glaubensgemeinschaften tun sich allerdings schwer mit der biblischen Aussage, daß die Juden, die in ihren Augen Jesus kreuzigten, das auserwählte Volk Gottes sein sollen.

Manche Fundamentalisten versuchen, die Voraussetzungen für die Endzeit selbst zu schaffen. Sie hoffen, die apokalyptische Entwicklung beschleunigen zu können, indem sie Juden nach Israel transportieren. Als der eiserne Vorhang fiel und das kommunistische Reich auseinanderbrach, entwickelten evangelikale Kreise aus Europa eine emsige Aktivität. Schweizerische und englische Freikirchen gründeten beispielsweise den Hilfsfonds Ebenezer, um Juden per Flugzeug oder Schiff nach Israel zu führen.

In einem Interview mit der christlichen Zeitschrift *Neuer Wein* vom Juni 1996 erzählte der Leiter der Operation Exodus, Hans Raab: »Die Bibel sagt klar, daß in den letzten Tagen das jüdische Volk in das Land Israel zurückkehren wird, aus jeder Nation.« Es gelte, die Verfolgung der Juden in den vergangenen 2000 Jahren in einen Segen zu verwandeln. »Jetzt ist die von Gott gesetzte günstige Zeit, das auserwählte Volk heim nach Israel zu bringen.« Dies habe Gott 1991 in einer Offenbarung »klar zu Gustav Scheller in Jerusalem gesprochen«. Scheller, Miglied einer Pfingstgemeinde, baute einen Hilfsfonds auf und begann mit vielen Gleichgesinnten, Tausende von Juden aus den ehemaligen Ostblockländern nach Israel »heimzuführen«. Rund 200 Helfer, die sich Fischer nennen, durchkämmen die entlegensten Gebiete in Sibirien, Usbekistan, Kasachstan usw. Anfang 1998 machte sich ein Trupp sogar auf, in China Juden zu suchen. Bisher hat der Hilfsfonds bereits über 20 000 Juden nach Israel gebracht. Die jüdischen Einwanderungsbehörden beargwöhnen die Aktion der Christen, weil sie befürchten, die ahnungslosen Einwanderer würden missioniert. Doch diese Aufgabe übernehmen dann die messianischen Juden in Israel.

Exodus ist nur eine von vielen Initiativen christlich-dogmatischer Gruppen, die sich mit apokalyptischen Hintergedanken um die Juden kümmern. Eine der aktivsten Bewegungen im deutschsprachigen Raum ist die »Arbeitsgemeinschaft für das messianische Zeugnis an Israel« (amzi) im schweizerischen Ort Reinach. Amzi ist ein Zweig der Basler Pilgermission St. Chrischona. Es ist seit 30 Jahren tätig und führt in Haifa ein Kongreßzentrum zur Verbreitung des messianischen Judentums. Geschäftsführer Andreas Meyer sagte gegenüber der Zürcher Zeitung *Tages-Anzeiger*: »Wenn wir Jesus den Juden nicht bezeugen, lassen wir zu, daß sie wegen ihrer Sünde und ihres Unglaubens in ewiger Gottesferne bleiben.«

Verschiedene evangelikale Glaubensgemeinschaften versuchen, die apokalyptische Entwicklung zu beschleunigen, indem sie Juden missionieren. Diese Frommen sind überzeugt, daß Jesus erst dann wiederkehren wird, wenn sich die jüdischen Gläubigen zum Christentum bekehrt haben. Die Sehnsucht fundamentalistischer Christen brachte Barry Segal, ein messianischer (Jesus-gläubiger) Jude aus Jerusalem bei einer Tagung am 1. März 1998 in Schaffhausen zum Ausdruck. Er kritisierte die »frevlerische Hochzeit von Islam und Christentum«. Diese »neue Weltreligion« ist für Segal das Werk des Antichrist. Ins gleiche endzeitliche Verschwörungskonstrukt preßte er auch den Humanismus, die »satanische Europäische Union« und die Freimaurerei. So wertete Segal die Friedensverträge von 1993 und 1995 als freimaurerische Tat, mit denen Ministerpräsident Yitzhak Rabin Israel verraten habe. Segal prophezeit Israel eine Zeit der Drangsal. Der Antichrist werde nach der Jahrtausendwende alle Nationen dazu anstiften, sich gegen Israel zu verbünden und es in den letzten Krieg von Harmagedon verwickeln.

Eine günstige Gelegenheit, Juden zu missionieren, sahen viele Evangelikale, als der Ostblock zusammenbrach und deutschstämmige Juden nach Deutschland zogen. Die Einwanderer wurden unter anderem mit dem Versprechen auf eine Wohnung und eine Arbeitsstelle geködert. Nicht selten nahmen die verunsicherten Juden die Hilfe an, zumal da viele weder Deutsch noch Englisch sprachen. Die Rabbiner wehrten sich gegen den offensichtlichen Missionsfeldzug. Die jüngste Auseinandersetzung fand Anfang 1998 in Bremen und Württemberg statt. Der Landesrabbiner aus Bremen, Benyamin Barslai, verglich die Judenmissionierung der Evangelikalen mit der Judenverfolgung in den vergangenen Jahrhunderten. Sein

Kollege Joel Berger aus Stuttgart ging sogar noch weiter und sprach von einem »Holocaust mit anderen Mitteln«. Die umworbenen Einwanderer, die vorwiegend aus der ehemaligen Sowjetunion stammen, werden als messianische Juden bezeichnet, weil sie an den im Alten Testament angekündigten Messias glauben. Der evangelikale Missionsbund gibt auch eine Zeitschrift in russischer Sprache heraus.

Es gibt im evangelikalen Lager auch christliche Zionisten, die sich vehement auf die Seite der orthodoxen Juden schlagen und die Friedensverhandlungen Israels mit den Palästinensern verurteilen. Sie befürchten, ihre Hoffnungen auf eine baldige Apokalypse begraben zu müssen, wenn in Israel Friede herrscht. Nach ihrem Bibelverständnis wird sich die Endzeit mit einer kriegerischen Auseinandersetzung in Jerusalem ankündigen. Viele Gläubige werteten deshalb den Mord am friedenswilligen Ministerpräsident Yitzhak Rabin am 4. November 1995 als göttliches Signal gegen den Friedensprozeß. Und sie begrüßten die Wahl des Hardliners Benjamin Netanyahu als Zeichen für die baldige Wiederkunft des Messias. Die Sehnsucht nach der Endzeit und die fundamentalistische Bibelinterpretation macht diese Fundamentalisten im christlichen Lager zu Gesinnungsgenossen des Rabin-Mörders.

Die christlichen Fundamentalisten, die an die Weltverschwörung glauben, gehen eher auf Distanz zur jüdischen Bevölkerung. In ihren Augen muß der Antichrist Jerusalem gar regieren, bevor die apokalyptischen Prophezeiungen erfüllt sind. Politische Unruhen nähren ihre Hoffnung auf die Apokalypse. Um das israelische System zu destabilisieren, unterstützen einzelne christlich-fundamentalistische Kreise palästinensische Bewegungen. Für sie haben die Friedensverhandlungen zwischen Palästinensern und Israelis apokalyptische Bedeutung. Der Druck, den die UNO auf die israelische Regierung ausübt, gehört für sie zum Schlachtplan des Antichrist.

Ein Teil der Fundamentalisten, zu denen auch einzelne rechtskatholische Zirkel zählen, benützen die Verschwörungstheorie als Kampfmittel. Ziel ihrer demagogischen Aktionen ist die Destabilisierung der israelischen Regierung und die Isolation des jüdischen Staates. Sie hoffen, daß sich damit die apokalyptischen Prophezeiungen und das Tausendjährige Reich schneller erfüllen werden.

Dieses Verschwörungskonstrukt dokumentiert beispielsweise das Buch *Die kommende ›Diktatur der Humanität‹ – oder Die Herrschaft des Antichristen.* Die Schrift von Johannes Rothkranz mit dem Untertitel »Die Weltherrscher der Finsternis in Aktion« ist 1990 im Verlag mit dem bezeichnenden Namen Pro Fide Catholica (Für den katholischen Glauben) erschienen. Darin wird nicht nur die angebliche zionistische Weltverschwörung thematisiert, sondern auch Bezug auf das heutige Israel genommen. Rothkranz schreibt, die geheime Offenbarung im Neuen Testament bezeichne als die Hauptstadt des Antichristen meistens Babylon. Bekanntlich habe Gott dieses »erste Menschheitsverbrüderungs- bzw. Weltherrschaftsprojekt« durch seinen machtvollen Eingriff scheitern lassen. In seinen Offenbarungen enthülle Johannes, daß es sich beim endzeitlichen Babylon um die Heilige Stadt handle. Die Heiden würden sie 42 Monate lang zertreten.

»Damit ist endgültig geklärt, was unter der ›Heiligen Stadt‹ zu verstehen ist, in der der Antichrist nur dreieinhalb Jahre (zweiundvierzig Monate!) lang regieren wird: dieselbe Stadt, in der Jesus gekreuzigt wurde, Jerusalem!«, schreibt Johannes Rothkranz. Dieses irdische Jerusalem, das zum antichristlichen Babylon geworden sei, »wird von Gott vernichtet werden«. An seine Stelle werde für alle Auserwählten, »die sich dem Antichristen nicht unterwarfen, sondern dem wahren Messias Jesus Christus die Treue bis in den Tod hielten, das neue, himmlische Jerusalem treten, das ewig bestehen wird«.

12 Christliche Endzeitgemeinden: Sehnsucht nach der Apokalypse

Die jüdische und christliche Vorstellung von der Apokalypse (Offenbarung über die Endzeit) übt großen Einfluß auf die abendländische Kultur aus. Die drastischen Untergangsszenarien, die sich im Alten und Neuen Testament finden, haben sich über die Jahrhunderte in das Bewußtsein der christlichen Welt gegraben. Die apokalyptische Schlacht von Harmagedon und das Jüngste Gericht sind religiöse Metaphern, die Angst wecken. Die Schreckensbilder in der Johannes-Offenbarung (siehe Kapitel 3) hinterlassen tiefe religiöse Spuren.

Die Apokalypse ist die Metaebene der Todesvorstellung. Endzeitszenarien nach christlichem Muster übersteigen das Vorstellungsvermögen der Menschen. Die Endzeitvisionen mit ihren bedrohlichen archaischen Bildern erzeugen in erster Linie Angst und Ohnmacht. Die »Frohbotschaft«, daß Gott seinen Sohn ein zweites Mal auf die Erde schicken werde, um die Menschen zu erlösen, vermag die Angst vor apokalyptischen Horrorszenarien meist nicht aufzuheben. Außerdem ist das versprochene Paradies eine abstrakte Größe, Endzeitideen sind hingegen stark in unserem Bewußtsein verankert.

Die Angst vor der Endzeit hängt wie ein Damoklesschwert über den Köpfen der fundamentalistischen und dogmatischen Gläubigen, welche die biblischen Gleichnisse wörtlich auslegen. Lebe ich gottesfürchtig genug, um dereinst zum Kreis der Auserwählten zu gehören? Genüge ich den göttlichen Anforderungen oder werde ich verdammt, fragen sich die Gläubigen vieler evangelikaler, charismatischer, pietistischer und freikirchlicher Glaubensgemeinschaften. Aus permanenter Angst vor der Sünde droht das Selbstwertgefühl der wortgläubigen Bibelanhänger zu zerbröckeln. Viele wagen kaum zu glauben, einst zu den Erretteten zu gehören. Ein erdrückender Zwiespalt, der Existenzängste auslösen kann. Und wer sich seiner Sache sicher ist, gilt als selbstgerecht und versündigt sich ebenfalls.

Christliche Glaubensgemeinschaften mit ausgeprägtem Endzeitcharakter realisieren nicht, daß Angst ein untaugliches Mittel ist, um »gute Menschen« zu erzeugen. Sie verdrängen, daß Angst unabdingbar zur menschlichen Existenz und zum Leben schlechthin gehört. Damit rauben sie manchen Mitgliedern die Möglichkeit, einen sinnvollen Umgang mit den vielfältigen Formen der Angst zu erlernen. Die dogmatischen Glaubensgemeinschaften verstehen die Angst vorwiegend im religiösen Sinn: Als mangelnden Glauben, Furcht vor der Verdammung und Abwesenheit eines Gottesbewußtseins.

Sie reduzieren die komplexe Realität auf einfache Glaubensgrundsätze und erklären das menschliche Bewußtsein mit religiösen Dogmen. Alltagserfahrungen und Erkenntnisse aus der Psychologie oder aus den Geisteswissenschaften werden als weltlich und damit irrelevant abqualifiziert. Fundamentalisten aus dem christlichen Lager erklären die Welt meist allein aus der religiösen Warte. Ihre Werte und ihr Wissen stammen von Gott, menschliche Erkenntnisse sind für sie irrelevant, ja oft suspekt, weil sie vom Satan inspiriert sein könnten.

Fundamentalistische Endzeitgemeinschaften untergraben mit dem Mittel der Angst das Selbstwertgefühl ihrer Mitglieder. Als Ersatz bieten sie ihnen die Geborgenheit in einem uniformen Kollektiv. Die Destabilisierung der Persönlichkeit und Entfremdung von den angestammten Lebensbereichen führen oft zu einer Bewußtseinskontrolle, welche die Mitglieder bindet und abhängig macht.

Zwischen Himmel und Hölle gibt es für wortgläubige Christen kein Spielraum für Hoffnungen. Der Glaube an das Jüngste Gericht zieht eine scharfe Trennlinie zwischen dem Verderben und der Erlösung. Die Alltagserfahrungen stehen aber in krassem Gegensatz zu diesem radikalen dualistischen Glaubenskonzept: Die Anforderungen fundamentalistischer apoka-

lyptischer Glaubensgemeinschaften sind für »Heilige« gemacht. Das Tor zum Paradies ist eng. Wer durchschlüpfen will,
darf keinen großen Schuldenrucksack mitbringen. Zwar ist
stets von der Vergebung und der Gnade die Rede, aber im religiösen Alltag vieler dogmatischer Pastoren und Prediger ver-
kommt die Frohbotschaft zur Drohbotschaft.

Die Gläubigen begleitet permanent das Gefühl des Defizits
und des Versagens. Sie laufen Gefahr, in einen Teufelskreis zu
geraten: Das erdrückende Sündenbewußtsein fördert Schuldgefühle, die das Selbstwertgefühl weiter untergraben und sie
auf die Sünden fixieren. Dies führt zu Projektionen und Ver-
drängungen, die »sündiges Verhalten« geradezu zwanghaft
werden lassen können. In diesem Dilemma bleibt oft nur die
Flucht in die Phantasie. Die Gläubigen klammern sich an die
Idee, von Gott auserwählt zu sein.

Die Sehnsucht nach der Apokalypse kann in eine Scheinwelt
führen, die sich schlecht mit den Anforderungen des Alltags
verträgt. Die Konzentration aufs Jenseits entfremdet viele Anhänger von Endzeitgemeinschaften und fördert paradiesische
Wunschvorstellungen. Sie laufen Gefahr, eine Todessehnsucht
zu entwickeln. Und da sie vorwiegend in religiösen Dimensionen denken und empfinden, entgeht ihnen oft die verhängnis-
volle psychische Dynamik ihrer Bewußtseinsverengung.

Die Idee vom Jüngsten Gericht beschwört ein doppeltes
Sterben: Zur Angst vor dem körperlichen Tod kommt die Un-
gewißheit vor dem Verdikt beim Jüngsten Gericht. Dogmatische Glaubensgemeinschaften beuten die Sehnsüchte und
Ängste der verunsicherten Menschen aus, indem sie (Schein-)
Rezepte anbieten. Die Gläubigen suchen Gott und finden immer auch den Teufel. Oft verlieren sie unter dem Druck der
apokalyptischen Bedrohungen das Jenseits aus den Augen,
doch der Satan bleibt ihnen mit Sicherheit erhalten.

Sehnsucht nach der reinigenden Katastrophe

In dieser ausweglosen Situation wünschen sich viele die reinigende Katastrophe und die anschließende Befreiung auch vom irdischen Leiden herbei. Die erdrückenden Schuldgefühle erzeugen Sehnsucht nach der göttlichen Bestrafung, die die Sünden tilgen soll. Die Bilder von Harmagedon sind das perfekte Reinigungsrezept für Gläubige, die von grundsätzlichen Zweifeln gepackt und von apokalyptischen Ängsten verfolgt werden: In einer Art religiöser Selbstkasteiung reden sich viele ein, Harmagedon verdient zu haben. Sie wünschen sich die Bestrafung und die damit verbundene Katharsis, weil sie die Hoffnung verloren haben, aus eigener Kraft das Heil zu finden.

Christliche Fundamentalisten erliegen häufig dem Irrtum, absolutistische Heilsgewißheit vermittle schon im Diesseits ein permanentes Glücksgefühl. Sie verkennen, daß Angst vor Verlust, Krankheit, Schmerz und Tod nicht eine Frage der religiösen Überzeugung sind, sondern zur menschlichen Erfahrung und Persönlichkeitsentwicklung gehören. Wer diese natürlichen Ängste mit Hilfe eines religiösen Konzepts verdrängt, läuft Gefahr, psychisch zu erkranken oder seelisch zu verkümmern.

Die Angst wird in vielen Endzeitgruppen als Funktion des Bösen gewertet und als Gegenkonzept zum religiösen Heilsprinzip erklärt. Somit interpretieren die Gläubigen Angstgefühle häufig als Mangel an Glauben. Sie fürchten, Gott habe sie verlassen oder sie seien der Versuchung des Teufels erlegen. Ängste werden als Gefahr für das religiöse Wachstum betrachtet und mit allen Mitteln bekämpft.

Die säkularen Bedürfnisse lassen sich oft nur schwer in Einklang mit den religiösen bringen. Die Unvereinbarkeit ausgeprägter Endzeitvisionen mit der menschlichen Erfahrungswelt und der Alltagsrealität führt bei vielen Gläubigen zu einer inneren Zerrissenheit oder gar zu Abspaltungen von Persönlichkeitsanteilen. Unerwünschte Wesensveränderungen werten sie als Ausdruck der »religiösen Wiedergeburt«. Krankhafte Entwicklungen werden oft als Reaktion auf die Glaubensheilung betrachtet. In ihrer Ohnmacht flüchten sie sich häufig in eine Scheinwelt, denn das ersehnte Paradies bleibt allzuoft Fiktion.

Die apokalyptische Ohnmacht kann die Anhänger von Endzeitgruppen in tiefe seelische Not führen und Depressionen auslösen, welche die Gläubigen als Ausdruck mangelnder religiöser oder spiritueller Überzeugung interpretieren. Oder als Beweis dafür, daß sie von Dämonen oder satanischen Geistern besessen sind. Das Rezept gegen die dunklen Kräfte lautet: Sünden bekennen, beten, Buße tun und noch tiefer in die religiöse Welt eintauchen. Mit anderen Worten: die gleichen Rituale, die den seelischen Zwiespalt erzeugten, werden als Therapie angeboten. Ein verhängnisvoller Teufelskreis.

Der aussichtslose Kampf nährt die Todessehnsucht zusätzlich. Verschiedene Gläubige verspüren in dieser ausweglosen Situation häufig den Wunsch, sich Gott zu opfern, um ihm ihre Ergebenheit und ihren Glauben zu demonstrieren. Die durch die Bewußtseinskontrolle geförderte Sehnsucht nach der Apokalypse und letztlich nach der Erlösung unterminiert langfristig den Willen zur Selbstbehauptung. Indoktrination ist ein Angriff auf die geistige Autonomie und in vielen Gruppen auf den Überlebenswillen. Gläubige fundamentalistischer Heilslehren müssen unbewußte Regungen und intuitive Empfindungen unterdrücken. Intensive Emotionen dürfen bestenfalls bei religiösen Ritualen ausgelebt werden. Leben heißt, sich permanent zu kontrollieren.

Die konsequente Verdrängung weltlicher Bedürfnisse führt nicht selten zu Sublimierungen: Die unterdrückten Energien dringen an anderen Schauplätzen unkontrolliert an die Oberfläche. Kommt es zu psychosomatischen Reaktionen und depressiven Schüben, ist mit einer gefühlsmäßigen Verarmung zu rechnen. Gläubige entwickeln oft Neurosen, im Extremfall kommt es zu Zwangshandlungen und Depressionen.

Die Angst vor der Sünde und der Apokalypse kann als Machtinstrument und Indoktrinationsmittel benutzt werden, um Gläubige zu disziplinieren und an die Gemeinschaft zu binden. In ihrer inneren Zerrissenheit beginnen viele, sich zu demütigen oder gar zu kasteien. Sie dürfen oder können ihre unbewußten Ängste nicht psychologisch interpretieren oder therapieren. Versuchung und Sünde werden mit dem satanischen Wirken erklärt.

Ein Beispiel für einen solchen Teufelskreis sind die Inzestprobleme, mit denen viele christlich-dogmatische Heilsgemeinschaften zu kämpfen haben. Vermutlich fördern die Triebunterdrückung und das sexualfeindliche Klima neurotische Entwicklungen, die durch die ausgeprägte Angst vor der Versuchung verschärft werden. Die verdrängten Energien und unbewußten Abspaltungen fordern häufig ihren Tribut und führen nicht selten zu zwanghaften Reaktionen.

Es ist deshalb kein Zufall, daß Inzest ein häufiges Thema ist. Die Prediger und »gesalbten« Pastoren glauben, daß sexuelle Bedürfnisse Ausdruck einer satanischen Versuchung sind. Und wer sich zu Übergriffen hinreißen läßt oder mißbraucht wird, ist in ihren Augen vom Teufel besessen. Mit Dämonenaustreibungen, intern als Befreiungsdienst bezeichnet, versuchen die Geistlichen, den Satan zu bannen. Doch Teufelsaustreibungen sind oft Quellen neuer Ängste: Die Vorstellung, vom Satan besessen zu sein, nährt bei den Gläubigen die Befürchtung, Gott habe sie fallengelassen und verwehre ihnen das Heil.

Abgesehen davon, daß die Triebunterdrückung und Verteufelung der sexuellen Bedürfnisse alle psychologischen Erkenntnisse in den Wind schlagen, wirkt sich der Glaube an die satanische Besessenheit für die Betroffenen fatal aus. Die Schuld wird nach außen projiziert und die Eigenverantwortung abgebaut. Die Gläubigen interpretieren den Übergriff in ihrem Dilemma als das Werk des Antichrist. Die Verdrängung wird mit religiösen Argumenten legitimiert. Die Hauptschuld kann dem Satan zugeschoben werden, dem es geglückt ist, den Inzesttäter zu versuchen und von ihm Besitz zu ergreifen. Dadurch wird zwar möglicherweise das Schuldbewußtsein relativiert, aber die Angst verstärkt. Denn es ist für einen Gläubigen eine schreckliche Vorstellung, der Teufel hause in seiner Seele. Die Furcht davor fördert seine Ohnmacht und begünstigt die neurotische Fixierung. Nun ist er tatsächlich »besessen«: Von übermächtigen, als schuldhaft empfundenen sexuellen Begierden, die weitere Zwangshandlungen provozieren.

Die wortgläubigen Anhänger der Tausenden von evangelikalen, pietistischen, charismatischen und freikirchlichen Glaubensgemeinschaften sind überzeugt, in der Endzeit zu leben und höchstwahrscheinlich die Wiederkunft Christi noch zu Lebzeiten zu erfahren. In ihren Augen vertreten die reformierte und katholische Kirche Irrlehren, weil sie die Bibel nicht wörtlich auslegen, sondern eigenmächtig und selbstherrlich interpretieren. Sie selbst fühlen sich als die Rechtgläubigen und bezeichen sich als die Frommen oder Bekehrten. Wie alle Anhänger von fundamentalistischen und apokalyptischen Glaubensgemeinschaften sehen sie sich als die Auserwählten, die als göttliches Werkzeug die Endzeit vorbereiten müssen und vor der Schlacht von Harmagedon entrückt werden.

Viele christlich-dogmatische Glaubensgemeinschaften legitimieren ihr missionarisches Engagement mit der notwendigen Verkündung der demnächst erwarteten Apokalypse. Die Prediger und Pastoren behaupten, Gott habe ihnen den Auftrag erteilt, die Ungläubigen zu bekehren und die Rechtgläubigen auf die Endzeit vorzubereiten. Dabei betätigen sich die Endzeitpropheten charismatischer oder evangelikaler Glaubensgemeinschaften gern als politische Kommentatoren des aktuellen Weltgeschehens unter besonderer Berücksichtigung apokalyptischer Zeichen. Sie fahnden fieberhaft nach großen Katastrophen, Seuchen und politischen Umwälzungen, die sie mit Prophezeiungen in der Bibel vergleichen. Anhand dieser Quellen und Hinweise entwickeln sie apokalyptische Visionen für die Gegenwart und nahe Zukunft.

Die Fundamentalisten sehnen sich insgeheim nach solchen Ereignissen, denn ohne diese Vorzeichen der Apokalypse ist die erhoffte Endzeit nicht absehbar. Andererseits steht diese fundamentalistische Haltung in krassem Gegensatz zur Bergpredigt. Der moralische Widerspruch ist evident, denn Friedensarbeit würde beispielsweise die Endzeit verzögern. Und weshalb sollen sie die Welt (mit-)gestalten, wenn wir doch in den »letzten Tagen« leben?

Die Sehnsucht nach der Entrückung und der Apokalypse bringt der Gründer der amerikanischen Evangelisationsbewegung Campus für Christus, Bill Bright, in seiner Broschüre »Die kommende Erweckung« zum Ausdruck. Wie AD 2000 und Josua 2000 will Bright bis zum Jahr 2000 das Evangelium »dem ganzen Planeten« verkünden. Campus für Christus habe bereits zwei Milliarden Menschen erreicht, sagte er auf der Konferenz »Explo 97«, die zum Jahreswechsel 97/98 in Basel stattfand. Wenn zwei Millionen Menschen 40 Tage lang fasten würden, werde Gott den Gläubigen die Erweckung vor der Jahrtausendwende schenken, verkündete der Campus-Gründer. Bereits viele Gläubige würden im Namen Gottes fasten, weshalb die Kriminalität in den USA stark zurückgegangen sei.

Weltweit verkünden 17 000 Campus-Mitarbeiter das Evangelium. Auf der »Explo 97« riet Bright den jungen Zuhörern, sie sollten die Ausbildung rasch abschließen und sich anschließend voll der Verkündung des Evangeliums verschreiben. Und zwar für drei Jahre. Bright ist nicht sicher, ob die Menschheit das Jahr 2001 noch erleben wird. Er besitzt eine »Millenniums-Uhr«, die die Stunden bis zum Jahr 2000 zählt.

Toronto-Segen: Der Heilige Geist läßt die Gläubigen umfallen

Eine besondere Form der apokalyptischen Sehnsucht offenbarte das Phänomen des »Toronto-Segens«. Dieses spektakuläre Ritual, bei dem sich angeblich der Heilige Geist manifestiert, erfaßte Mitte der 90er Jahre Tausende von Gemeinden aus dem pfingstlich-charismatischen Umfeld. Zum ersten Mal trat der Heilige Geist Anfang 1994 in der vom Evangelisten John Wimber gegründeten Vineyard-Bewegung auf. In der Airport Vineyard Church bei Toronto fielen im Januar die Gläubigen reihenweise wie gefällte Bäume zu Boden, als seien sie von einer unsichtbaren Hand niedergestreckt worden. Die Prediger hatten das erstaunliche Phänomen in den Erweckungsgottesdiensten rasch biblisch interpretiert. Der Heilige Geist schütte seinen Segen über die Rechtgläubigen aus, beruhigten sie die verblüfften und teilweise erschreckten Gläubigen. Solche Manifestationen seien eine göttliche Gnade, die bekanntlich schon die Urchristen hätten erleben dürfen, wie in der Bibel nachzulesen sei.

Das Phänomen des Toronto-Segens verbreitete sich wie ein Lauffeuer in den charismatischen und teilweise evangelikalen Gemeinden. Zu Hunderten reisten die Prediger und Pastoren nach Toronto, um selbst Zeuge der wundersamen Manifestation des Heiligen Geistes zu werden. Zu Hause erzählten sie der staunenden Gemeinde von der Ausschüttung des Segens. Viele Prediger übernahmen Elemente des Gottesdienstes der Vineyard-Gemeinde in Toronto – und siehe da, der Heilige Geist ließ weltweit in Tausenden von charismatischen Gemeinden die Gläubigen in Ohnmacht fallen.

Wie muß man sich einen Gottesdienst im Zeichen des Toronto-Segens vorstellen? Charismatische Hochburg in der Schweiz ist das Werk Stiftung Schleife in der mittelgroßen Schweizer Stadt Winterthur, die vom pensionierten evangelisch-reformierten Pfarrer Geri Keller geleitet wird. Der große Saal füllte sich wöchentlich mit rund 400 Gläubigen. Eine vierköpfige Musikgruppe begleitet die eindringlichen Melodien: »Im Blut des Lammes siegen wir, unser Leben legen wir dir hin«, singen die Gottesdienstbesucher inbrünstig und mit lauter Stimme. Viele schließen die Augen, erheben die Hände gen Himmel und wippen im Takt. Die Stimmen der Gläubigen werden immer fester, die Gesichter strahlen eine verklärte

Glückseligkeit aus. »Mach uns treu bis in den Tod, wir binden in Ketten die feindliche Macht.« Keine Spur von religiösem Mief oder Puritanismus. Geri Keller, eine stattliche Figur mit langem schlohweißem Haar und einer eindringlichen tiefen Stimme, begrüßt speziell die aus dem süddeutschen Raum angereisten Gäste und die Kinder. Eine junge Vorbeterin wendet sich an Gott. »Dein Name ist aufgegangen über der Schweiz als der König aller Könige. Du bist der Wundervater, der Ewigvater, der Held.«

Mit erhobenen Händen stimmt Keller das nächste Lied an. Die Luft vibriert, die Atmosphäre lädt sich auf und legt sich wie ein schwerer Schleier auf die ergriffenen Gläubigen. Ein junger Mann beginnt zu hüpfen, eine Frau beugt den Oberkörper ruckartig nach vorn, ein Mädchen schüttelt unablässig die Hände, als wären sie Fremdkörper, die es abzuwerfen gilt. Die Bewegungen werden immer heftiger, mehrere Gläubige zittern, schütteln sich, zucken am ganzen Körper und scheinen wie in Trance übernatürliche Kräfte für die anstrengenden Rituale freizusetzen. »Ich singe dir mein Liebeslied, dir mein Retter, mein Jesus. Es gibt keinen Ort, wo ich lieber wär als in deinen liebenden Armen«, hallt es durch den Saal, und die Gläubigen werden von der Woge suggestiver Energie mitgerissen.

Eine Frau mittleren Alters weint still vor sich hin, beginnt nach etwa einer halben Stunde heftig und laut zu schluchzen und wird plötzlich von einem Weinkrampf geschüttelt. Niemand schaut sich um, obwohl ihre Schreie die Stimme aus dem Lautsprecher übertönen. Die Vorbeterin beschwört den Satan: »Ich erlöse Euch im Namen von Jesus und Gott von diesem knechtischen Geist. Fliehe von diesen Geschwistern.« Als das letzte Loblied verklungen ist, schallen laute Juhui-Rufe durch den großen Saal. Ein Helfer tritt vor die Menge und ermutigt die Gläubigen, vor der versammelten Gemeinde Zeugnis ihrer neuen Gotteserfahrung abzulegen. Und er beruhigt die neuen Besucher: Das Zucken, Schütteln, Zittern, Lachen und Weinen sei »eine Reaktion auf das, was Gott in euch bewirkte«.

Als erste ergreift Verena, eine Frau mittleren Alters, das Mikrophon. »Hab Dank, Herr Jesus Christus, daß Du mich frei gemacht hast von der Knechtschaft«, sagt sie. Der Prediger hält ihr die Hand auf die Schulter und spricht ritualhaft ein paar tröstende Worte, während eine andere Frau ihr einen Finger auf die Stirn hält. Die Bekehrte schließt verklärt die Augen und kippt rückwärts um. Sie landet in den Armen einer Helferin, die sie auffängt und auf den Boden legt. Regungslos bleibt die Gläubige liegen.

Anschließend tritt die etwa 35jährige Ruth ans Mikrophon: »Ich habe die ganze Nacht mit dem Schöpfer verbracht. Es war gewaltig. Ich habe bisher nie jemanden an mich herangelassen. Ich habe mir früher eine Rolex-Uhr gewünscht, und nun hat Gott mir gesagt: ›Ich will Dich verwöhnen.‹ Und ich bekam wirklich eine goldene Rolex. Ich wollte das Geschenk nicht annehmen, doch er hat gesagt: ›Du bist die Braut des Königs.‹« Sie kniet nieder, um die unterstützenden Worte des Predigers zu empfangen: »Jesus, gib Ruth Deine Liebe, füll sie auf mit Deiner ganzen Liebe, schenk sie ihr, erhör sie, gib ihr Deine Kraft.« Ruth beginnt am ganzen Körper heftig zu zittern und zu zucken und fällt plötzlich nach hinten.

Ruedi, Mitte Vierzig, erzählt: »Ich habe Sehnsucht nach diesen Gottesdiensten, ich möchte immer mehr davon und komme immer wieder.« Kurt lacht nach dem Bezeugungsritual wie ein Irrer. Der 52jährige Peter erklärt: »Ich möchte meine Depression so richtig weglachen.« Der neunjährige Philipp ist der jüngste Bezeuger, sekundiert von seiner Mutter. Er erzählt von einem Traum, in dem ihm Gott begegnet ist. Am anderen Tag sei er von einer schweren Phobie befreit gewesen, ergänzt die Mutter.

Nach den Zeugnissen richtet sich Geri Keller ein zweites Mal an die Gemeinde. Affenliebe sei das gewesen, was er als reformierter Pfarrer seinen Konfirmanden gegeben habe. So entstünden keine echten Söhne und Töchter, die Gott finden könnten. »Wir sind keine Kirchenhocker. Kirchengänger haben wir genug, Pfarrer auch, notabene«, schmettert er den Gläubigen entgegen. Der Staat verwöhne seine Bewohner mit Luxus und baue damit Lustgräber, erklärt Keller. »Mir kommen immer wieder Tränen, wenn ich sehe, wie hier in unseren Gottesdiensten Frauen und Männer heranwachsen, von denen so viel Kraft ausgeht. Ich bin begeistert und fasziniert. Wen Gott liebt, den erzieht er.«

Nach drei Stunden beginnen die Teamhelfer, mit den Besuchern einzeln zu beten, begleitet von der meditativen Musik der Gruppe. Sie legen ihnen die Hand auf und sprechen eindringlich mit ihnen. Die meisten fallen um, einzelne zucken noch ein paar Minuten am Boden und bleiben dann lange Zeit regungslos liegen.

Die zwanghaften Reaktionen wecken Erinnerungen an Szenen, wie sie in psychiatrischen Kliniken zu beobachten waren, als die Patienten noch nicht mit Psychopharmaka behandelt wurden. Doch die Gläubigen interpretierten die starken Signale als religiöse Wiedergeburt. Psychologische Erklärungsmuster lehnten sie kategorisch ab. Die auffälligen Reaktionen lassen aber eher darauf schließen, daß der »Toronto-Segen« ein massensuggestives Phänomen ist. Das stundenlange Ritual mit den eindringlichen Predigten, Gebeten, Gesängen und den Bezeugungen bewirken eine intensive Gruppenatmosphäre, die ansteckend ist. Außerdem verstärkt die Sehnsucht nach dieser außergewöhnlichen Gotteserfahrung die euphorische Erwartung. Viele Gläubige sind wie von Sinnen und steigern sich mental in einen psychischen Grenzbereich, der sie oft in einen tranceähnlichen Zustand abrutschen läßt. Sie entladen die Spannung, indem sie in eine Form der Ohnmacht fallen.

Die charismatische Welt bejubelte das Toronto-Phänomen als größte Erweckungswelle in der christlichen Heilsgeschichte. Sie wertete die Manifestationen als Wendepunkt in der Menschheitsgeschichte und einmaliges Zeichen Gottes kurz vor der Jahrtausendwende. Die Gläubigen verstanden die Zeichen auf Anhieb. Die Frage: »Was will uns Gott sagen, wenn er uns den Segen des Heiligen Geistes unmittelbar zukommen läßt?« konnten sie auch ohne die Interpretationshilfe ihrer Pastoren beantworten. Für sie war das weltweit auftretende Phänomen ein apokalyptisches Signal, mit dem Gott offenbar die Auserwählten bezeichnete, die vor der bevorstehenden Schlacht von Harmagedon entrückt würden.

Der Toronto-Segen weckte in charismatischen Kreisen Endzeiterwartungen wie kein anderes religiöses Phänomen. Viele Gläubige lebten in der Gewißheit der nahen Wiederkunft Christi. Und sie »wußten«, daß sie zu den Auserwählten gehörten, die die entscheidende Phase in der Heilsgeschichte miterleben und mitgestalten dürfen. Sie waren auch überzeugt, als Erlöste ins Millennium einzugehen.

Der Alltag holte die Gläubigen bald wieder ein. Teilweise nahmen sie wöchentlich an den Toronto-Gottesdiensten teil, segelten Woche für Woche in diesen kräfteraubenden mentalen Grenzbereich. Manche standen unter apokalyptischem Starkstrom und entwickelten psychische oder psychosomatische Auffälligkeiten. Die Spannungen und Endzeiterwartungen ließen den Alltag fad und banal erscheinen. Sie warteten inbrünstig auf weitere Zeichen Gottes. Doch es gab keine besonderen Katastrophen oder globalen Krisen, wie sie die Bibel für die Endzeit prophezeit. Viele Gläubige entfremdeten sich immer mehr von der Alltagsrealität. Die wachsende Unruhe und der Kräfteverschleiß bewog viele Älteste und Prediger, die emotionale Spannung abzubauen und die Gottesdienste wieder etwas nüchterner zu gestalten. Und prompt verschwanden die Toronto-Phänomene allmählich.

Offen ist die Frage, ob die Verantwortlichen der Vineyard-Bewegung die suggestiven Elemente bewußt in die Gottesdienste eingebaut haben oder selbst von der »Ausschüttung des Segens des Heiligen Geistes« überrascht worden sind. Die Ältesten und Prediger haben viel Erfahrung im Umgang mit »charismatischen Phänomenen« und hätten wissen können, daß die Toronto-Gottesdienste bei den Gläubigen eine extreme emotionale Spannung aufbauen, die zumindest zur Ausschüttung von Endorphinen, also körpereigenen Suchtsubstanzen, führen können. Die apokalyptische Sehnsucht und die suggestiven Rituale haben vermutlichen einen größeren Einfluß auf die Gläubigen gehabt als der Heilige Geist, denn von der einst überragenden Bedeutung der »großen Erweckung« war Anfang 1998 nicht mehr viel zu spüren.

Damian Thompson schreibt in seinem Buch *Das Ende der Zeiten*, John Wimber habe Anfang der 80er Jahre mit seiner Vineyard-Bewegung ein Power-Evangelium begründet. »Nach Wimber sollten alle christlichen Führer sich daran machen, böse Geister zu bekämpfen und als channels, ›Kanäle‹, für Zeichen und Wunder zu dienen, für das wundersame Wirken des Heiligen Geistes, durch das Krebskranke geheilt und Tote wieder zum Leben erweckt würden.«

13 Christliche Propheten: Die Lotterie der Prophetie

Zu den eifrigsten apokalyptischen Sehern gehören die christlichen Propheten, die in den freikirchlichen, charismatischen
und evangelikalen Glaubensgemeinschaften ein besonderes
Ansehen genießen. Sie stehen im Ruf, Gott habe ihnen exklusiv einen Blick in die Heilsgeschichte und in die Endzeit ge-
währt. Die fundamentalistischen Propheten nehmen für sich
in Anspruch, Gott oder ein Vertreter der göttlichen Autorität
habe sich ihnen in Visionen offenbart. Dabei rechtfertigen sie
ihre Prophezeiungen mit dem Hinweis, Gott habe sich schließlich schon im Alten Testament den Menschen mitgeteilt. Da
wir in der Endzeit leben würden, müsse momentan mit besonders vielen Prophezeiungen gerechnet werden. Gott offenbare
sich auserwählten Gläubigen, um die Menschheit vor der kommenden Drangsal zu warnen.

Apokalyptische Schriften und Bücher christlicher Propheten füllen eine halbe Bibliothek. Die apokalyptische Prosa ein-
zelner Visionäre hat eine Millionenauflage erreicht. Allein Hal
Lindseys Buch *Alter Planet Erde, wohin?* wurde über 20 Millionen Male verkauft. Es soll das meistverkaufte Buch in den
USA seit den 70er Jahren sein. Ein untrügliches Zeichen, daß
die Apokalypse das dominierende Thema in dogmatischen
Kreisen ist. In den Werken manifestieren sich die Sehnsüchte
der dogmatischen Christen. Die evangelikalen und charismatischen Gläubigen verschlingen die Bücher in der fiebrigen Erwartung, weitere Hinweise und Botschaften über die Endzeit
zu erhalten.

Doch wie ist es mit der Qualität der Leitung zum Himmel
bestellt? Treffen die Vorhersagen der Seher zu, besteht kein
Grund, an ihrer Gabe der Prophetie zu zweifeln. Zeichnen sich
ihre Visionen aber vorwiegend durch Fehlprognosen aus, ge-

hören sie in die Kategorie der falschen Propheten, die sich anmaßen, die angeblichen Pläne Gottes für die Endzeit zu verkünden.

Die Visionäre betreiben ein riskantes Geschäft, was ihnen durchaus bewußt ist. Wer falsche Prophezeiungen in die Welt setzt, begeht nach christlichem Verständnis eine schwere Sünde. Im Alten Testament werden die Gläubigen aufgefordert, falsche Propheten zu steinigen. Im 5. Buch Mose heißt es, wer sich anmaße, im Namen Gottes falsche Prophezeiungen zu machen, müsse sterben. Auch Jesus warnte ausdrücklich vor solchen Verkündern.

Doch die christlichen Visionäre lassen sich von solchen Überlegungen nicht abschrecken. Der Prophet David Wilkerson warnt seine Leser selbst vor falschen Propheten, die viele Christen mit menschlichen Prophezeiungen betrügen würden. Trotzdem scheut er sich nicht, im gleichen Atemzug eigene Vorhersagen nachzuschieben. Laut Franz Stuhlhofer *(Das Ende naht!)* schrieb Wilkerson in seinem apokalyptischen Buch *Wetterleuchten des Gerichts* über eine Vision von 1973: »Bis tief in mein Herz hinein bin ich davon überzeugt, daß diese Vision von Gott ist, daß sie wahr ist, und daß sie in Erfüllung gehen wird.« Wilkerson glaubt wie alle falschen Propheten vor ihm, ein echter zu sein und im Auftrag Gottes zu handeln. Der Prophet unterstreicht die Bedeutung seines Werks mit der Aufforderung an seine Leser: »Bitte, lege dieses Buch nicht beiseite, ehe du nicht jedes Wort gelesen hast. Dein Leben mag davon abhängen.«

Die christlichen Propheten wenden vor allem drei Arten der Vorhersagen an: die vergangenheitsbezogenen, die kurzfristigen und die grundsätzlichen. Die vergangenheitsbezogenen Prophezeiungen sind naturgemäß immer Volltreffer. Die Seher erklären beispielsweise, sie hätten früher bei Vorträgen oder Predigten verschiedene Ereignisse exakt so vorausgesagt, wie sie nun eingetroffen seien. Da die Aussagen nicht dokumentiert sind, können sie nicht überprüft werden.

Auch die kurzfristigen Vorhersagen sind wenig dienlich, um die prophetische Kraft zu überprüfen. Sie beziehen sich auf Tendenzen, die sich bereits abzeichnen. Wenn beispielsweise ein Prophet Hungersnöte und Seuchen für Afrika vorhersagt, muß er noch keine visionäre Gabe besitzen. Die Wahrscheinlichkeit, daß solche Ereignisse den Schwarzen Kontinent auch in den nächsten Jahren heimsuchen werden, ist leider so sicher wie das Amen in der Kirche.

Die Nagelprobe kann also nur bei den grundsätzlichen Prophezeiungen gemacht werden. Das sind mittelfristige Vorhersagen von heilsgeschichtlicher, meist apokalyptischer Bedeutung, die sich nicht aus der aktuellen Weltlage ablesen lassen. Die Propheten sprechen nie von langfristigen Entwicklungen, denn sie sind sich einig, daß die Endzeit bald anbrechen wird. Die am häufigsten benutzten zeitlichen Begriffe lauten denn auch »demnächst«, »in wenigen Jahren«, »in naher Zukunft«, »in absehbarer Zeit« usw. Auffällig ist, daß kaum ein christlicher Seher exakte Zeitangaben macht. Daran hindert sie vor allem die biblische Mahnung, »nur der Vater kenne die Stunde«.

Wim Malgos apokalyptische Fehlprognosen

In seiner Schrift *Was sagt die Bibel über das Ende der Welt?*, die in einer Auflage von über einer Million Exemplaren verteilt worden ist, thematisiert Wim Malgo bereits im Vorwort das Problem: »Wir stehen vor dem Torschluß, denn die Wiederkunft Jesu Christi steht bevor, und damit geht die Gnadenzeit zu Ende. Deswegen sind wir von Gottes wegen beauftragt, Ihnen diese biblische Botschaft durch dieses Buch weiterzugeben.« Der holländische Evangelist, der sich in der Schweiz niedergelassen und das Missionswerk Mitternachtsruf gegründet hat, schrieb diese Worte Ende der 70er Jahre.

Der Evangelist sehnte die Endzeit förmlich herbei. Im gleichen Vorwort heißt es weiter: »Wir leben heute in der Zeit, wo wir mit eigenen Augen die Erfüllung der biblischen Prophetie miterleben!« Wer sein Büchlein lese, werde erkennen, daß die biblische Offenbarung nicht utopisch sei, »sondern die erschreckende Wirklichkeit unserer Tage anzeigt.« »Der ewige Gott« habe ihn, so Malgo, »tief in die göttliche Prophetie« blicken lassen. Ein deutliches Zeichen des nahenden Endes seien große Naturkatastrophen wie Vulkanausbrüche und Erdbeben. Die Tatsache, daß Tausende aus den Kirchen austreten würden, deute auf den in der Bibel prophezeiten Abfall vom Glauben hin. Die Endzeitsignale versetzen Malgo in eine euphorische Stimmung: »Wir leben in einer erregenden und wundersamen Zeit und sollten dem Allmächtigen danken, daß gerade unsere Generation Augenzeuge des Geschehens dieser Jahrzehnte sein darf!« Die Gläubigen erlebten, »was unsere Väter und Vorväter zu schauen begehrten«.

Bezeichnend sind die suggestiven Mittel, mit denen Malgo versucht, die Gläubigen von der Authentizität seiner Prophezeiungen zu überzeugen: »Lieber Leser, nicht wahr, du hast innerlich gespürt, daß das, was du bis anhin gelesen hast, die Wahrheit ist, zumal es die Bibel so sagt.«

Malgo prophezeite 1974 den dritten Weltkrieg, den der Kremel bereits vorbereite. Nach dem Zerfall des Kommunismus mußte er seine Vorhersagen revidieren. Der Antichrist werde die Macht an sich reißen, was sich im Sturm von europäischen und möglicherweise aisatischen Mächten auf Israel manifestieren werde, erklärte Malgo nun. Der Evangelist spielte dabei auf den in der Bibel verkündeten erbitterten Krieg um Israel an. In der Annäherung der beiden Weltreiche USA und Rußland und in ihren guten Beziehungen zum Vatikan sah er eine Taktik des Antichrist.

Malgo forderte die Leser seiner Schriften auf, in der Endzeit kein Geld mehr auf ihren Bankkonten anzuhäufen: »Was geschieht denn mit deinem Sparguthaben, wenn heute die Entrückung stattfindet? Diese Mittel, die du für die Sache Christi hättest investieren können, gehen dann in den Besitz des Antichristen über.« Dieser unverblümte Spendenaufruf in seinem Buch *Der beschleunigte Aufmarsch Rußlands nach Israel* wirkt rückblickend ziemlich zynisch. Wer sich damals an die Anweisungen hielt, dürfte inzwischen in arge Existenznöte geraten sein.

Der Evangelist zeigt bei verschiedenen Prophezeiungen einen Hang zum Okkulten, was bei einem dogmatischen Christen eher überrascht. In seinem Buch *Heilsgeschichtliche Konstellationen von 1948 bis 1982* untermauert Malgo seine Vorhersagen mit kosmischen Phänomenen und Ufo-Erscheinungen. So heißt es im Klappentext: »Im vorliegenden Buch werden kosmische Konstellationen in ihrer Beziehung zu Israel und zum Kommen Jesu beleuchtet. Neue Erkenntnisse über den Stern von Bethlehem, die Ufos und die ›Planeten-Parade‹ von 1982 werden zusammengetragen und ins Licht des prophetischen Wortes gestellt. Dabei wird der Leser zur Gewißheit geführt: Jesus kommt bald wieder!«

Seine Aufbruchstimmung begründete Malgo damals in einer seltenen Planetenkonstellation, die sich angeblich 1982 zeigte. Alle Planeten standen angeblich in einer Linie. Malgo vermutete, diese astrologische Besonderheit würde die Wiederkunft Jesu ankündigen. Erstaunlicherweise übernahm Wim Malgo auch okkulte Ideen und interpretierte einen angeblichen Polsprung, also die Verschiebung der Erdachse, als apokalyptisches Zeichen. So heißt es in seiner Schrift *Was sagt die Bibel über das Ende der Welt?*, die Erde, die schon viele Jahre auf dem Buckel habe, veralte wie ein Kleid. »Es wird mit ihr sein wie mit einem Kugellager, das nicht mehr funktioniert. Ihre Achse stimmt schon heute nicht mehr genau.« Außerdem befaßte sich Malgo in seinem Buch *Die Offenbarung Jesu Christi – Eine Auslegung für unsere Zeit* ausführlich mit dem angeblichen Polsprung.

Bezeichnenderweise warnt Wim Malgo vor falschem Prophetentum und den »selbstdichteten Religionen«, die Jesus für die Endzeit prophezeit habe. Dazu gehöre auch der Islam,

»dessen Stifter Mohammed nicht zu Unrecht der ›falsche Prophet‹ genannt oder auch als ›Antichrist des Ostens‹ bezeichnet wird«.

Auch Wim Malgo hatte mit dem unangenehmen Begleitumstand zu kämpfen, daß seine Vorhersagen von der politischen Entwicklung Lügen gestraft wurden und teilweise wenige Jahre nach der Veröffentlichung überholt waren. In seiner erstmals 1984 herausgegebenen apokalyptischen Schrift *Was sagt die Bibel über das Ende der Welt?* prophezeite er, die Grenzen des römischen Weltreichs müßten wiederhergestellt sein, bevor Jesus wiederkomme. So verheiße es die Bibel. Doch dazu wären umfassende politische und kriegerische Umwälzungen nötig gewesen, die Malgo wortreich beschreibt. Seiner Voraussage nach werde die Wiedervereinigung Deutschlands nicht verwirklicht. Nur so konnte sein Grenzkonstrukt nach dem Vorbild des altrömischen Reichs aufgehen.

Was machte Malgo in den späteren Auflagen mit der fundamental falschen Vorhersage? Franz Stuhlhofer stellte fest, daß Malgo das Kapitel in der Auflage von 1990 kurzerhand gestrichen und durch aktuelle Prophezeiungen ersetzt hatte. Gleichzeitig war sich Malgo nicht zu schade, die Neuauflage mit folgender Aussage zu propagieren: »Ist es nicht eigenartig, daß gerade dieses Gratisbuch, das Sie hier in einer neu bearbeiteten Auflage vor sich haben, ganz unerwartet schon in so viele Sprachen übersetzt wurde? Da wehrt sich der Teufel mit Macht, denn nicht wenige Menschen hatten dadurch eine entscheidende Begegnung mit dem Herrn Jesus Christus.« Malgo suggeriert also, daß allein schon der Erfolg des Büchleins für seine prophetische Qualität bürge.

Kritik an seinen apokalyptischen Vorhersagen ficht Malgo nicht an. Er interpretierte sie kurzerhand als Teil der antichristlichen Kampagne: »Überall, auch in Zeitungen, bricht Hohn und Spott auf, wenn es um die Erwartung des Wiederkommens Jesu geht. Das sind Zeichen der Endzeit.«

Bunte Palette falscher Prophezeiungen

Die bekannten Propheten gaben bereits in den 70er und 80er Jahren apokalyptische Prophezeiungen ab. Somit läßt sich heute kontrollieren, ob ihre Vorhersagen eingetroffen sind. Neben Wim Malgo gehören unter anderen Billy Graham, Hal Lindsey, Grant Jeffrey, William Götz, Steven Lightle, Klaus Gerth, David Wilkerson, Marius Baar, Pat Robertson und Rick Joyner zu den erfahrenen christlichen Visionären.

Die Palette ihrer Vorhersagen ist ebenso lang wie bunt. Alle prophezeiten Epidemien, Hungersnöte, Katastrophen, Erdbeben, Vulkane und was sich biblisch versierte Gläubige sonst noch an apokalyptischen Szenarien ausmalen können. Interessant sind die spezifischen apokalyptischen Visionen. Ein paar Beispiele: Europa werde demnächst zur Weltmacht aufsteigen; hinter den zehn Mitgliedern der Europäischen Gemeinschaft verstecke sich der Antichrist; die Sowjetunion greife Israel an; die USA erlebe eine Lebensmittelknappheit; ein apokalyptisches Feuer und eine nukleare Katastrophe rafften einen Großteil der amerikanischen Bevölkerung dahin; der Goldpreis klettere in astronomische Höhen; eine Sexdroge fördere den moralischen Zerfall der Gesellschaft.

Doch Malgo ist nicht der einzige christliche Prophet, der seine Endzeitprophezeiungen auf kosmische Ereignisse abstützt. Sein Kollege Pat Robertson, der nach einer sexuellen Affäre in die Schlagzeilen geraten war, holte sich ebenfalls bei den Esoterikern apokalyptische Anregungen. Der erfolgreiche TV-Evangelist und ehemalige Kandidat für die amerikanische Präsidentschaft ließ sich ebenfalls von der besonderen Planetenkonjunktion inspirieren, die unter der Bezeichnung Jupitereffekt in der New-Age-Szene für Furore sorgte. Laut Damian Thompson prophezeite Robertson, daß die Sowjetunion das vom Jupitereffekt verursachte Chaos als Deckung benutzen werde, um die USA anzugreifen. Andere amerikanische Verkünder sagten voraus, die Erde werde dabei in die alte Polstellung zurückkippen und die Bedingungen wiederherstellen, wie sie vor der großen Flut existiert hätten. Hal Lindsey stimmte in den astrologischen Chor ein und sagte für den Jupitereffekt das größte Erdbeben aller Zeiten voraus. Solche Vorhersagen aus dem Mund christlicher Propheten sind erstaunlich, denn Astrologie und Okkultismus sind in den Augen vieler Fundamentalisten Aberglaube und pures Teufelswerk.

Franz Stuhlhofer untersuchte die älteren Vorhersagen verschiedener Propheten. Seine Ergebnisse veröffentlichte er in dem Buch ›Das Ende naht‹!. Der Wiener Historiker, der selbst zu einer evangelikalen Glaubensgemeinschaft gehört, machte dabei schmerzliche Erkenntnisse. Er fand heraus, daß die christlichen Propheten keine unfehlbaren Seher sind.

Die Idee, sich mit den Visionären aus seinem Umfeld auseinanderzusetzen, kam ihm bei der Beschäftigung mit den Zeugen Jehovas. Er hatte sie wegen ihrer falschen Endzeitprophezeiungen stark kritisiert, »ohne mir dessen voll bewußt zu sein, daß ähnliche Verhaltensweisen auch in meiner Bewegung verbreitet sind«. Die Auseinandersetzung mit den Zeugen Jehovas habe seinen Blick geschärft, »so daß mir ähnliche Tendenzen im evangelikalen Raum viel schneller auffielen«. Stuhlhofer zählt in seinem Buch 18 Parallelen zwischen den christlichen Dogmatikern und den Zeugen auf.

Stuhlhofer, der die christlichen Propheten grundsätzlich wohlwollend beurteilt, prüfte Prophezeiungen aus den 70er und 80er Jahren daraufhin, ob sie bis 1992 eingetroffen waren. Der Autor verglich auch verschiedene Auflagen der prophetischen Bücher. Dabei fand er heraus, daß beispielsweise die Werke von Hal Lindsey (*Alter Planet Erde wohin?*, 1971) und David Wilkerson (*Die Vision*, 1974) 1991 unverändert nachgedruckt worden waren, obwohl die beiden Bücher voller apokalyptischer Prophezeiungen waren, die sich längst hätten verwirklichen müssen. Die beiden »Propheten« legten ihre erfolgreichen Bücher 20 Jahre später mit den gleichen Vorhersagen neu auf, die nachweislich nicht eingetroffen waren. Stuhlhofer entlarvte

173

Lindsey und Wilkerson nicht nur als falsche Propheten – auch wenn er sich vorsichtiger ausdrückt –, sondern wies auch nach, daß beide Autoren mit falschen Vorhersagen ein gutes Geschäft machen. Erstaunlicherweise lassen sich die Leser der Bücher nicht davon beirren, daß die Prophezeiungen veraltet und nie eingetreten sind.

Diese Beispiele zeigen deutlich, daß jede Form der Prophetie zwangsläufig ins Dilemma führt. Die evangelikalen Gemeinschaften brauchen Visionäre, ohne die ein zentraler Aspekt ihres Glaubensinhaltes verlorengehen würde.

Andere Propheten haben sich immerhin die Mühe gemacht, spätere Auflagen zu aktualisieren und von den falschen Prophezeiungen zu säubern. Das Resultat ist allerdings fast noch kurioser. Klaus Gerth beispielsweise machte den Titel seines 1982 erschienenen Buches zum Programm: *Der Antichrist kommt.* Der Untertitel präzisiert: »Die 80er Jahre – Galgenfrist der Menschheit?« Titel und Inhalt des Buches ergeben, daß Gerth überzeugt ist, der Antichrist werde in den 80er Jahren auftauchen. Der Prophet schreibt beispielsweise, er gehe davon aus, daß der Antichrist »irgendwo bereits lebt«. Seine Bühne sei schon fertig vorbereitet, sein Auftritt stehe kurz bevor. Die 80er Jahre vergingen, der Antichrist kam nicht. Das hinderte Klaus Gerth aber nicht, 1989 eine »vollständig überarbeitete und aktualisierte« Ausgabe seines apokalyptischen Werkes herauszugeben. Abgesehen davon, daß »aktualisierte Prophezeiungen« ein Widerspruch in sich sind, scheute sich Gerth nicht, seine falschen Vorhersagen kommentarlos abzuändern. Statt an seiner »göttlichen Gabe der Prophetie« zu zweifeln und sich bei seinen Lesern zu entschuldigen, paßte er seine Visionen der aktuellen Weltlage an. Gerth schrieb beispielsweise schon in der ersten Auflage, Harmagedon komme in einigen Jahren. Zehn Jahre später ließ der »Prophet« den gleichen Satz wieder drucken.

Franz Stuhlhofer fand ein weiteres Beispiel der prophetischen Geschichtsklitterei bei Klaus Gerth. Der Visionär erklärte

174

1982, die Sowjetunion werde ihren Angriff auf Israel erst dann starten, wenn der biblisch bedeutsame Zehnstaatenbund gebildet sei. Damit meinte Gerth die (damaligen) zehn EG-Staaten. (Biblisch sind nach dem Propheten Daniel die »zehn Zehen« gemeint, die die zehn Staaten des ehemaligen römischen Weltreichs bezeichnen sollen.) Der Zehnstaatenbund werde unter der Herrschaft des Antichrist stehen. Für die Ausgabe von 1989 strich Gerth den Satz einfach weg. Inzwischen war die EG gewachsen und konnte nicht mehr als der Bibel nachempfundenes Symbol gebraucht werden. Das Kapitel »Der Zehnerclub« überschrieb Gerth in der Auflage von 1989 mit dem Titel »Das neue Machtzentrum«.

Ironie des Schicksals ist, daß die Sowjetunion schon bald nach Veröffentlichung der neuen Auflage auseinanderbrach. Ein Angriff von Rußland oder einem anderen Staat der ehemaligen Sowjetunion auf Israel ist sicherlich völlig unwahrscheinlich. Im neuen Untertitel seines Buches behauptete Gerth nicht mehr, die Galgenfrist der Menschen laufe in den 90er Jahren ab. Er fragte vorsichtig: »Bleibt noch eine Galgenfrist für die Menschheit?«

Wie steht es mit der Treffsicherheit des amerikanischen Propheten Hal Lindsey? Der bekannteste und erfolgreichste Apokalyptiker behauptete 1971 in seinem millionenstarken Bestseller *Alter Planet Erde wohin? Im Vorfeld des 3. Weltkriegs* vollmundig: »Wir sind heute erstmals in der Lage, uns ein zuverlässiges Gesamtbild der Zukunft zu machen.«

Aber auch Lindseys konkrete Vorhersagen entpuppen sich rückblickend als unzuverlässig. Er sagte unter anderem voraus: Die Sowjetunion werde Palästina angreifen, der Aufbau einer russischen Flotte im Mittelmeer sei ein bedeutsames Zeichen »für die mögliche Nähe Harmagedons«. Außerdem würden die Russen im Iran Fuß fassen, weil Rußland einen Verbündeten brauche, wenn es dereinst zu der vom biblischen Propheten Hesekiel angekündigten Großinvasion auf Israel kommen werde, erklärte Lindsey. Der christliche Visionär machte auch

eine zeitlich bedeutsame Angabe. Mit der Gründung Israels sei
eine wichtige Vorbedingung für die Endzeit erfüllt worden. Die
Generation, die diesem Ereignis beiwohne, werde auch das
Ende erleben. Da eine Generation nach biblischem Verständnis
40 Jahre dauert, hätte Harmagedon spätestens 1988 stattfinden
müssen.

Lindsey mißt Europa eine wichtige Rolle in der Heilsgeschichte zu, wenn auch eine wenig schmeichelhafte. Der »Prophet« sah voraus, daß sich die wichtigsten europäischen Staaten
vor 1980 zu den Vereinigten Staaten von Europa zusammen-
schließen würden. Außerdem würde diese Gemeinschaft der
mächtigste Staatenbund der Welt werden, stärker als die USA.
Das Bündnis halte den Kommunismus zurück und bringe für
kurze Zeit sogar Rußland und Rotchina unter Kontrolle. Rückblickend liegen diese Prophezeiungen meilenweit von der tatsächlichen politischen Entwicklung entfernt.

Wie konnte sich Lindsey zu derart unrealistischen Vorhersagen versteigen? Wahrscheinlich ließ er sich vom Zehnerbund,
wie er in der Bibel beschrieben wird, verleiten. Getreu der biblischen Offenbarung glaubte er wohl, hinter dem Bund stecke
der Antichrist. Und dieser muß bekanntlich die Weltregierung
an sich reißen, bevor Jesus die Frommen entrückt und sich zur
Schlacht von Harmagedon rüstet. Ob es nun in die politische
Landschaft paßt oder nicht, für Lindsey muß Europa die Rolles
des Bösen übernehmen, damit sein apokalyptisches Bild und
die biblischen Vorhersagen nicht ins Wanken geraten.

Auch David Wilkersons apokalyptische Vorhersagen sind
nicht eingetreten. In seinem 1974 erschienen prophetischen
Buch *Das Kreuz und die Messerhelden* prophezeite er für die
USA »in nicht allzu langer Zeit« Erdbeben solchen Ausmaßes,
daß ein Drittel des Kontinentes zum Katastrophengebiet erklärt werden müsse. Außerdem solle »Amerika durch Feuer
vernichtet« werden. Wilkerson sah außerdem eine nukleare
Katastrophe kommen, die Amerika »in nur einer Stunde« aus-
löschen werde. Für die Entwicklungsländer sagte er Cholera-

Epidemien voraus. Ein Feuerwerk an Fehlprognosen. Doch Wilkerson ist für seine Anhänger noch immer ein glaubwürdiger Prophet von göttlichen Gnaden.

Steven Lightle gibt in seinem Buch *Der 2. Exodus* einen Einblick in seine visionäre Methode, Gottes Heilsplan zu erfahren. Am letzten Tag seiner Fastenzeit sei es ihm in der Gegenwart Gottes so vorgekommen, »als sähe ich eine große Leinwand vor mir«. Darauf fand in der Sowjetunion eine gewaltige Ansammlung von Juden statt, die aus allen Landesteilen zusammengeströmt seien. Die Juden hätten sich auf einer Art Autobahn Richtung Westen aufgemacht und seien via Osteuropa nach Israel gezogen. Mit Lightles Vision hätte sich also eine wichtige Voraussetzung für die Apokalypse erfüllt.

Was der »Prophet« als göttliche Eingabe interpretiert, ließe sich auch als psychologisches Phänomen werten: Lightle fastete und erhoffte sich während der intensiven geistigen Versenkung ein göttliches Signal. Durch seine tiefe Sehnsucht weckte er suggestive Energien, die ihn innere Bilder produzieren ließen. Schließlich zeichnen sich Visionäre dadurch aus, daß sie über eine besondere Einbildungskraft verfügen.

Bei einer späteren Vision prophezeite ihm Jesus: »Diese Juden werde ich durch Finnland in die Freiheit bringen. In meiner Güte werde ich Finnen und Deutschen die Chance geben, mein geliebtes Volk zu segnen.« Lightle behauptet also, daß Jesus direkt mit ihm spräche, weshalb den Gläubigen seine Prophezeiungen authentisch erscheinen.

Logische Überlegungen hätten Lightle gezeigt, daß seine geistige Schau nie Realität werden kann. Es ist schlicht nicht machbar, rund drei Millionen Juden aus den Ländern der ehemaligen Sowjetunion innerthalb kurzer Frist nach Israel zu transportieren. Ganz abgesehen davon, daß der Staat die Einwanderung gar nicht verkraften würde. Doch Lightle ist mit seiner Vision in guter Gesellschaft. Fast alle christlichen Propheten sagen voraus, daß vor der Schlacht um Harmagedon die verstreuten Juden aus allen Ländern nach Israel ziehen werden, schließlich wolle es die Bibel so. Auf dem heutigen Gebiet von Israel ist dies nicht realisierbar. Das Land bietet nicht genügend Lebensraum für weitere zehn Millionen Juden.

Aufschlußreich sind auch Stuhlhofers Vergleiche der Vorhersagen verschiedener Propheten. Da die meisten vorgeben, die Visionen direkt von Gott zu empfangen, müßten sich die Prophezeiungen gleichen. Es lassen sich allerdings kaum zwei Propheten finden, die in den entscheidenden Aspekten gleiche Visionen erhielten. Abgesehen von der biblisch prophezeiten Rückkehr der Juden ins gelobte Land und vom Sturm auf Israel decken sich die Prophezeiungen nicht. Es gibt wohl etwa gleich viele Propheten wie Endzeitvorhersagen.

Ein Vergleich der Prophezeiungen von Hal Lindsey und Marius Baar ist besonders aufschlußreich. Wie bereits erwähnt, sagte Lindsey voraus, der europäische Staatenbund werde zur führenden Weltmacht und zeitweise China und den Ostblock unter Kontrolle halten. Baar hingegen, der den Antichrist im Islam erkannt haben will, prophezeite vor über 20 Jahren Europa ein schweres Schicksal. Es werde vom Kommunismus teilweise überrannt und von den Arabern mit Hilfe des Öls unter Druck gesetzt werden. Außerdem sah Baar ein arabisches Wirtschaftswunder vorher, das Europa als Zwerg erscheinen lasse.

Wie kommt es zu so fundamentalen Differenzen? Baar ging von der Annahme aus, der Antichrist würde den Islam benützen, um die prophezeite Weltherrschaft aufzubauen. Der Rest der Vorhersagen ergibt sich dann von selbst, denn die arabische Welt muß sich nach der Logik von Baar zur antichristlichen Weltmacht aufschwingen, um die Wiederkunft von Jesus zu bewirken.

Entlarvend ist auch der zeitliche Rahmen, den Baar für seine Endzeitereignisse absteckt: »Die kommenden Wochen und Monate, vielleicht auch Jahre werden für das Abendland sehr schwer werden.« Inzwischen sind Jahrzehnte vergangen, und die prophezeiten Ereignisse sind unwahrscheinlicher denn je.

Die bisher erwähnten Evangelisten hüteten sich immerhin davor, die apokalyptischen Ereignisse genau zu terminieren. Der kanadische Prophet Grant Jeffrey erlegte sich allerdings weniger Zurückhaltung auf und prophezeite das heilsgeschichtliche Großereignis in seinem Buch *Armageddon – Appointment with Destiny* exakt auf das Jahr 2000. Bei seiner Berechnung geht er von der biblischen »Großen Woche« aus (7000 Jahre, abzüglich das Millennium), die er im Jahr 4000 v. Chr. anbrechen läßt.

Das Dilemma mit den Juden

Eine religiöse Kuriosität zeigt sich im Umgang der christlichen Dogmatiker mit den Juden. Evangelikale und Charismatiker halten unbeirrt daran fest, daß die Juden das auserwählte Volk Gottes seien und die entscheidende Rolle in der Heilsgeschichte der Menschheit spielen würden, wie es die Bibel verheißt. Das Dilemma: Die Juden glauben nicht an Jesus als Sohn Gottes und Erlöser. Damit sind sie in den Augen der bekehrten Christen eigentlich »Ungläubige«. Obwohl sich die Fundamentalisten als die wahren Christen verstehen, die Gott helfen, die Endzeit vorzubereiten, setzen sie sich selbst an die zweite Geige. Auserwählt sind hingegen diejenigen, die gar nicht an den »wahren Messias« glauben.

Dieser Widerspruch läßt sich nur schwer auflösen und schon gar nicht biblisch erklären. Jesus sagte klar, daß sich jeder bekehren müsse, der gerettet werden wolle, auch die Juden. Nicht wenige Rechtgläubige entwickeln aus dieser vertrackten Situation heraus Ressentiments, die sie aber verdrängen müssen, weil sie sich sonst versündigen würden. Denn die Bibel ist eine Instanz, die weit über der Vernunft steht.

Verschärft wird das Dilemma noch durch die Überzeugung vieler christlicher Dogmatiker, die Juden seien für die Kreuzigung von Jesus verantwortlich. (Eine historisch unhaltbare Argumentation, die trotzdem immer wieder auftaucht und in den letzten 2000 Jahren fatale Folgen hatte.) Wie konnte es Gott zulassen, fragen sich viele Evangelikale, daß sein auserwähltes Volk den eigenen Sohn kreuzigen durfte? Haben die Juden damit die Privilegien und die Gnade nicht verspielt? Die biblische Bevorzugung der »ungläubigen« Juden stürzt viele Evangelikale in ein unlösbares Problem, denn die Fundamentalisten sind sonst unerbittlich, wenn es darum geht, die rechtgläubigen von den übrigen Christen zu unterscheiden. Mit der Entrückung am Jüngsten Tag dürfen in ihren Augen nur die wiedergeborenen, bekehrten Gläubigen rechnen, also die evangelikalen, charismatischen oder freikirchlichen Christen. Die Protestanten und Katholiken gehören in der Regel nicht dazu. Für viele Fundamentalisten sind Katholiken sogar Sektenanhänger, und im Vatikan sehen sie den Antichrist am Werk. Nach ihrer Überzeugung ist auch die reformierte Kirche vom Heilspfad abgekommen. Aber die Juden sollen erlöst werden, die nicht einmal an Jesus glauben?

Viele christliche Fundamentalisten lösen den Widerspruch mit einem geistigen Kraftakt auf. Sie sind überzeugt, daß die Juden ihren Irrtum kurz vor der Wiederkunft von Jesus erkennen und sich geschlossen von den rechtgläubigen Christen bekehren lassen werden. Trotzdem fällt es den meisten Rechtgläubigen schwer, Israel bei seinem Kampf der Selbstbehauptung zu unterstützen. Auch das schwere Schicksal, das die Juden in den letzten 2000 Jahren erleiden mußten, löst bei dogmatischen Christen keine Welle der Sympathie aus. Der Grund ist einmal mehr in der Bibel zu suchen, die dem auserwählten Volk Gottes harte Zeiten prophezeit. Wäre es den Juden und Israel plötzlich vergönnt, vereint und in Frieden zu leben, geriete die Heilsgeschichte der Fundamentalisten augenblicklich aus den Fugen und die Endzeit würde sich weiter verzögern.

Solange die Juden angefeindet werden, besteht Hoffnung auf die nahe Endzeit. Schließlich kündigte Jesus an, daß Israel

in seinem Namen von allen Völkern gehaßt werde, rechtferti-
gen die Fundamentalisten ihre »unfreundliche« Haltung. Diese
Argumentation ist aber biblisch nicht haltbar. Es gibt genug
Bibelstellen, die belegen, daß sich auch die Juden zu Gott be-
kennen müßten, wollen sie erlöst werden. Damit ist aber Wim
Malgo nicht einverstanden. Er behauptet, daß alle, die andere
Völker mit Israel gleichstellten, von Gott schwer bestraft wür-
den.

Malgo macht daraus eine religiöse Grundsatzfrage. In seinem Buch *Israel – Das Zeichen an der Wand* schrieb er, die
meisten Staaten hätten sich gegen Gott entschieden, als sie
sich beim letzten Nahostkrieg auf die Seite der Araber schlugen. Malgos Theorie gipfelt in der Aussage: »Israel ist Gottes
Segens- und Heilsvermittler für diese Welt.« Und der Evangelist macht seine Hoffnung zur Gewißheit: »Äußerlich haben
Israel und Jesus scheinbar noch nichts miteinander zu tun, aber
in Gottes Augen sind sie bereits eins, untrennbar zusammen-
gefügt.« In seinem Buch ›Das Ende naht‹! schreibt Stuhlhofer
selbstkritisch: »Somit scheint Israel ein Stück weit die Stelle
Jesu einzunehmen. Man könnte hier den Eindruck gewinnen,
daß sich die Geister nicht mehr an Jesus scheiden, daß nicht
mehr die Stellung für oder gegen Jesus über das Heil entschei-
det, sondern die Stellung zu Israel.«

14 Apokalypse: Zwischen Urangst und Todessehnsucht

Wo liegen die Wurzeln der apokalyptischen Faszination? Das Bewußtsein von der Endlichkeit des irdischen Lebens ist die wichtigste Triebfeder, sich mit metaphysischen und religiösen Fragen auszueinanderzusetzen und apokalyptische Szenarien zu entwickeln. Die Vergänglichkeit allen Seins hat die Phantasie der Menschen schon immer beflügelt. Mit erlösenden Heilslehren versuchen wir, den bedrohlichen Schatten zu vertreiben, den das Bewußtsein vom Tod auf die Seele wirft. Visionen von der Generalreinigung und der Erlösung sind ein Rezept gegen diese Urangst.

In diesem Spannungsfeld von Angst und Hoffnung spenden sowohl die christliche Idee von der Entrückung der Rechtgläubigen als auch die Vorstellung von der Wiedergeburt Trost in der Gegenwart. Gläubige beziehen aus der Überzeugung von der Unsterblichkeit der Seele viel Lebenssinn: Ohne die Aussicht auf eine Belohnung im Jenseits oder im nächsten Leben wären Leiden und Mühsal im Diesseits noch schwerer zu ertragen. Der Überlebenstrieb bekommt mit dem religiösen Konzept einen metaphysischen Überbau.

Es stellt sich also die philosophische Frage, ob sich die Vorstellung von der Apokalypse sinnstiftend auswirkt und den Menschen hilft, das Schicksal besser zu ertragen. Oder überwiegen die negativen Begleitumstände? Richten viele Gläubige ihr Leben nicht allzusehr auf das Jenseits aus, statt zu versuchen, das »irdische Paradies« in der Gegenwart zu verwirklichen? Dienen Endzeit-Ideologien nicht in erster Linie dazu, Menschen Angst einzuflößen, sie zu disziplinieren und in die Abhängigkeit zu treiben? Führt die Fixierung auf eine fundamentalistische Endzeitvorstellung nicht in eine Scheinwelt, die sich negativ auf die Persönlichkeitsentwicklung auswirkt?

Die meisten Religionsstifter, Sektenführer, Propheten und Weltenlehrer stellen sich diese Fragen nicht. Für sie sind die Endzeitdogmen eine unumstößliche Wahrheit, die sie angeblich von der göttlichen Autorität empfangen haben. Sie sehen keine Veranlassung, die psychischen Auswirkungen ihrer Heilslehre auf die Gläubigen zu hinterfragen. Vielmehr tun sie so, als seien weltliche Aspekte nebensächlich und als interessierten sie sich ausschließlich für höhere Sphären und die Heilsgeschichte. Für sie als Avatare (Gesandter der göttlichen Hierarchie), Weltenlehrer, Propheten oder Vollstrecker des göttlichen Willens sind weltliche Aspekte nebensächlich. Ihr Bewußtsein ist auf die höheren metaphysischen Bereiche und die Ewigkeit ausgerichtet.

Viele Propheten, Weltenlehrer und neuen Christusse greifen nach der Seele der Anhänger. Sie erhalten Macht über die Gläubigen und machen sie sich verfügbar. Meist sind es handfeste »irdische Bedürfnisse«, die die selbsternannten Propheten in astrale, transzendentale oder jenseitige Dimensionen treibt. Sie erhalten ihren Lohn nicht erst im Himmel, sondern bereits im Hier und Jetzt. Die Seher und Gurus werden von den Gläubigen verehrt, geliebt und mit göttlichen Attributen versehen. Meistens verfügen sie über viel Geld. Sie sind die unumstrittenen Führungsfiguren in einer absolutistischen Glaubensgemeinschaft und genießen vollkommene Macht. Herr über die Seelen der Menschen zu sein weckt bei vielen Kultführern schon im Diesseits paradiesische Gefühle. Die Gläubigen bilden oft nur den Rahmen und das Publikum zu Füßen der religiösen Führer von Endzeitgemeinschaften. Das Bewußtsein, als Gesandter einer höheren Autorität auf der Erde zu wirken, katapultiert sie in mystische Sphären.

Die Anhänger vieler apokalyptischer Gruppen versuchen ihren Propheten geistig zu folgen und richten sich ebenfalls auf die transzendentalen oder astralen Dimensionen aus. Viele geben die Welt verloren. Dann sind sie in ihrer apokalyptischen Verblendung bereit, für Gott oder den Sektenführer alles zu opfern. Die Angst vor der Endzeit schweißt solche Glaubensgemeinschaften weiter zusammen. Schiebt der Guru oder Prophet die Schuld für die prophezeiten Katastrophen den »sündigen Menschen« und »satanischen Regierungen« in die Schuhe, wächst der Haß auf die säkulare Welt. Manche Gläubige entwickeln dabei das Bedürfnis, sich an der »verruchten Menschheit« im Namen der göttlichen Autorität zu rächen und sie zu bestrafen. Das Drama der Aum-Sekte in Japan ist Ausdruck eines solchen Wahns.

Flucht in eine Scheinwelt ist ein Urreflex

Obwohl Endzeitängste oft säkulare Ursachen haben und vor allem ein psychisches Problem sind, interpretieren Anhänger von Endzeitgruppen die apokalyptischen Ideen ausschließlich als religiöses oder mystisches Phänomen. Sinnkrisen, Existenzängste oder psychische Probleme begünstigen die Sehnsucht nach der seelischen Befreiung und globalen Reinigung. Labile, ichschwache und narzißtische Personen neigen in besonderem Maß dazu, das Heil in apokalyptischen Gemeinschaften zu suchen. Die Endzeitsehnsüchte und religiösen Erwartungen sind immer auch eine Antwort auf die Urängste der Menschen. Die geistige Flucht in die ideal anmutende Scheinwelt ist ein Urreflex, um die akuten Nöte in der Wirklichkeit erträglicher zu machen.

Kultführer oder selbsternannte Propheten apokalyptischer Glaubensgemeinschaften interpretieren die existentiellen Ängste in der Regel als Ausdruck eines mangelnden oder falschen Glaubens. Psychologische Erklärungsmuster sind für sie untaugliche Versuche, persönliche Probleme zu analysieren oder gar zu lösen. Die Angst wird dämonisiert. Gläubige, die die Angst zu ihrem Feind machen, werden letztlich von ihr terrorisiert. So sind Sekten oft Fluchtorte für Menschen mit einer ausgeprägten Existenzangst.

184

Viele Fundamentalisten und Kultanhänger laufen Gefahr, daß das Leben an ihnen vorbeizieht. Sie suchen den Himmel oder die kosmischen Sphären und verpassen es, sich intensiver mit der diesseitigen Welt auseinanderzusetzen. Es ist eine heikle Gratwanderung, ein Bewußtsein von der Endzeit zu kultivieren, weil das Leben im Diesseits zweitrangig wird. Die Gläubigen ausgeprägter Endzeitgruppen laufen Gefahr, in mystische Grenzbereiche vorzustoßen. Dabei werden oft Geister geweckt, die sich kaum mehr bannen lassen. Oder psychologisch ausgedrückt: Das Vordringen in unbewußte Sphären mit Hilfe suggestiver Methoden kann psychische Reaktionen auslösen, die pathologische Formen zeigen. Apokalyptische Hoffnungen und irdisches Bewußtsein stehen also meist in einer harten Konkurrenz zueinander.

Die Kumulierung sozialer, wirtschaftlicher, politischer und ökologischer Krisen an der Schwelle zum dritten Jahrtausend sind an sich schon eine Belastungsprobe, die sensible und leicht gläubige Menschen für Endzeitstimmungen empfänglicher machen. Nutzen religiös oder kultisch motivierte Endzeitgruppen diese Ängste für ihre zerstörerischen Eigeninteressen, drehen sie die apokalyptische Spirale kräftig weiter. Die Apokalyptiker aller Couleur müssen sich also hüten, daß sie durch ihre Sehnsucht nicht völlig den Boden unter den Füßen verlieren und diese Welt nicht geistig verlassen. Sonst erzeugen sie eine Depression – oder verfallen selber darin.

Apokalypse nach esoterischem Muster

Die christliche Apokalyptik hat das kollektive Bewußtsein offensichtlich so stark durchdrungen, daß auch die Urheber der theosophischen und esoterischen Heilskonzepte Vorstellungen von der Endzeit entwickelt haben, wie die vorangegangenen Kapitel zeigen. Angesichts der Faszination, die mystische und spirituelle Ideen in jüngster Zeit auf weite Teile der Bevölkerung ausüben, sind die apokalyptischen Lehren der Gurus, neuen Christusse und esoterischen Meister sozialer Sprengstoff. Das kultische Milieu und die unzähligen übersinnlichen Heilslehren sind in vielen Lebensbereichen allgegenwärtig. Mystische Phänomene werden von den Medien kommerziell ausgeschlachtet und in unzähligen New-Age-Bewegungen propagiert. Esoteriker füllen das spirituelle Vakuum einer vermeintlich aufgeklärten, wissenschaftlich-technisch ausgerichteten Gesellschaft und treffen den Nerv der Zeit. Viele Menschen lassen sich in den Bann von astralen und kosmischen »Wahrheiten« ziehen. Mit dem »Geheimwissen«, das Tausende von selbsternannten Meistern, esoterischen Zentren und Mysterienschulen versprechen, lassen sich Milliarden verdienen. Spirituelle »Erkenntnisse« entziehen sich der Logik und der »grobstofflichen Erfahrung«, können also nicht überprüft werden. »Wahr« ist, was die »Eingeweihten« medial empfangen oder in Trance wahrnehmen. Wahrnehmungsverschiebungen, Einbildungen, Halluzinationen sind Begriffe, die im Vokabular der Esoteriker nicht vorkommen.

Die Rückbesinnung auf mediale Energien und der Glaube an den göttlichen Funken im Menschen versetzen die Anhänger in einen euphorischen Zustand. In kritikloser Verklärung werden »uralte« mystische und spirituelle »Weisheiten« propagiert. Je älter und rätselhafter das »geheime Wissen« ist, desto höher wird sein Wahrheitsgehalt eingeschätzt. Es überrascht deshalb nicht, daß mystisch interessierte Personen bei Rückführungen überdurchschnittlich oft herausfinden, daß sie in früheren Leben ägyptische Priester, tibetische Mönche, indische Meister oder chinesische Weise waren, die vor Tausenden von Jahren wirkten und erleuchtet waren. Die Überzeugung, früher über ein hohes spirituelles Potential verfügt zu haben, das in der modernen Zivilisation nicht zur Geltung kommen kann, steigert das Selbstwertgefühl. Und die Hoffnung, mit übersinnlichen Ritualen das geheime Wissen wieder wecken zu können. Esoteriker definieren ihre spirituellen Erkenntnisse als As-

186

pekt der kosmischen Gesetze oder des göttlichen Universums. In ihren Augen hängt alles davon ab, ob sie mit ihren Ritualen die astralen Schwingungen aufnehmen und die spirituelle Energie anzapfen können. Gelingt der mystische Quantensprung, sind dem »erleuchteten Individuum« vermeintlich keine übersinnlichen Grenzen mehr gesetzt. Der Übergang von einer verträglichen Mystik zu einer zerstörerischen okkulten Ideologie ist dann fließend.

Wer das angebliche Bewußtsein für die höhere spirituelle oder kosmische Wahrheit nicht hat, tappt in den Augen der New-Age-Anhänger im dunkeln. Übersinnliche Erlebnisse werden zum mystischen Dogma. Viele Anhänger übersinnlicher Konzepte überfordern sich mental. Sie versuchen krampfhaft, die vielen mystischen Theorien und Disziplinen in ihr Leben zu integrieren. Ein unmögliches Unterfangen. Tarot, Astrologie, Bachblüten-Therapie, Edelsteine, Aurosoma, Encounter, Reiki, Rückführungen, Homöopathie, Pendeln, Ufologie, Karmatheorien, Theosophie, altägyptische, tibetische, indische Heilslehren usw. lassen sich nicht in ein stimmiges Konzept pressen. Es besteht die Gefahr, daß die »Gläubigen« in spirituelle Grenzbereiche vorstoßen und überfordert werden. Manche werden dabei geistig verwirrt. Immer häufiger müssen Esoteriker in psychiatrische Kliniken eingewiesen werden, weil sie sich im mystischen Labyrinth verirrt haben und den Weg zurück in die Alltagsrealität nicht mehr finden.

Esoteriker widmen sich oft mit viel Enthusiasmus und Engament ihrem Ziel, erleuchtet zu werden, das höhere Bewußtsein zu erreichen oder sich zum Schamanen auszubilden. Weltliche Tätigkeiten werden zweitrangig oder als Zeitverschwendung betrachtet. Die Flucht in die harmonische Scheinwelt entfremdet viele. Dabei haben sie oft Mühe, die Alltagswidersprüchlichkeiten zu ertragen. So endet die Sehn-Sucht oft in der Sucht. Und dies nicht nur mental.

Die unzähligen Konzepte und Ideen des New Age, der Esoterik und der Theosophie haben einen gemeinsamen Nenner,

nämlich die apokalyptischen Prinzipien. Alle spirituellen Bestrebungen verfolgen das Ziel der individuellen und globalen
Erneuerung und Erlösung. Neue Werte, ein neues Bewußtsein,
ein neuer Mensch, ein neues Zeitalter werden sehnlichst erwartet. Und alle sind überzeugt, daß die große Veränderung in
unserer Zeit passiert, begleitet von Seuchen und Katastrophen.
Im Gegensatz zur christlichen Apokalyptik glauben die Mystiker aber in gnostischer Manier, daß es weitgehend in unserer
Macht steht, ob der Paradigmawechsel zum apokalyptischen
Fiasko wird oder ob wir die kosmischen Götter mit einem mystisch hochentwickelten kollektiven Bewußtsein besänftigen
können und so der Übergang ins neue Zeitalter nicht in Zerstörung ausartet.

Die New-Age-Anhänger wollen den Planeten retten, indem
sie die angeblichen kosmischen Gesetze und Wahrheiten auf
der Erde umsetzen, die auch im Mikrokosmos angelegt sein
sollen. Das »Alleins« ist der mystische Überbegriff, mit dem
die übersinnliche Verbindung mit dem Kosmos gesucht wird.
Die Anhänger der esoterischen Heilstheorien verschmelzen
ihr Bewußtsein mit dem Kosmos und holen den Himmel auf
die Erde. Möglich machen soll dies die Zauberformel der »Be-
wußtseinserweiterung«, die wir in der Zeit der Prüfung vollziehen müssen, wollen wir ins glorreiche Zeitalter eingehen.
Die Erleuchteten mit dem höheren Bewußtsein sollen uns die
kosmischen Gesetze vermitteln. Viele New-Age-Anhänger
glauben, sie würden nach der Katharsis Teil der göttlichen
Hierarchie.

Diese Hypothese setzt voraus, daß ein spirituelles Urprinzip
den Gang und die Entwicklung des Kosmos bestimmt. Letztlich
sind nach Vorstellung der Esoteriker die »grobstofflichen«,
also naturwissenschaftlichen Gesetze eine Funktion der »feinstofflichen« und ihnen untergeordnet. Damit maßen sie sich
nicht nur an, das Geheimnis des »kosmischen Prinzips« durch-
schaut zu haben, sondern auch die letzten göttlichen Weisheiten zu dekodieren.

Im Gegensatz zur christlichen Heilslehre ist die esoterische Apokalypse von einem Selbsterlösungsrezept geprägt. Die Esoteriker wollen das göttliche Wissen mit ihren spirituellen Energien durchdringen. Dabei laufen sie Gefahr, Allmachtsphantasien zu entwickeln. Psychische Auffälligkeiten bis hin zur Schizophrenie können die Folge sein.

Solche verhängnisvollen Wesensveränderungen lassen sich verhindern, wenn sich die Meditationslehrer, Gurus, Meister und Leiter von esoterischen Workshops ihrer Verantwortung bewußt sind und die Grenzen ihrer Lehre und Kräfte selbstkritisch eingestehen. Sie müssen ihre Teilnehmer oder Anhänger immer wieder in die Alltagsrealität zurückführen und sofort erkennen, wenn diese in kosmische Sphären abrutschen. Solche Maßnahmen sind aber nicht geschäftsfördernd, weil viele New-Age-Anhänger sich nach der Erleuchtung sehnen und von ihren Meistern den Schlüssel zum Tor zur vermeintlichen »kosmischen Weisheit« erwarten. So lauert auch in der mystischen Welt hinter der apokalyptischen Sehnsucht der sektenhafte Wahn.

15 Apokalypse in der katholischen und evangelischen Kirche

Wie gehen die etablierten christlichen Kirchen mit der Apokalypse und den Endzeitängsten um? Sie haben sich zu sehr mit dem irdischen Dasein versöhnt, als daß sie sich auf die apokalyptischen Verheißungen konzentrieren würden. Die Johannes-Offenbarung erfordert nicht zwingend die Abkehr von der Welt. Sie läßt sich auch in einer Weise interpretieren, die die Zuwendung zum Menschen fördert. Außerdem halten sich die reformierte und katholische Kirche an die biblische Aussage: »Nur der Vater kennt die Stunde ...«

Der Reformator Martin Luther konnte sich nie richtig für die Johannes-Offenbarung erwärmen. Er sagte über die Johannes-Offenbarung, sie sei voller Drohungen und von einem apodiktischen Befehlston geprägt: »Mein Geist kann sich in das Buch nicht schicken«, erklärte er 1522. Deshalb hätte er es am liebsten aus der Bibel verbannt. Auch wenn er später seine Meinung über das letzte Buch der Bibel relativierte und es symbolhaft interpretierte, wäre es ihm nie in den Sinn gekommen, nach aktuellen apokalyptischen Zeichen zu suchen oder die Endzeit zu bestimmen. Aber auch der Reformator glaubte an ein nicht allzu fernes Ende der Zeit, wie aus seinen Äußerungen hervorgeht.

Die evangelisch-reformierte Kirche hat auch heute noch ein pragmatisches Verhältnis zur Apokalypse und hütet sich, den Teufel an die Wand zu malen. Die Gläubigen sollen keine Angst vor der Endzeit haben. Es ist auch nicht vorstellbar, daß sich die Kirchenleitung verleiten lassen würde, prophetisch zu wirken und die Apokalypse anzukündigen. Die evangelisch-reformierte Kirche konzentriert ihre Energie auf das Diesseits. Sie hat erkannt, daß es im Hier und Jetzt genug zu tun gibt, um eine hausgemachte Apokalypse abzuwenden. Dennoch ist die

Hoffnung auf die apokalyptische Befreiung auch heute gegenwärtig, was im populärsten Gebet, dem »Vaterunser«, zum Ausdruck kommt. Darin heißt es: »Dein Reich komme ...«

Marienverehrung in apokalyptischen Zeiten

Die katholische Kirche hat ein intimeres Verhältnis zur Apokalypse. Ein untrügliches Zeichen dafür ist die ausgeprägte Marienverehrung. In diesem Jahrhundert berichteten auffällig viele Gläubige, ihnen sei die Mutter Gottes erschienen und habe ihnen apokalyptische Botschaften verkündet. Maria zeigt sich mehrheitlich »unbefleckten« Mädchen.

Die Mutter Gottes ist in der katholischen Kirche das Symbol für die Erneuerung, die (Wieder-)Geburt. Sie wird als die gütige Vermittlerin zwischen dem Diesseits und dem Jenseits verehrt, als die Fürsprecherin und das Symbol der Hoffnung, was sich auch in den Marien-Gebeten ausdrückt. Sie »erscheint« den Verzweifelten und wird angerufen, wenn die Situation als hoffnungslos erscheint. Maria offenbart sich angeblich den Menschen und übermittelt Botschaften zum Lauf der Zeit, damit sich die Gläubigen auf die Entrückung vorbereiten können.

Da Millionen von Gläubigen zu den Erscheinungsstätten Marias in Lourdes, Fatima, Garabandal und Medjugorje pilgern, ist die Apokalypse für die katholische Kirche ein ebenso aktuelles wie heikles Thema. Bezeichnet sie die Marienerscheinungen als Halluzinationen und somit als unvereinbar mit dem Lehramt, treibt sie traditionalistische Gläubige in einen Gewissenskonflikt. Bestätigt sie die Offenbarungen leichtfertig, verliert sie bei aufgeschlossenen Katholiken an Glaubwürdigkeit.

Erstaunlich ist, daß Maria ausgerechnet bei den Traditionalisten, welche die Bibel dogmatisch interpretieren, einen zentralen Stellenwert einnimmt. Die Marienverehrung läßt sich biblisch nicht rechtfertigen. Sie ist mit der Sehnsucht nach einer »leibhaftigen« Mittlerin zum Jenseits zu erklären. Obwohl sich die aufgeschlossenen Gläubigen mit der Marienverehrung schwer tun, hat der Kult in den letzten Jahrzehnten immer weiter um sich gegriffen, wie die Besucherzahlen in den Pilgerorten zeigen. Dieses Phänomen muß im Zusammenhang der apokalyptischen Tendenz gesehen werden, die sich seit dem Zweiten Weltkrieg deutlich verstärkt hat. Begünstigt wurde die Entwicklung auch durch Papst Johannes Paul II., der die traditionalistischen Strömungen und die Marienverehrung fördert.

Die katholischen Organisationen, die sich der Marienverehrung verschrieben haben, entfalteten in den letzten Jahren des 20. Jahrhunderts eine rege Tätigkeit. Damian Thompson belegt dies mit einem Beispiel aus der marianischen Zeitung *Queen of Peace*: »Nach Tausenden von Jahren, in denen sich der göttliche Heilsplan entfaltet hat, wird Gott nun, nach der Offenbarung der Allerseligsten Jungfrau Maria, die Welt in eine neue Zeit führen.« Die lang erwartete »Ära des Friedens«, wie sie in Fatima 1917 vorhergesagt worden sei, werde nun anheben, heißt es im Artikel. In den Jahren vor dem dritten Jahrtausend würden wir erleben, wie sich die Welt auf unglaubliche Weise umgestalten werde. »Wie die alten Städte Sodom und Gomorrha werden einige Völker sogar ganz verschwinden.«

Rätsel um die dritte Botschaft von Fatima

Die Marienerscheinung von Fatima ist tatsächlich exemplarisch. Im Juni 1917 erschien den drei Kindern Lucia, Jacinta und Francisco beim portugiesischen Dorf Fatima eine Gestalt am Himmel, die für den 13. Juli ein besonderes Ereignis ankündigte. An diesem Tag strömten Zehntausende von Gläubigen zusammen und erlebten ein Sonnenphänomen. Die Sonne soll sich gedreht und spektakuläre farbige Strahlen ausgesandt haben. Die Gläubigen verfolgten das unerklärliche

Feuerwerk ergriffen, während Maria den drei Kindern erschien und ihnen drei Botschaften offenbarte. Die Durchsagen sollen unter anderem Hinweise auf das Ende des Ersten Weltkrieges und den Beginn des Zweiten enthalten haben. Außerdem wurde ein starkes Himmelslicht prophezeit, das erscheinen solle, bevor Gott die Welt für ihre Sünden bestrafen werde. Das dritte Geheimnis müßten sie der höchsten Autorität mitteilen, erklärte Maria angeblich den Kindern.

Die Offenbarung wurde dem Papst in schriftlicher Form übergeben. Erst 1942 veröffentlichte er die beiden ersten. Die dritte Botschaft ist aber weiterhin unter Verschluß. Außerdem wurden die drei Kinder angehalten, über die Botschaften Marias Stillschweigen zu bewahren. Francisco und Jacinta starben zwei beziehungsweise drei Jahre nach der Marienerscheinung, was die Mutter Gottes vorausgesagt haben soll. Lucia dos Santos trat in ein Kloster ein und hielt sich strikt an das Verschwiegenheitsgebot.

Der Vatikan prüfte die Marienerscheinung von Fatima und erklärte das Phänomen 1930 für glaubwürdig. Die Verehrung »Unserer Lieben Frau von Fatima« wurde offiziell erlaubt. Seither ist ein eigentlicher Marienkult entstanden, der weit über Portugal hinausstrahlt. Marienrituale werden in vielen Ländern praktiziert, verschiedene Organisationen und Gruppen haben sich dem Ziel verschrieben, die Erscheinung von Fatima zu propagieren. Mit Erfolg, wie sich zeigt, gehört doch Fatima neben Lourdes zum bekanntesten Wallfahrtsort, der jährlich Hunderttausende von Gläubigen anzieht.

Was hat es mit dem dritten Geheimnis der Lieben Frau von Fatima auf sich? Darüber kann weiterhin nur spekuliert werden. Denn der Vatikan hat sich bis heute nicht durchringen können, den Gläubigen die mysteriöse Botschaft mitzuteilen. Sie würde wohl das Kirchenfundament erschüttern, sonst müßte der Papst die Gläubigen nicht länger entmündigen und ihnen die Offenbarung vorenthalten. Ursprünglich hieß es, sie werde bis 1960 versiegelt bleiben, weil es die Mutter Gottes so verlangt habe. Als Papst Johannes XXIII. die Botschaft gelesen habe, sei er zutiefst erschrocken, berichteten Augenzeugen. Anschließend soll er nur gesagt haben, er könne das Geheimnis nicht preisgeben, weil es eine Panik auslösen würde, wie Inge Schneider in ihrem Buch *Countdown Apokalypse* schreibt.

Zwei Jahre später soll ein Mönch aus dem Vatikan dem Redakteur Louis Emrich, Mitarbeiter der katholischen Zeitschrift *Neues Europa*, das dritte Geheimnis von Fatima verraten haben. Der Journalist veröffentlichte laut Inge Schneider am 15. Oktober 1963 eine Kurzversion der Botschaft: Über die Menschheit werde eine große Züchtigung kommen, »nicht heute und noch nicht morgen, aber in der zweiten Hälfte des 20. Jahrhunderts.« Der Satan bestimme den Gang der Dinge. Er werde es verstehen, die Köpfe der Wissenschaftler zu verwirren und sie Waffen erfinden lassen, »mit denen man die Hälfte der ganzen Menschheit vernichten kann!« Wenn sie sich nicht wehre, »werde ich gezwungen sein, den Arm meines Sohnes Jesus Christus fallen zu lassen«, soll Maria offenbart haben.

Gott strafe die Menschen noch härter als bei der Sintflut. Im großen Krieg werde Feuer und Rauch vom Himmel fallen und die Ozeane verdampfen lassen, soll es in der Botschaft von Fatima heißen. »Und Millionen und aber Millionen von Menschen werden von einer Stunde zur andern ums Leben kommen«, teilte Maria mit. Außerdem würden die Überlebenden die Toten beneiden. Es gebe keine Rettung, »die Guten werden mit den Schlechten sterben«. Satan sei dann der einzige Herrscher auf Erden. Das Ende werde auf diese Weise kommen, wenn sich die Menschen nicht bekehrten, soll Maria abschließend verkündigt haben. Der französische Theologe und Marienexperte René Laurentin äußerte dagegen im Oktober 1997 anläßlich des 70. Jubiläums des »Sonnenwunders« die Ansicht, das dritte Geheimnis von Fatima thematisiere die Zukunft der katholischen Kirche nach dem Zweiten Vatikanischen Konzil.

Es ist müßig, über den Inhalt der dritten Botschaft von Fatima zu spekulieren. Einerseits ist es eine Frage des Glaubens, ob man die Erscheinung von Maria und ihre Botschaften als authentisch wertet. Andererseits ist der Inhalt der dritten Botschaft nicht gesichert. Es gilt aber als sicher, daß die versiegelte Durchsage einen apokalyptischen Inhalt hat und die Offenbarung aktualisiert.

Sollte die dritte Botschaft von Maria die Apokalypse tatsächlich für einen bestimmten Zeitraum ankündigen, würde der Vatikan wahrscheinlich eine Massenhysterie erzeugen, wenn er sie veröffentlichte. Andererseits ist inzwischen die zweite Hälfte des 20. Jahrhunderts abgelaufen, ohne daß sich eine fatale Katastrophe ereignet hätte oder Jesus wiedergekehrt wäre. Damit wären die Offenbarungen von Fatima widerlegt und das Ansehen der katholischen Kirche schwer beschädigt, denn sie hat die Erscheinung von Maria offiziell anerkannt.

Der Papst als Apokalyptiker

Die katholische Kirche geht in der Regel vorsichtig mit dem Thema Apokalypse um. Die meisten Geistlichen wollen keine Ängste schüren. Papst Johannes Paul II. zeigt hingegen weniger Berührungsängste und befaßt sich gern mit apokalyptischen Visionen. Er schreckte nicht davor zurück, die Jahrtausendwende in Verbindung mit Endzeitvorstellungen zu bringen. Damian Thompson untersuchte in seinem Buch *Das Ende der Zeiten* alle päpstlichen Verlautbarungen der letzten 20 Jahre und machte eine erstaunliche Entdeckung. Im apostolischen Schreiben »Tertio Millennio Adveniente« (»Beim Näherrücken des Dritten Jahrtausends«), das 1995 veröffentlicht wurde, erhielten die Gläubigen Anweisungen, wie sie sich auf das »Große Jubiläum« im Jahr 2000 vorbereiten sollen.

1997 mußten die Katholiken nach dem Willen des Hirtenschreibens ihren Geist auf Jesus Christus und das Geheimnis der Erlösung ausrichten. Empfohlen wurde ein genaues Studium des 600 Seiten starken Katechismus. 1998 gilt als Jahr einer »Wiederentdeckung der Anwesenheit und Wirksamkeit des Heiligen Geistes«. 1999, dem dritten und letzten Jahr der Vorbereitung auf das »Große Jubiläum«, wird dem Thema »eine Pilgerschaft zum Hause des Vaters« gewidmet. Den Katholiken wurde in diesem Jahr dringend eine strenge Selbstprüfung und den häufigeren Empfang des Sakraments der Buße ans Herz gelegt. Schließlich deklarierte der Papst das Jahr 2000 zum Festjahr.

Dieser Hirtenbrief liest sich wie ein Programm für die Vorbereitung auf die Endzeit und dokumentiert, daß Papst Johannes Paul II. der Apokalypse an der Schwelle zum dritten Jahrtausend eine große Bedeutung zumißt. Vielleicht ist es kein Zufall, daß sich der konservative Oberhirte mit deutlichem Hang zum Charismatischen den Namen jenes Evangelisten wählte, der die wichtigste apokalyptische Vision hatte.

Thompson schreibt, eine Überprüfung der vom Papst veröffentlichten Dokumente seit 1979 zeige, daß Johannes Paul II. die gesamte Geschichte der Kirche in den letzten Jahrzehnten, einschließlich des Zweiten Vatikanischen Konzils, als Vorbereitung für das »Große Jubiläum« betrachte. Der Oberhirte habe die Apokalypse bereits in seiner ersten Enzyklika erwähnt und sie regelmäßig wieder aufgenommen. »Aber erst in Tertio Millennio Adveniente ist das volle Ausmaß seiner Faszination durch das dritte christliche Millennium offenbar geworden.« In diesem apostolischen Schreiben erkläre der Papst höchstpersönlich, daß »die Vorbereitung auf das Jahr 2000 gleichsam zu einem hermeneutischen Schlüssel meines Pontifikats geworden ist«. In seinem Buch *Die Schwelle der Hoffnung überschreiten* schreibt Johannes Paul II., das Jahr 2000 sei in jedem Fall eines der bemerkenswertesten der Kirchengeschichte.

Papst Johannes Paul II. nutzte das »Große Jubiläum«, um die Bedeutung des christlichen Messias' für die gesamte Menschheit herauszustreichen. Schließlich orientiere sich fast die ganze Welt in ihrer Zeitrechung an der Geburt Jesu Christi, erklärte der Papst. Obwohl er der Zeitrechnung und der Zeit an sich eine überragende religiöse Bedeutung beimaß, klammerte er die Frage konsequent aus, ob der Gregorianische Kalender stimmt. Hätte er diesen Aspekt thematisiert, müßte er die bedeutungsschweren Worte zum »Großen Jubiläum« stark relativieren, weil Jesus mit Sicherheit nicht im Jahr Null geboren wurde.

Der Apokalypseforscher Thompson zieht den Schluß, daß der Papst Jahrestage und Jubiläen für so wichtig halte, weil für ihn die Zeit selbst geheiligt sei. In seinem Hirtenbrief hielt der Papst fest, daß das Ende der Zeit ein dem christlichen Glauben inhärenter Begriff sei. Man darf die Enzyklika zwar nicht überinterpretieren und dem Papst auch nicht unterstellen, er erwarte zur Jahrtausendwende die Endzeit. Dennoch mißt er offensichtlich dem »Großen Jubiläum« eine heilsgeschichtliche Bedeutung bei, die viel Spielraum für Interpretationen zuläßt. Allerdings warnte er im April 1998 die Gläubigen davor, die Apokalypse demnächst zu erwarten. Mit seinem Aufruf wollte er einer Endzeithysterie entgegenwirken.

Die Apokalypse bewegte Johannes Paul II. schon zu Zeiten, als er noch das Amt eines Kardinals in Krakau bekleidete. Der Kommunismus war für ihn der Inbegriff des antichristlichen Aktionismus. Als die kommunistischen Regimes ausgedient hatten, erklärte er, das Handeln Gottes sei dabei nahezu sichtbar geworden. Mit dieser Aussage habe er ein apokalyptisches Element in den Diskurs eingeführt, schreibt Damian Thompson. Die Apokalypse sei für den Papst »die Enthüllung von etwas, das verborgen war«.

Aufschlußreich ist auch ein Ausspruch des polnischen Kardinals Wojtyla, den er kurz vor seiner Wahl zum Papst machte. Es dokumentiert, daß er sich handfest mit der Apokalypse befaßt hat und die Johannes-Offenbarung nicht nur symbolhaft auslegte: »Wir befinden uns in der größten Konfrontation der Geschichte, der größten, welche die Menschheit je zu bestehen hatte. Wir sehen uns dem Endkampf zwischen der Kirche und der Antikirche, dem Evangelium und dem Anti-Evangelium gegenüber.«

Apokalyptische Dimensionen maß Johannes Paul II. auch dem Mordanschlag auf ihn 1991 auf dem Petersplatz zu. Er brachte die Tat mit den Botschaften in Verbindung, die die drei Kinder von Fatima 1917 erhalten haben wollen. Beide Ereignis fanden am 13. Mai statt. Maria soll Anspielungen gemacht haben, die auf den Anschlag zutreffen könnten. Der Papst drückte sich allerdings sehr vage aus. Vielleicht sah er einen Zusammenhang mit der unter Verschluß gehaltenen dritten Botschaft.

Auch der neue Katechismus enthält viele apokalyptische Hinweise und Anspielungen. Vor der Wiederkunft des Sohn Gottes erlebe die Welt starke Drangsal, die Kirche habe eine schwere Prüfung zu bestehen, die viele Menschen von der Wahrheit abbringen werde. Der Antichrist werde die Menschen verführen und einen falschen Messianismus begründen, heißt es im Katechismus von 1992. Der Mensch werde sich selbst verherrlichen und den wahren Gott verleugnen. Der Katechismus erklärt weiter, der Millenarismus selbst könne eine Manifestation des Antichrist sein. Laut Thompson läßt der Katechismus die Möglichkeit offen, »daß sehr wohl Kommunismus und Materialismus der Antichrist sein können, und daß vielleicht dieses unruhige Jahrhundert die Zeit der Prüfung darstellt«. Für den Vatikan ist die Wahrscheinlichkeit, daß wir in der Zeit der Drangsal leben und um die Jahrtausendwende herum die letzten Tage anbrechen werden, durchaus gegeben.

Über die Bedeutung der Apokalypse in der katholischen Kirche schreibt Damian Thompson: »Es glauben mehr Katholiken als je zuvor ernsthaft an die Prophezeiungen der Jungfrau Maria, wie sie in Berichten über Marienerscheinungen überall in der Welt enthüllt werden. Dieser Glaube hat sich über Jahrzehnte entfaltet und immer mehr an Bedeutung gewonnen; mit dem Pontifikat Johannes Pauls II. und mit dem Näherrücken des neuen Jahrtausends ist er von den Rändern des Spektrums immer mehr ins Zentrum von Macht und Einfluß innerhalb der Kirche gerückt.«

198

Teil 4

Sekten und Propheten
im apokalyptischen Fieber

Die Jahrtausendwende ist eine magische Zeitschwelle, die vielen Propheten eine spektakuläre Renaissance beschert. Die Hellseher und Weltenlehrer profitieren von einer kalendarischen Laune, getragen von einer esoterischen Welle. Ihre aktuelle Popularität wird durch den weitverbreiteten Glauben an das Wassermann-Zeitalter verstärkt, das in dieser Epoche das Fische-Zeitalter ablösen soll. Propheten wie Alice A. Bailey, Paracelsus, Edgar Cayce, Jakob Lorber usw. werden zu Kultfiguren und erleben einen beispiellosen Popularitätsschub.

Der Star unter den Propheten ist Nostradamus. Seine Weissagungen ziehen heute Millionen von Esoterikern und Anhängern der New-Age-Szene in den Bann. Der französische Arzt Nostradamus, der im Mittelalter lebte, wird gern als Beweis herangezogen, daß medial begabte Menschen mit der Gabe der Prophetie die Grenzen des gewöhnlichen Bewußtseins überwinden und Einblick in den Plan Gottes gewinnen können. Wer den göttlichen Funken in sich entdeckt und das spirituelle Feuer entzünden kann, darf nach Ansicht vieler Esoteriker mit einem Platz in den »himmlischen Sphären« rechnen. Schließlich bedeute prophezeien nichts anderes, als mit göttlicher Inspiration zu sprechen.

Nostradamus ist heute multimedial präsent, agiert als Held in Spielfilmen und wird in Tausenden von Büchern und Artikeln gewürdigt. Peinlich wäre ihm selber der Rummel nicht. Er sehnte sich schon zu Lebzeiten nach Anerkennung und »prophezeite« leicht verbittert, seine Popularität werde in späteren Epochen wachsen. Zumindest mit dieser Prognose traf Nostradamus ins Schwarze.

Die Visionen von Nostradamus befassen sich mit dem Lauf der Welt und dem Ende der Zeit. Untergangsszenarien spielen

eine wichtige Rolle in seinen Visionen. Die vielfältigen Vorhersagen zielen konsequent auf ein apokalyptisches Ende hin, sind
also in der Tradition abendländischer Denkmuster verhaftet
und entbehren jeder Originalität. Wie manche Sektenführer
und Kultgründer prophezeite auch er »das Ende des Weltzeit-
alters« im magischen Jahr 1999.

Im großen und ganzen ist Nostradamus ein konventioneller
apokalyptischer Prophet, der unzählige Varianten des Verder-
bens und der Katastrophen in eine bilderreiche Sprache packte.
Zwei Beispiele:

> »Nach großem menschlichem Elend kommt ein noch
>   größeres,
> Der große Akteur erneuert die Jahrhunderte,
> Regen, Blut, Milch, Hunger, Eisen und Seuchen,
> Am Himmel sieht man Feuer in langen Funken
>   dahineilen.« (II.46)

> »Die Götter lassen die Menschen wissen,
> daß sie die Urheber des großen Krieges sind.
> Vor dem Himmel sieht man Speere und Lanzen.
> In Richtung linker Hand wird die größte Bedrängnis
>   entstehen.«

Nostradamus, mit bürgerlichem Namen Michel de Notredame,
lebte von 1503 bis 1566. Seine Prophezeiungen will er in Trance
von Gott empfangen haben. Die Vorhersagen überprüfte er mit
astrologischen Berechnungsmethoden. Seine Visionen und
Prophezeiungen sind mehrfach verschlüsselt. Verschiedene
Nostradamus-Interpreten erklären, der »Prophet« habe seine
Botschaften kodiert, um dem Bannstrahl der Inquisition und
möglicherweise dem Tod zu entgehen.

Der Seher hat seine apokalyptischen Visionen poetisch in
966 vierzeilige Metaphern verpackt. Hundert Verse faßte er in
einer Centurie zusammen. Sein Vermächtnis ist ein Buch mit

sieben Siegeln und auf den ersten Blick kaum zu verstehen. Möglicherweise verdankt er seinen beispiellosen Erfolg exakt dieser Tatsache: Die kodierten Visionen sind eine Herausforderung an seine Jünger, die eigene spirituelle Kraft zu testen und die Vorhersagen »endgültig« zu entschlüsseln. Der Prophet hinterließ seinen Jüngern ein dankbares Übungsfeld, um die eigene Medialität zu erproben.

Nostradamus verschlüsselte seine Prophezeiungen nicht nur, sondern verfremdete sie auch mit einem Mischmasch von Altfranzösisch, Latein und eigenen Wortschöpfungen. Außerdem vertauschte er die Vierzeiler und richtete ein chronologisches Chaos an. Zusätzlich reicherte er seine Visionen mit astrologischen und alchimistischen Metaphern an. Rückblickend begünstigten die Kodierungen die Mythenbildung. Nichts ist sicher, aber vieles läßt sich in die Verse hineininterpretieren. So überrascht es nicht, daß die verschiedenen Interpretationen seiner Texte teilweise weit auseinanderklaffen. Ohne Spekulation oder »spirituelle Intuition« ist Nostradamus nicht beizukommen. Befaßt man sich nüchtern mit den Prophezeiungen, bleibt der Sinn der Visionen meist im dunkeln. Wäre es nur darum gegangen, die Inquisition zu täuschen, hätte Nostradamus einen eindeutig dekodierbaren Schlüssel anwenden können. Es ist nämlich unbestritten, daß er seine Prophezeiungen für bedeutend hielt und sie der Nachwelt vermachen wollte.

Prophet oder Wichtigtuer?

In den Augen seiner Anhänger gelang es Nostradamus dank seiner spirituellen Energie und den göttlichen Eingebungen, rund 2000 Jahre in die Zukunft zu schauen. Wer sich Nostradamus aber kritisch nähert, entdeckt in seinen Prophezeiungen viel Ungereimtes und Widersprüchliches. Seine Jünger lassen solche Einwände nicht gelten und verweisen auf ein paar kurzfristige Vorhersagen, die sich bewahrheitet haben sollen. Als Paradebeispiel führen sie den Vers 36 in der ersten Centurie an. Darin beschreibt er den Kampf eines jungen Löwen gegen einen alten. Der junge werde seinem Gegner auf dem Schlachtfeld die Augen ausstechen, worauf dieser eines grausamen Todes sterbe.

Im Sommer 1559, vier Jahre nach der Veröffentlichung dieser Prophezeiung, kam der französische König Heinrich II. bei einem Turnier ums Leben. Beim Kampf zu Pferde brach die Lanze seines Gegners, eines schottischen Grafen. Der abgebrochene Stummel drang durch das Visier des Königs und durchbohrte sein Auge. Wenig später erlag er den Verletzungen. Königin Katharina von Medici glaubte, Nostradamus habe den Tod ihres Gatten prophezeit und lud ihn voll Ehrfurcht an den Hof ein. Der Seher verkehrte nun in adligen Kreisen und wurde weithin bekannt.

Die Nostradamus-Anhänger sind überzeugt, daß der Visionär den Tod von Heinrich II. vorhersah. Sie übersehen aber großzügig, daß der König nicht wie prophezeit im Krieg umkam und daß der »alte Löwe« nicht von einem jungen besiegt wurde, denn beide Turnierkämpfer waren etwa 40 Jahre alt. Dieses angebliche Paradebeispiel der Prophetie des Nostradamus weist also erhebliche Mängel auf.

Verschiedene seiner Prophezeiungen scheinen sich tatsächlich auf bestimmte geschichtliche Ereignisse zu beziehen. Dazu gehören das Wirken von Hitler, Franco und de Gaulle sowie der Abwurf der Atombomben auf Nagasaki und Hiroshima. Die Hinweise sind allerdings so verschlüsselt und unpräzise, daß die Prophezeiungen auch als Zufallstreffer interpretiert werden können.

Wie es sich mit seinen verschlüsselten Versen wirklich verhält, wird das Geheimnis von Nostradamus bleiben. Wer die Frage wagt, ob die Visionen von Nostradamus nur Ergebnis von Halluzinationen, Sinnestäuschungen, Suggestionen, Wahrnehmungsverschiebungen oder Realitätsverlusten seien, wird von Esoterikern und Nostradamus-Anhängern als Ketzer oder spiritueller Ignorant eingestuft.

Es scheint, als habe Nostradamus seinen eigenen Prophezeiungen gegenüber mehr Vorbehalte entgegengebracht als die modernen Esoteriker. So schrieb er: »Man muß auch in Betracht ziehen, daß die Ereignisse letztlich ungewiß sind und daß alles regiert und verwaltet wird von der unbegreiflichen Macht Gottes.« Und er gibt unumwunden zu, daß sich die Vorhersagen nur zum Teil so verwirklichen werden, wie sie angekündigt worden seien. Diese Widersprüchlichkeit geht auch aus dem Vorwort an seinen Sohn Caesar hervor. Einerseits behauptet Nostradamus, er könne sich weder irren noch täuschen, andererseits erklärt er, das Schlüsselwort zu den Prophezeiungen bleibe in seinem Innern verschlossen.

Geht die Welt 1999 unter oder doch nicht?

Ausgerechnet in der zentralen Frage des Weltendes gibt Nostradamus keine eindeutige Antwort. Vielleicht wollte er sich absichern für den Fall, daß sich die Erde über die Jahrtausendwende hinaus munter weiterdrehen sollte, jedenfalls schaute er mit seinem »medialen Fernrohr« angeblich bis ins Jahr 3797. Nostradamus erwartete das Weltende für das Jahr 1999. Möglicherweise markiert die Jahrtausendwende für Nostradamus lediglich eine Teilapokalypse, die einen Neuanfang erlaubt. Verschiedene Nostradamus-Kenner interpretieren die Jahreszahl allerdings als Code für das Jahr 1999.

Der Prophet nennt in seinen 966 Vierzeilern nur gerade fünf konkrete Jahreszahlen. Dabei stützte er sich unter anderem auf astrologische Daten. Schicksalhafte Ereignisse und Katastrophen spielen sich in seinen Prophezeiungen fast immer während besonderer Konstellationen der Gestirne ab. Trotzdem beruft sich Nostradamus auf die göttliche Eingebung, auf der seine Prophezeiungen beruhen:

»Die Gottheit spricht aus meinem Mund,
Die tut dir hier die Wahrheit kund.
Und dann, wenn dich mein Wort berührt,
So ist es Gott, dem Dank gebührt.«

Nostradamus behauptet, ein göttliches Wesen habe ihm ermöglicht, aus dem Lauf der Sterne zu lernen. Für ihn scheint
Gott das Schicksal der Erde und seiner Bewohner von Plane-
tenkonstellationen abhängig gemacht zu haben. Die Orientie-
rung der Prophezeiungen an astrologischen Kriterien macht es
erst recht unmöglich, die vorhergesagten Ereignisse zeitlich
einzugrenzen oder gar exakt zu bestimmen. Denn viele Konstellationen, die Nostradamus beschreibt, wiederholen sich mit
schöner Regelmäßigkeit und teilweise in kurzen Zeitabstän-
den. Wenn er beispielsweise eine Katastrophe bei einer Kon-
junktion von Saturn und Mond im Zeichen des Schützen
voraussieht, so kann sich dies in jedem Jahrhundert mehrmals
wiederholen. Solche astrologischen Hinweise öffnen ein weites
Feld für Spekulationen und Interpretationen.

Die astrologischen Berechnungen von Nostradamus sind
jedoch vor allem deshalb fragwürdig, weil die Astronomen zu
seinen Lebzeiten die drei äußersten Planeten noch gar nicht
entdeckt hatten. Im Mittelalter mußte die Astrologie, von Nostradamus als »selbständige Naturwissenschaft« bezeichnet,
ohne Uranus, Neptun und Pluto auskommen. Die »Kraftfel-
der« dieser drei Planeten fanden also keinen Niederschlag in
den Berechnungen des Propheten. Somit wackelt das ganze
Fundament seiner Prophezeiungen erst recht.

Fragwürdig ist aber auch die Art, wie seine Anhänger die Bilder und Symbole in seinen Versen interpretieren. Spricht Nostradamus beispielsweise von Vögeln und Insekten, so sehen
viele Nostradamus-Spezialisten darin, ohne zu zögern, Flugzeuge.

Viele Verse sind so allgemein gehalten, daß sie als Vorhersagen unbrauchbar sind. Ein Beispiel:

»Ein großes Feuer wird sich zeigen, wenn die Sonne
   emporsteigt,
Lärm und grelles Licht werden sich nach Norden ergießen.
Ein Sterben wird auf dem ganzen Erdkreis beklagt werden.
Tod durch Eisen, Feuer und Hunger erwartet sie.«

Dieser Vierzeiler besagt alles und nichts. Er könnte die Kreuzzüge, den Dreißigjährigen Krieg, den Zweiten Weltkrieg oder
Harmagedon bezeichnen. Oder meinte Nostradamus etwa den
dritten Weltkrieg?

Aufschlußreicher sind die apokalyptischen Visionen von
Nostradamus. Der Visionär reiht sich in die lange Galerie der
Propheten, die die Apokalypse für die Jahrtausendwende prophezeien. Die Endzeit ereigne sich, so Nostradamus, im magischen Jahr 1999 und werde von kosmischen Katastrophen
begleitet. Hier nennt er eines der wenigen exakten Daten:

»Im Jahre 1999, im siebten Monat, wird vom Himmel herab
kommen der große König des Schreckens, zurückbringen den
großen Mogulkönig, bevor und nachdem Mars regiert.« (X,72)

Das bedrohliche Ereignis soll mit einer Sonnenfinsternis
eingeläutet werden. Dieser Hinweis versetzt die Nostrada-
mus-Jünger in Aufregung, sagen doch die Astronomen für
den 11. August 1999 die vermutlich vollständigste Finsternis
dieses Jahrhunderts voraus. Und Astrologen verweisen auf
das »Große Kreuz«, das mehrere Planeten zu der Zeit bilden
werden. Zu allem Überfluß soll es in den Tierkreiszeichen
stattfinden, die den vier Tieren der Apokalypse des Johannes
(Stier, Löwe, Skorpion und Wassermann) entsprechen. Eine
solche Anhäufung astrologischer Ereignisse kann in den Augen der Nostradamus-Anhänger kein Zufall sein.

Für diese Zeit prophezeite Nostradamus apokalyptische Horrorszenarien, die an die Visionen in der Johannes-Offenbarung
erinnern. Für das Jahr 1994 sah der Prophet nach der Interpretation des Nostradamus-Kenners A. T. Mann den Beginn einer
vierzigmonatigen Dürreperiode voraus, der Überschwemmun-

gen und Kriege folgen sollen. Für 1996 prophezeite Nostradamus Hitze, Stürme, Hungersnöte und einen Krieg zwischen
China und Rußland. 1998 solle der Antichrist einen Antipapst
inthronisieren und Prinz Charles König von Großbritannien
werden. Ebenfalls für 1998 sagte Nostradamus Meteore vorher,
die große Brände und Kriege auslösen würden.

Außerdem werde laut der Interpretation von A. T. Mann ein
»brennender Himmel« New York City zerstören. Überhaupt
sollen viele Brände wüten, die sich nicht löschen ließen. Für das
Jahr 1999 sah Nostradamus neben verhängnisvollen planetari-
schen Verschiebungen das biblische Harmagedon voraus: Seuchen, Hungersnöte und Naturkatastrophen, die die Menschheit drangsalieren und zwei Flüsse durch Blut und Pest rot
färben würden. Exakt zur Jahrtausendwende sieht Nostradamus ein neues Weltzeitalter anbrechen, das durch die Wiederkunft Christi eingeläutet werde.

Interessant ist der Umstand, daß die Visionen Nostradamus'
Parallelen zum letzten Buch der Bibel zeigen. Die Nostradamus-Kenner vergleichen die Vorhersagen des französischen
Sehers mit den Schilderungen aus der Johannes-Offenbarung
und suchen nach Gemeinsamkeiten. Die Übereinstimmung
soll die Glaubwürdigkeit des französischen Visionärs erhöhen.
Naheliegender ist aber der Umkehrschluß, daß sich Nostradamus an der Bibel orientierte.

Der Nostradamus-Kult treibt bisweilen seltsame Blüten. In
der einschlägigen Szene treten Medien auf, die behaupten, Nostradamus spreche durch sie und vermittle ihnen aktuelle Botschaften aus den höheren Sphären. In seinem Buch *Polsprung
und Sintflut und was Nostradamus dazu sagt* schreibt Hans J.
Andersen, Nostradamus habe sich der Heilpraktikerin Siegrid
Harbig bedient und ihr seine jüngsten Vorhersagen aus dem
Jenseits diktiert. Andersen faßte die Mitteilungen in seinem
Buch zusammen. Siegrid Harbig sei in einem früheren Leben
die zweite Frau von Nostradamus gewesen, schreibt Colin
Goldner in seinem Buch *Psycho*. In seiner aktuellen Botschaft

soll Nostradamus um das Jahr 2000 einen Polsprung vorausgesagt haben, der den sagenumwobenen Kontinent Atlantis
südlich von Grönland wieder aus dem Meer emporsteigen
lasse. Gleichzeitig würden große Teile von Australien und Südamerika im Meer versinken und der Westen der USA und England untergehen. Angekündigt werden die apokalyptischen
Horrorszenarien durch schwere Endzeitkatastrophen, die sich
bereits ab 1995 ereignen sollen, behauptet Andersen.

Sehnsucht nach den apokalyptischen Katastrophen

Viele New-Age-Anhänger zeigen in der Auseinandersetzung
mit Nostradamus und anderen Endzeitpropheten ihre ausgeprägte apokalyptische Sehnsucht und konstruieren gleichzeitig einen fundamentalen Widerspruch. Sie setzen ihre ganze
Hoffnung auf das Wassermann-Zeitalter, das um die Jahrtausendwende anbrechen und einen radikalen Bewußtseinswandel auslösen soll. Nach ihrer Ansicht bewirkt die neue Konstellation der Planeten und Sternbilder ein sanftes Zeitalter. Eine
lange Epoche der Friedfergikeit paßt aber weder zu der von
Nostradamus prophezeiten Apokalypse im Jahr 1999 noch zu
seinen Horrorvisionen bis zum Jahr 3797.

Die Nostradamus-Anhänger berücksichtigen dabei nicht das
mittelalterliche Weltbild des Visionärs, das von übersinnlichen
und paranormalen Vorstellungen geprägt war. Den Menschen
war damals kaum bewußt, daß sich das Schicksal mit Willen
und Gestaltungskraft beeinflussen läßt. Viele moderne Esoteriker verklären die mystischen Weltbilder früherer Epochen,
die aber letztlich von dumpfem Fatalismus geprägt waren. Somit machen sich die Nostradamus-Anhänger von kosmischen
Kräften und astrologischen Einflüssen abhängig. Der Prophet
aus dem Mittelalter wird zur apokalyptischen Kultfigur, zum
okkulten Lotsen durch die Wirren der Gegenwart. Viele Eso-
riker blicken gebannt auf die Untergangsvisionen von Nostra-

damus und erwecken den Eindruck, als würden sie die apokalyptischen Prophezeiungen samt Seuchen und Katastrophen herbeisehnen.

Was haben die Prophezeiungen von Nostradamus bewirkt? Ließen sich die Menschen zu einer Umkehr oder Verhaltensänderung bewegen? Wurden Nostradamus' Warnungen benutzt, Kriege oder Umweltkatastrophen zu vermeiden? Wohl kaum. Die Verehrung und mystische Verklärung drohen zum Selbstzweck zu werden, in dem die »Gläubigen« die eigenen, nach außen projizierten Wünsche und Sehnsüchte kultivieren.

17 Sonnentempler: Ultimativer Transit zum Planeten Sirius

Der Orden der Sonnentempler sorgte in den letzten Jahren des 20. Jahrhunderts mit seinem »Transit zum Planeten Sirius« für weltweites Aufsehen. Der Kult, der die Allüren eines Geheimordens zeigte, geriet über Nacht in die internationalen Schlagzeilen. Die Bilder vom dramatischen Sektenwahn flimmerten in der ganzen Welt über die Fernsehschirme. Der unscheinbare Guru Joseph Di Mambro geriet ins Rampenlicht, obwohl es kaum ein brauchbares Porträt von ihm gab.

Die Sonnentempler verstanden sich als moderner Rosenkreuzer-Orden, der sich an der Tradition mittelalterlicher Tempelritter orientierte. Der Kult kam im 19. Jahrhundert auf und zieht an der Jahrtausendwende unzählige Mystiker in den Bann. Inzwischen sind mehrere Orden gegründet worden, welche den Tempelrittern nacheifern und die mittelalterlichen Abenteurer verherrlichen. Auch die New-Age-Szene und viele Esoteriker verklären die sagenumwobenen Ritter.

Obwohl es kaum gesicherte Erkenntnisse über ihre spirituelle Tradition gibt, maßen die Sonnentempler ihren Vorbildern besondere übersinnliche Kräfte bei. Wie die meisten Esoteriker und New-Age-Anhänger kultivierten die Sonnentempler die Legende, die Tempelritter seien wegen ihrer magischen und spirituellen Fähigkeiten von der Kirche bekämpft worden. Das geheime Wissen der Ordensleute sei über die Jahrhunderte im verborgenen weitergegeben oder von hellsichtigen Medien durch Rückführungen und Reinkarnationserinnerungen auf spirituellem Weg in die Gegenwart geholt worden.

Die Sonnentempler waren überzeugt, inkarnierte Rosenkreuzer zu sein und das Werk ihrer Vorgänger vollenden zu müssen. Ihre Schwerter, die sie bei den Ritualen einsetzten, waren für sie antike Reliquien, obwohl die Gravuren erkennen ließen, daß es sich um serienmäßig hergestellte Souvenirs handelte.

Kultchef Jo Di Mambro (1924–1994) blieb inkognito. Nur Ordensleute aus dem inneren Zirkel wußten, daß der kleine, unscheinbare Immobilienmakler der Großmeister und die uneingeschränkte Autorität des Kultes war. Nach außen vertrat der gute Rhetoriker Luc Jouret (1948–1994) den Orden. Der großgewachsene Arzt und Homöopath war eine auffällige Erscheinung mit einer gewissen Ausstrahlung. Er hielt im Auftrag von Jo Di Mambro vor allem in der Westschweiz und im angrenzenden Frankreich Vorträge zu esoterischen Themen und alternativen Heilmethoden.

Es ist aber unklar, welche Rolle genau Luc Jouret bei den Sonnentemplern spielte. Er trat oft als Ritualmeister, Eingeweihter und Heiler auf. Er lockte vor allem reiche Leute an, die er mit alternativen Heilmethoden zu kurieren versprach. Zur Therapie gehörten auch die spirituellen Rituale. Der Orden bot dazu ein ideales Umfeld.

Interessierte Zuhörer lud Jouret zu Veranstaltungen und Ritualen ein, die von Nebenorganisationen des Ordens, zum Beispiel vom Archedia-Club, organisiert wurden. Clubmitglieder, die sich als ergeben und im mystischen Sinne würdig erwiesen, wurden schrittweise in den Orden eingeführt. Mit diesem Auswahlverfahren sorgte Di Mambro dafür, daß nur eingeschworene Neutempler in den angeblich »heiligen« inneren Bezirk des Kults gelangten. Geheimhaltung war oberstes Gebot. Tatsächlich war der Orden in der Öffentlichkeit praktisch unbekannt. Selbst Sektenspezialisten und Angehörige der Kultanhänger hatten nur rudimentäre Informationen vom Geheimorden.

Die in der Schweiz, in Frankreich, Belgien, Kanada und Australien aktiven Sonnentempler glaubten an eine unumstößliche kosmische Wahrheit, die es über mystische Erkenntnisse und Rituale zu ergründen gelte. Die Kultanhänger waren überzeugt, daß ihnen nur die erleuchteten Meister oder Kultführer das höhere geistige Wissen vermitteln konnten. Gleichzeitig wurde ihnen suggeriert, die Kultgruppe erzeuge durch die Rituale und spirituellen Schwingungen ein besonderes astrales Kraftfeld, das die mystischen Prozesse begünstige.

Die Heilslehre der Sonnentempler zeichnet sich durch eine abenteuerliche Anhäufung okkulter und mystischer Ideen aus dem riesigen Fundus von New Age, Esoterik, Theosophie, fernöstlicher Mystik und alternativer Heilmethoden aus. Di Mambro baute sein Konzept laufend aus. Neuerungen verkaufte er seinen Jüngern als aktuelle Botschaften spiritueller Großmeister, die angeblich als Vermittler der kosmischen Weisheit und göttlichen Autorität wirkten. Die Heilstheorie des Gurus war außerdem geprägt von apokalyptischen Visionen. Di Mambro predigte den Sonnentemplern ursprünglich, sie würden die Endzeit in irdischer Gestalt erleben, das apokalyptische Ereignis aber dank ihres spirituellen Bewußtseins überstehen. Der Kultführer versprach seinen Ordensleuten ein mystisches Paradies.

Interne Papiere zeigen, daß Di Mambro seine Endzeitvisionen in den 90er Jahren radikal änderte. Verfolgungsängste, die in Kultgruppen oft zu beobachten sind, prägten zunehmend das Bewußtsein des Sektenführers. So schrieb Di Mambro: »Obwohl die verborgene Hierarchie einen friedlicheren Übergang in den zukünftigen erhabenen Zustand für die Menschenwesen und die Erde geplant hatte, haben das Wirken dunkler Mächte und die Verfolgung durch Abtrünnige, denen einige Regierungen halfen, die Hierarchie gezwungen, ihre Pläne zu ändern. Die Eingeweihten, die entwickelt genug sind, den Plan zu verstehen, werden nun freiwillig diese Erde verlassen und die absolute Dimension der Wahrheit erreichen, wo sie ihre Arbeit fortsetzen werden, glorreich und unsichtbar. Die Mitglieder des Tempels, die nicht entwickelt genug sind, werden Hilfe erhalten, an diesem christlichen Feuer teilzuhaben und die Wohltaten der Translation zu erfahren, obwohl es ihnen nicht bewußt werden wird. Im Grunde hilft

man ihnen, dem Schicksal der Zerstörung zu entgehen, das
nun die ganze verderbte Welt innerhalb Monaten, wenn nicht
Wochen, erwartet.« Sätze, die auf schreckliche Weise wahr
werden sollten.

Ermordung des »Antichrist«

Das Fanal begann in Kanada. Auslöser des ersten Dramas war
eine Lappalie, nämlich der Name eines Neugeborenen. Das
schweizerisch-britische Ehepaar Nicky und Antonio Dutoit-
Robinson, das außerhalb von Montréal lebte, taufte im Juli
1994 seinen Sohn auf den Namen Christopher Emmanuel. Das
Ehepaar unterhielt die beiden Häuser von Jo Di Mambro und
Luc Jouret. Nicky war früher das Kindermädchen von Emmanuelle Di Mambro, der Tochter des damals 69jährigen Sekten-
gründers. Das Mädchen galt als »kosmisches Kind«. Es sei auf
mystische Weise gezeugt worden, erklärte Di Mambro den
Kultmitglieder. Außer Nicky durften sich Außenstehende dem
Mädchen höchstens bis auf zehn Meter nähern, um die Aura
und die Energiefelder von Emmanuelle nicht zu stören.

Di Mambro benutzte okkulte Rituale, um seine Anhänger in
den Bann zu ziehen. Mit Tricks und Lichteffekten zauberte er
den Sonnentemplern eine spirituelle Superwelt in die mit ro-
tem Samt und riesigen Spiegeln ausgelegten Sanktuarien, den
Kulträumen. Doch Dutoit kam ihm teilweise auf die Schliche.
Außerdem sah er den verschwenderischen Lebensstil, den Di
Mambro dank der Spenden und Darlehen der Sonnentempler
pflegte. Das Ehepaar Dutoit ging innerlich etwas auf Distanz
zu Di Mambro, war aber finanziell von ihm abhängig. Der Sektenchef merkte wohl, daß die Dutoits ihn nicht mehr uneingeschränkt als den unfehlbaren Guru verehrten. Als sich das
Ehepaar zusätzlich erdreistete, seinem Sohn den gleichen Namen zu geben, den sein »kosmisches Kind« trug, zog es definitiv den Zorn Di Mambros auf sich.

Er zitierte das Ehepaar im Sommer 1994 in die Schweiz, doch dieses ignorierte den »Marschbefehl«. Nun tobte Di Mambro und verkündete seinen Anhängern bei einem Ritual in der Schweiz, der kleine Emmanuel Dutoit sei der Antichrist. Seine destruktive Ausstrahlung gefährde die spirituelle Entwicklung des Ordens. Der Kultchef betraute den 35jährigen Schweizer Joel Egger und die in Kanada lebende 36jährige Dominique Bellaton mit einer geheimen Mission.

Egger flog am 29. September 1994 von Zürich nach Montréal. Tags darauf trafen sich Egger, Bellaton und die Familie Dutoit im Sektenzentrum von Morin Heights. Bellaton führte Nicky Dutoit und ihr Kleinkind in den ersten Stock. Sofort griff Egger den Vater mit einem Küchenmesser an und ermordete ihn mit 50 Stichen. Die Messerstiche sollten die 50 Sektenanhänger symbolisieren, die in den apokalyptischen Strudel gerissen werden sollten. Mit acht Stichen, die die acht Gesetze der Sonnentempler versinnbildlichen sollten, brachte Bellaton Nicky Dutoit um. Außerdem schlitzte sie ihr die Brüste auf, weil daran der Antichrist gesäugt worden sei. Anschließend nahm sich Bellaton den dreimonatigen Emmanuel vor. Sechsmal stach sie zu und durchbohrte sein Herz mehrfach. Die Gerichtsmediziner erklärten hinterher, die Mörderin habe den Babykörper schrecklich zugerichtet.

Nach der Ermordung der Familie Dutoit traten zwei weitere in Kanada lebende Schweizer Kultmitglieder in Aktion. Sie verstauten die Leichen des Ehepaars in einem Schrank und wickelten den Kindskörper in eine Plastikfolie ein. Anschließend beseitigten sie alle Spuren des Mordes und bereiteten sich nach dem präzisen Plan von Di Mambro auf den eigenen »Transit zum Planeten Sirius« vor. Egger und Bellaton fuhren mit dem Auto der Dutoits zum Flughafen Mirabel und flogen in die Schweiz zurück. In der Nacht auf den 4. Oktober nahmen die beiden Schweizer, die die Mordspuren beseitigten, die Droge Benzodiazepin zu sich und setzten mit einem Zeitzünder das kanadische Sektenhaus in Brand. Beide kamen dabei um.

In der Nacht auf den 5. Oktober, wenige Stunden nach der Feuersbrunst in Morin Heigths, wurde im kleinen Freiburger Dorf Cheiry in der Schweiz Feueralarm ausgelöst. Der außerhalb des Ortes gelegene Hof Les Rochettes stand in Flammen. Die Feuerwehr mußte die Türen aufbrechen. Der Besitzer Albert Giacobino lag in seinem Schlafzimmer, getötet von einer Pistolenkugel. In der Garage stießen die Feuerwehrleute auf einen Versammlungsraum und standen vor einer großen Blutlache. Nach einiger Zeit entdeckten sie eine Geheimtür, die zu einem unterirdischen Kultraum führte. In dem luxuriös drapierten Sanktuarium fanden die Feuerwehrleute weitere 22 leblose Körper, 18 von ihnen kreisförmig ausgerichtet, als symbolisierten sie Sonnenstrahlen. Die Frauen und Männer waren in goldene und weiße Kultgewänder gehüllt, mehrere Leichen an den Händen zusammengebunden.

Die zehn Männer, zwölf Frauen und der zwölfjährige Knabe stammten aus der Schweiz (9), aus Frankreich (8), Kanada (4), Belgien (1) und Spanien (1). Bis auf zwei Opfer hatten alle Plastiksäcke über den Kopf gestülpt. Von 23 kleinen herumliegenden Aludosen waren 21 leer, zwei enthielten ein Beruhigungsmittel. Kampfspuren waren nicht auszumachen. Die starken Medikamente ließen die Sonnentempler schon nach etwa 20 Minuten in Tiefschlaf fallen. Anschließend exekutierten die Mörder die Kultmitglieder in zwei Feuerserien. Zwischen den beiden Salven zogen die Täter den Opfern Plastiksäcke über den Kopf. Die Polizei fand rund 65 Patronen. Am Schluß des mörderischen Rituals ordneten die Mörder die Leichen kreisförmig an.

Im Laufe der monatelangen Ermittlungen versuchte die Polizei, das Massaker zu rekonstruieren. Die Beamten gelangten zur Überzeugung, daß Luc Jouret, die Nummer zwei des Ordens, Joel Egger, der Mann fürs Grobe, und mindestens zwei unbekannte Helfer das Drama inszenierten. Es ist nicht auszuschließen, daß weitere Kultmitglieder anwesend waren, möglicherweise auch Jo Di Mambro. Wer die tödlichen Schüsse abgab, ließ sich nicht ermitteln. Offen bleibt die Frage, ob die Kultanhänger das Beruhigungsmittel freiwillig einnahmen oder ob sie gefesselt wurden, weil sie Widerstand leisteten. Auch die Funktion der Plastiksäcke bleibt unklar. Waren alle Kultmitglieder tot, als ihnen die Säcke übergestülpt wurden? Sollten diese ein Sauerstoffdefizit bewirken und den Tod beschleunigen? Vielleicht hätten auch die brennenden Plastiktaschen die Gesichter der Opfer unkenntlich machen sollen.

Rund 24 Stunden nach der Hinrichtung der Kultanhänger ging das Kultzentrum in Flammen auf. Die Täter hatten drei verschiedene Brandsätze installiert, die sie fernzünden konnten. Die Polizei wies nach, daß Teile der Brandsätze bereits im Juni 1994 gekauft worden waren. Zu diesem Zeitpunkt hatte auch Egger die Pistole erworben, mit der die Ordensmitglieder erschossen wurden. Der Zündmechanismus eines Brandsatzes, der über einen Telefonanruf ferngezündet wurde, funktionierte aber nicht. Zwei Gasflaschen, die den unterirdischen Kultraum hätten in Brand setzen und die Leichen verkohlen sollen, gingen nicht los. Die Panne erleichterte den Gerichtsmedizinern die Arbeit erheblich, außerdem fand die Polizei im Sanktuarium 15 Ausweise.

Bei den Opfern von Cheiry handelte es sich offensichtlich um Mitglieder des inneren Kreises des Sonnentempler-Ordens. Vermutlich waren sie dem mystischen Schwindel von Di Mambro auf die Schliche gekommen oder hatten die Rückzahlung ihrer Darlehen verlangt. Ordensmitglieder, die nach der Leseart von Jo Di Mambro »Hilfe erhalten« und die »Wohltaten der Translation« empfingen, ohne daß es ihnen bewußt war, wie der Guru in seinem Abschiedsbrief schrieb. Zu ihnen gehörten hochrangige Mitglieder wie der 68jährige Schatzmeister und Mäzen Camille Pilet und die führenden Mitglieder des kanadischen Arms des Ordens wie Robert Ostiguy, Bürgermeister von Richelieu, einem Vorort von Montréal, und Robert Falardeau, ein hoher Beamter des Finanzministeriums. Möglicherweise förderte der starke kanadische Zweig mit sei-

ner Opposition den Endzeitwahn des Kultgründers und beschleunigte das apokalyptische Drama.

Vermutlich rief Di Mambro die dissidenten oder unzufriede-
nen Anhänger ins Zentrum von Cheiry. Unter welchem Vorwand dies geschah, ist nicht geklärt. Wahrscheinlich lockte Di
Mambro sie mit dem Versprechen in die Schweiz, er wolle die
finanziellen Angelegenheiten mit ihnen regeln. Sie hatten ihm
teilweise ihr ganzes Vermögen zur Verfügung gestellt oder
vergeblich auf eine angemessene Entschädigung für ihre jahrelange Fronarbeit gepocht. Die Kultführer, die sich von den
Ordensmitgliedern aushalten ließen, lebten dagegen weit über
ihre Verhältnisse. Di Mambro und Luc Jouret beliebten, erster
Klasse zwischen den Stützpunkten ihres Sektenimperiums in
Kanada, Frankreich, Australien und der Schweiz hin und her
zu fliegen. Außerdem kauften sie mit dem Vermögen der Anhänger immer neue Immobilien.

Drei Stunden nach der Entdeckung des Feuers in Cheiry wurde im etwa 150 Kilometer entfernten Walliser Dorf Granges-
sur-Salvan ebenfalls Feueralarm ausgelöst. Drei Chalets
standen in Flammen. In zwei Häusern entdeckte die Feuerwehr
insgesamt 25 Leichen, unter ihnen die von Jo Di Mambro und
Luc Jouret. Die Polizei fand eine Pistole mit Schalldämpfer, aus
der auch die Schüsse auf die Kultanhänger in Cheiry abgegeben
wurden. Außerdem brannte ein Auto mit Freiburger Num-
mernschild in Salvan aus. Laut Polizei begingen 15 der 25
Ordensmitglieder Selbstmord. Die übrigen wurden ermordet.
Offenbar wollten sie den »Transit« nicht freiwillig mitmachen.

Eine Videokassette, die die Polizei in den Trümmern des nie-
dergebrannten Chalets in Salvan fand, gibt Einblick in den
psychischen Zustand des Kultführers. Di Mambro hatte nämlich den kollektiven Suizid seiner Angehörigen und engsten
Anhänger höchstpersönlich und in allen Details gefilmt. Die
Schlüsselszene zeigt die letzte Mahlzeit der Ordensleute. Di
Mambro hielt für die Nachwelt fest, wie einzelne Sonnentempler ein letztes Mal aßen, während andere bereits betäubt

oder tot am Boden lagen. Anschließend filmte der Kultführer, wie seine Anhänger Gift einnahmen. Auch die Leichen seiner Ehefrau Jocelyne, seines Sohnes und seiner zwölfjährigen Tochter Emmanuelle, dem »kosmischen Kind«, hielt er auf Video fest. Die Polizei fand die Leichen in der gleichen Position, wie sie auf der Videokassette zu sehen sind.

Es gibt keine Zeugen, die den Tatablauf schildern könnten. Die Täter, die die Schüsse abgaben und die tödlichen Injektionen verabreichten, werden wohl nie beweiskräftig ermittelt werden können. Die Untersuchungsbehörden konnten nur nachweisen, daß von den 53 Ordensmitgliedern, die bei den drei Tötungen in Kanada und der Schweiz starben, 38 umgebracht wurden.

In allen Leichen fanden die Gerichtsmediziner ein Gemisch aus Morphin und dem Pflanzengift Kurare, die Lungen enthielten aber nur wenige Rußpartikel. Die Sektenmitglieder waren also tot, bevor der Brand ausgebrochen war. Die Untersuchungsbehörden konnten aber nicht bei allen 25 Personen die Todesursache schlüssig ermitteln. Unter den Leichen, deren Identifikation Wochen in Anspruch nahm, entdeckten die Gerichtsmediziner auch die vier Frauen, die mit Di Mambro liiert gewesen waren.

Jo Di Mambro hatte seinen Jüngern erklärt, das apokalyptische Feuer werde die Ordensleute, also die wiedergeborenen Tempelritter, reinigen. Ihr spiritueller Weg führe sie in feinstofflicher Form durch den Kosmos zum Planeten Sirius, wo sie christusähnliche Sonnenwesen würden, während die Erde von apokalyptischen Ereignissen geschüttelt würde.

Auf den apokalyptischen Spuren des Kultführers

Mitte Dezember 1995 erlebten verschiedene Angehörige von Ordensmitgliedern einen weiteren Alptraum, unter ihnen auch der ehemalige französische Skirennfahrer und Olympiasieger Jean Vuarnet. Als er am 15. Dezember nach Hause kam, suchte er seine Ehefrau Edith und Sohn Patrick vergeblich. Überall brannte Licht, der halbleere Teller stand noch auf dem Eßtisch. Die beiden kamen auch am andern Tag nicht heim. Jean Vuarnet ahnte, daß ihr Verschwinden mit den Sonnentemplern zusammenhängen könnte. Edith Vuarnet hatte jahrelang geheimgehalten, daß sie zum »goldenen Kreis« der Sonnentempler gehörte. Wäre sie nach den Massakern von Cheiry und Salvan nicht von der Polizei verhört worden, hätte Jean Vuarnet es wohl nie erfahren. Seine Frau hatte versichert, mit den Sonnentemplern nichts mehr zu tun zu haben.

Auch andere Angehörige von Ordensanhängern vermißten ihre Familienmitglieder. Am 23. Dezember entdeckten die Behörden nach Hinweisen aus der Bevölkerung im Wald oberhalb von Saint-Pierre-de-Chérennes bei Grenoble, Frankreich, 16 Leichen. Alle wiesen Schußwunden auf. Die Untersuchungen ergaben, daß zwei französische Polizisten bereits am 15. Dezember ihre 14 Ordensbrüder und -schwestern mit einem Gewehr erschossen und sich anschließend mit ihren Dienstrevolvern selbst richteten. Elf Erwachsene hatten Schußwunden am Kopf und an der Brust, die drei Kinder im Alter von zwei bis sechs Jahren wurden mit je einem Schuß in die Stirn getötet. Wie im Sanktuarium von Cheiry waren die Leichen kreisförmig angeordnet. Unter ihnen befanden sich Edith und Patrick Vuarnet.

Die Mörder hatten die 14 Opfer mit einer brennbaren Flüssigkeit übergossen und angezündet. Anfangs glaubte die Polizei, die beiden Polizisten hätten die Sektenanhänger in eine Falle gelockt und umgebracht, bevor sie selbst den »Transit« antraten. Zwei Indizien gaben der Polizei allerdings Rätsel auf. Es wurden keine Kanister am Tatort gefunden, und Anwohner hatten um die Tatzeit herum drei Autos mit Schweizer Kennzeichen zu diesem Waldstück im Vercors-Massiv fahren sehen. Die Fahrzeuge waren aber nicht am Tatort. Möglicherweise waren weitere Kultmitglieder anwesend, die sich nach dem Drama davongemacht haben.

Recherchen ergaben, daß sich mehrere Sonnentempler wöchentlich bei einer Therapeutin in Carouge bei Genf getroffen hatten. Die Schweizer Polizei befragte die Frau, die ebenfalls dem Orden angehörte. Sie erklärte den Beamten, die Sonnentempler würden bei ihr den Schock therapeutisch verarbeiten, den die bisherigen Massaker bei ihnen ausgelöst hatten. Die Untersuchungsbehörden gaben sich mit der Antwort zufrieden. Ein verhängnisvoller Irrtum, denn die Kultmitglieder wurden während der Sitzungen offensichtlich auf ihren »Transit« vorbereitet. Die nachträglichen Ermittlungen ergaben, daß verschiedene Sonnentempler maßlos enttäuscht waren, daß Di Mambro sie nicht auf den ersten »Transit« mitgenommen hatte.

Welche Rolle spielte der Stardirigent Michel Tabachnik?

Bei ihren Untersuchungen stießen die Untersuchungsbehörden immer wieder auf den Namen Michel Tabachnik. Der Schweizer Stardirigent hatte sich jahrelang im Umfeld des okkulten Ordens bewegt. Der damals 53jährige Tabachnik beteuerte aber monatelang, er sei nicht Mitglied der Sonnentempler gewesen, sondern habe nur gelegentlich an Veranstaltungen teilgenommen. Eine zweifelhafte Aussage, denn der Dirigent kannte den Kultführer Jo Di Mambro seit 1977 und hielt wiederholt Vorträge im Rahmen des Ordens, zum letzten Mal am 24. September 1994 in Avignon, also wenige Tage vor den Massakern in Cheiry und Salvan. Außerdem begleitete Tabachnik die Kultanhänger auf ihren »spirituellen Reisen«, zum Beispiel nach Ägypten.

Tabachniks Name stand auf der Liste eines Schneiders von Québec, der die Ordensgewänder genäht hatte. Tabachnik war an zweiter Stelle aufgeführt, direkt hinter Di Mambro. Die Liste umfaßte 576 Namen. Außerdem trug der Dirigent bei den

Ritualen einen Ordensumhang, wie ehemalige Sonnentempler bestätigten. In der Regel dürfen nur eingeweihte Mitglieder die Kultgewänder tragen und an den Ritualen teilnehmen. Auch in einem Protokoll des »Ausschusses des Obersten Rates« (»Table Ronde du Conseil Suprême du 20 mars 1982«) wird Tabachnik an zweiter Stelle direkt hinter Di Mambro erwähnt. Tabachnik präsidierte auch die von Di Mambro gegründete Stiftung Golden Way, die eine Nebenorganisation des Ordens war. Außerdem befand sich Tabachniks erste Frau, Christine Péchot, unter den 23 Todesopfern von Cheiry. Doch die Untersuchungsbehörden scheuten sich, den prominenten Mann zu belangen.

Am 11. Juni 1996, also rund 20 Monate nach den Massakern von Salvan und Cheiry, wurde Tabachnik in Nanterre bei Paris doch von der Polizei verhaftet. Nach dem Drama von Vercors hatten sich die Verdachtsmomente gegen den Dirigenten verdichtet. Am 12. Juni wurde Tabachnik der Mitgliedschaft in einer kriminellen Organisation angeklagt. Ihm wurde auch vorgeworfen, er habe von Di Mambro beträchtliche Ordensgelder kassiert. Trotzdem beteuerte Tabachnik weiterhin, er sei kein aktives Mitglied des Ordens gewesen. In einem Brief an verschiedene Journalisten kündigte Tabachnik am 25. Juni 1997 an, er werde ein Buch über seine Erlebnisse schreiben und die Wahrheit festhalten. Der Dirigent beschuldigte die Medien, sie hätten ihn vorverurteilt. Seit er mit den Sonnentemplern in Verbindung gebracht worden sei, habe er keine Engagements als Dirigent mehr bekommen.

Kinder betteln um ihr Leben

Am 22. März 1997 wurde in St. Casimir in Kanada Brandalarm ausgelöst. Die Feuerwehrleute entdeckten in einem brennenden Landhaus fünf Leichen. Aus einem Nebengebäude torkelten drei verstörte Jugendliche. Was das Mädchen und die beiden Knaben im Alter von 13, 14 und 16 Jahren erzählten, erschütterte die Polizeibeamten. Ihre französischen Eltern, Didier und Chantal Quèze, hätten sich zusammen mit drei weiteren Sonnentemplern auf die Reise zum Planeten Sirius gemacht, erklärten die Jugendlichen. Dies sei bereits der zweite Versuch gewesen. Beim ersten »Transit« hätten Pannen den kollektiven Selbstmord verhindert.

Die Kinder waren geschockt. Sie wollten den Horror nicht noch einmal über sich ergehen lassen und bettelten um ihr Leben. Die Eltern erwachten nicht aus ihrem Wahn und glaubten noch immer, das bevorstehende apokalyptische Fanal in den astralen Sphären überleben zu können. Vater Didier Quèze ließ sich nach langer Auseinandersetzung mit seinen Kindern erweichen. Um ihnen das Drama zu ersparen, gaben die Eltern den Jugendlichen starke Beruhigungsmittel und brachten sie halb betäubt in einem Nebengebäude unter. Diesmal funktionierte der »Transit«, das Haus ging planmäßig in Flammen auf.

»Sie sind realistisch und wissen, was passiert ist und daß ihre Eltern nicht mehr am Leben sind«, sagte die Leiterin des Sozialamtes in Québec einen Tag nach dem Drama. Das Ehepaar Quèze war in den Tod gegangen, ohne die Fürsorge ihrer Kinder zu regeln. Ein Musterbeispiel apokalyptischer Verblendung. Und ein weiterer Beweis, daß der sektiererische Wahn stärker als Elternliebe ist. Zusammen mit dem Ehepaar Quèze traten auch der 49jährige Schweizer Bruno Klaus, die 63jährige Französin Suzanne Druau und die 54jährige Kanadierin Pauline Rioux die »feinstoffliche Reise« an. Mit ihnen stieg die Zahl der Endzeitopfer der Sonnentempler auf 74.

Auch das (bisher) letzte Kultdrama des Ordens wies rituellen Charakter auf. Die fünf Sonnentempler hatten sich am Frühlingsbeginn umgebracht, also an der mystisch verbrämten Tagundnachtgleiche. Sie wählten das gleiche Todesszenario wie ihr Kultführer Jo Di Mambro, indem sie das Haus nach dem Selbstmord mit einer Zündvorrichtung in Brand setzten.

Das Werk eines Verblendeten

Jo Di Mambro hatte sich wie viele andere Sektenführer eine phantastische Biographie auf den Leib geschneidert. In Wirklichkeit war er Goldschmied, der sich mit esoterischen und okkulten Disziplinen befaßte und Mitte der 70er Jahre im französischen Annemasse sein Glück als Heiler versuchte. Er bewegte sich in verschiedenen esoterischen Zirkeln im Raum Genf, wo er die Foundation Golden Way gründete, aus der später der Sonnentempler-Orden hervorging. Der äußerlich eher unscheinbare Mann bediente sich beim Aufbau seiner mystischen Lehre vieler esoterischer Disziplinen, wobei es ihm die Rosenkreuzer und die Welt der Templer besonders angetan hatten. Nach theosophischer Gepflogenheit empfing er angeblich Botschaften von den Meistern aus der Astralwelt, zu denen er auch Jesus zählte.

Um diesen Wahn zu verstecken und sein Gewissen zu beruhigen, verlieh Di Mambro seinen kultischen Ideen einen religiösen Charakter. So schob er eine höhere mystisch-religiöse Instanz vor und erklärte beispielsweise, die Großmeister aus der Astralwelt hätten ihm mitgeteilt, sie müßten die Reise zum Planeten Sirius in »feinstofflicher Form« antreten, um der Endzeit auf der Erde zu entgehen. So hatte in den Augen der Kultmitglieder nicht Jo Di Mambro den Befehl zur Ermordung des dreimonatigen »Antichristen« Emmanuel in Kanada erteilt, sondern die Hüter der letzten mystischen Wahrheit. Eine »Befehlsverweigerung« war deshalb undenkbar.

Di Mambro berief sich dabei auf die 33 ältesten Brüder der weißen Bruderschaft der Rosenkreuzer, wie das ehemalige Ordensmitglied Thierry Huguenin in seinem Buch *Der 54.* schreibt. Di Mambro griff immer auf die angeblich höchste kosmische Instanz zurück, wenn er seinen Anhängern eine schwer verdauliche Botschaft schmackhaft machen mußte oder in eine heikle Situation geraten war. Dann konnte er die Verantwortung auf sie abschieben.

224

Wie der Scientology-Gründer Ron Hubbard präsentierte Di Mambro den Sonnentemplern als Beweismittel der »höheren Instanz« einen Meßapparat, den sogenannten Spektrographen, den er zur Indoktrination benützte. Damit könnten die 33 Meister die Schwingungen des Ordens auf große Entfernung messen und dank präziser Parameter analysieren, schreibt Huguenin. Die Brüder würden eine vollständige Bilanz der Aura und der Schwingungen aller Kultmitglieder erstellen, erklärte der Kultführer. So versuchte er seine Glaubwürdigkeit zu steigern und die Zweifel der Anhänger zu zerstreuen.

Di Mambro herrschte wie ein Despot. Er trennte beispielsweise Ehepaare zwecks Unterwerfung und Disziplinierung und verkuppelte die Mitglieder nach »mystischen« Gesichtspunkten zu »kosmischen Paaren«. Der Kultführer schlug seine Anhänger auch mit mystischen Taschenspielertricks und Ritualen in seinen Bann. Wenn er im verdunkelten Sanktuarium Botschaften von den Meistern empfing oder Ordensleute initiierte, erschienen die Astralmeister »leibhaftig«, begleitet von einem Gewitter mit Blitzen aus dem Schwert des Meisters, das einst König Artus verwendet haben soll. Möglich machten die »mystischen Wunder« im verdunkelten Kultraum schwarze Kleider, Masken und elektronische Einrichtungen.

Laut Thierry Huguenin nahm ein handwerklich versierter Kultanhänger die Trickinstallationen vor: »Er war von Anfang an für die Technik des Saktuariums zuständig, die automatische Öffnung der Türen, die Blitze (…) Jo hat unter seinem schwarzen Umhang eine Fernbedienung, mit deren Hilfe er per Knopfdruck Blitze auslösen kann. Und auch die Erscheinung des Heiligen Grals auf dem Hügel hat er bewerkstelligt.«

Die Verklärung förderte Di Mambro mit langen spirituellen Ritualen im Sanktuarium. Dabei gab er unter anderem vor, von den astralen Wesenheiten Inkarnationsbotschaften zu erhalten, welche die Kultmitglieder in eine euphorische Stimmung

versetzten. Di Mambro offenbarte den Sonnentemplern, sie
seien früher bedeutende spirituelle Persönlichkeiten gewesen.
Das Spektrum reichte von der Pharaonin Hatschepsut über die
Königin von Atlantis bis zur biblischen Gestalt Josua.

Di Mambro stand im Bann der Apokalypse

Di Mambro operierte dauernd mit der Angst vor der Endzeit.
Der Kultführer kokettierte bereits Mitte der 80er Jahre mit der
Apokalypse. Gegen Ende des Jahrzehnts war die Endzeit das do-
minierende Thema. Di Mambro kaufte in Australien, Kanada,
Frankreich und der Westschweiz Farmen und Anwesen, die das
Überleben in der Endzeit sichern sollten. Laut Huguenin mußten die Sonnentempler monatelang vor dem Modell eines ge-
planten Refugiums meditieren: »Jo hielt uns in einer ange-
spannten Atmosphäre drohender Gefahr. Er verstärkte den
Druck immer mehr. ›An dem Tag, an dem die Meister mir grü-
nes Licht signalisieren‹, sagte er immer wieder, ›gehen wir fort.
Dann brechen wir innerhalb der nächsten Stunden auf.‹« Di
Mambro erklärte den Kultmitgliedern, die Tickets würden be-
reitliegen, der Orden werde in mehrere Gruppen aufgeteilt
und in die verschiedenen Zentren flüchten. »Nie stellte irgend
jemand auch nur eine Frage. Wir verließen diese Sitzungen mit
verkrampftem Magen und weichen Knien.« Damals glaubte der
Kultführer noch, er werde die Apokalypse mit seinem Orden in
den Überlebenszentren auf der Erde überstehen.
  Gleichzeitig führte Di Mambro Überlebensübungen durch.
Anhänger kündeten die Arbeitsstelle, verkauften ihre Häuser
und Wohnungseinrichtungen – und warteten monatelang vergeblich im Sektenzentrum auf die Endzeit. Alle Kultmitglieder
trugen stets eine Nottasche mit sich herum, die eine Gasmaske
und Überlebensutensilien enthielt. Damit bereitete Di Mambro sie mental auf die Apokalypse vor und machte sich zum
Retter bei der bevorstehenden Katastrophe.

Der Kultführer erwähnte in den 90er Jahren plötzlich eine zweite apokalyptische Variante, nämlich den Transit zu einem nicht näher definierten kosmischen Ziel. Die Überlebenszentren dienten dazu, die Apokalypse zu überstehen, danach würden die Sonnentempler zur letzten Reise aufbrechen, erklärte Di Mambro. Er sprach von einer Transmutation über den alchimistischen Weg. Dazu sei eine Integration des kosmischen Bewußtseins nötig. »Wir müssen sterben können, um wiedergeboren zu werden«, machte der Guru seinen Jüngern weis. Ein halbes Jahr vor dem ersten Massaker erklärte Di Mambro seinen Ordensmitgliedern, er könne ihnen nicht sagen, wann dieser Tag sei: »Es kann in zehn Minuten ebenso wie in zehn Tagen oder drei Wochen geschehen.«

Aufschlußreich ist der Abschiedsbrief von Jo Di Mambro: »Wir verlassen diese Erde, um in völliger geistiger Klarheit und Freiheit eine Dimension der Wahrheit und des Absoluten wiederzufinden, fern der Falschheit und Unterdrückung dieser Welt, und um das Heranwachsen unserer künftigen Generation zu realisieren. So erfüllen sich die Prophezeiungen der Heiligen Schriften, und wir sind nur die demütigen und edlen Diener.« Auf Außenstehende wirken diese Zeilen zynisch, für den Guru war es die höchste mystische Realität. Da die Sonnentempler von jeher der »Herrschaft des Geistes« angehörten, schrieb Di Mambro, »kehren wir heim«. Und zwar ohne das feine Band zu zerstören, das »die Schöpfung mit dem Schöpfer« verbindet. Die mystische Verklärung gipfelt in folgender Aussage: »Manche werden an einen Selbstmord oder an Flucht vor den irdischen Problemen denken, andere an eine Depression angesichts der Prüfungen, die jedem auferlegt wurden. Sie irren sich: Wir hinterlassen den Beweis dafür, daß unser Transit in der Glückseligkeit der Vollkommenheit erfolgt, in völliger Diskretion und in dem erlebten Bewußtsein einer exakten Wissenschaft und in Übereinstimmung mit den natürlichen Gesetzen der Materie und des Geistes, die in Wahrheit ›eins‹ sind.«

Jo Di Mambro trieb seine Ordensanhänger mit einem ausgeklügelten Indoktrinationssystem in eine Endzeitneurose. Das Drama erscheint heute wie die perverse Tat eines größenwahnsinnigen Führers, der seine Anhänger als Statisten für sein inszeniertes apokalyptisches Drama mißbrauchte. Nachdem Di Mambro jahrelang seine Allmachtsphantasien auf dem Buckel seiner Ordensleute ausgelebt und ein Sektenimperium aufgebaut hatte, drohte ihm Anfang der 90er Jahre das finanzielle Debakel. Laut Huguenin war Di Mambro außerdem schwer krank.

Das Drama machte selbst Sektenexperten ratlos. Einerseits galten die Sonnentempler als kultiviert und äußerst sanftmütig, andererseits waren sie fähig, Dutzende von Glaubensgeschwistern kaltblütig umzubringen. Sie faßten die Schöpfung ganzheitlich auf und sahen das Göttliche selbst in den Steinen, den Pflanzen und Tieren. Sie versuchten, die kosmischen Prinzipien zu erkennen und ihnen gerecht zu werden. Die Kultmitglieder gingen sehr behutsam mit allem Wesenhaften um. Gnade und Bescheidenheit waren zentrale Anliegen ihrer Heilslehre. Die Sonnentempler aßen kein Fleisch und ernährten sich nur mit streng biologisch erzeugten Nahrungsmitteln. Die Massaker der Sonnentempler deuten darauf hin, daß die Täter nicht mehr bei Sinnen waren. Die Indoktrination hatte ihre Bewußtsein radikal verändert.

Die wiederholten Massaker und kollektiven »Reisen« zum Planeten Sirius sind ein Musterbeispiel für einen apokalyptischen Wahn in sektenhaften Gruppen. Die Dramen zeigen mit aller Deutlichkeit, daß auch Glaubensgemeinschaften, in deren Heilstheorie die Apokalypse keine zentrale Rolle spielt, verhängnisvollen Endzeitvisionen erliegen können. Obwohl die Karma- und Reinkarnationstheorie teilweise im Widerspruch zu abendländischen Endzeitvorstellungen steht, entwickeln die meisten esoterisch-theosophischen Kultgruppen apokalyptische Ideen. Der Glaube an die Erleuchtung, die durch das Abtragen der karmischen Belastung in mehreren Leben erreicht werden soll, ist nämlich nicht vereinbar mit dem kollektiven Endzeitfanal, wie ihn die Sonnentempler vollzogen haben.

Mit ihrem »Transit« lieferten die Sonnentempler die Bestätigung eines Phänomens, vor dem Sektenexperten schon seit Jahren warnten: Die tiefenpsychologischen Manipulationstechniken der Indoktrination erzeugen kindliche Paradiesvisionen. Realitätsverlust und Wahrnehmungsverschiebungen treiben die Kultanhänger in eine Scheinwelt und in die emotionale Regression. In der Überzeugung, in »feinstofflicher Form« in die kosmischen und astralen Sphären vordringen zu können, setzten sie ihrem Leben erwartungsvoll ein Ende und mordeten für den Guru. Jo Di Mambro machte seine okkulten Visionen zum Bestandteil der Heilslehre und zog die Anhänger in seine tödliche Scheinwelt. Konditioniert durch die Bewußtseinskontrolle hatten sie keine Möglichkeit mehr, die pathologischen Ideen Di Mambros zu entlarven.

Das Drama der Sonnentempler dokumentiert, daß sektiererische Verblendung und radikale Bewußtseinskontrolle die Anhänger von Kultgruppen zu Vollstreckern eines kapitalen Gewaltverbrechens machen können.

Die Öffentlichkeit erkannte die tragischen Zusammenhänge der kollektiven Sektendramen nicht. Sie qualifizierte die Sonnentempler als Spinner ab und zeigte wenig Einfühlungsvermögen. Wer einem psychopathischen Kultführer auf den Leim kriecht und sich umbringt, ist selber Schuld an seinem Schicksal, lautete der Tenor. Solche Reaktionen sind Ausdruck der Hilflosigkeit und drücken ein mangelndes Problembewußtsein aus. Sie zeigen, daß die Öffentlichkeit die sozialpolitische Gefahr und die schicksalshafte Konditionierung der sektiererischen Indoktrination noch immer unterschätzt. Verzögert sich die prophezeite Endzeit, geraten viele Sektenführer und Gurus an der Schwelle zum dritten Jahrtausend in einen Argumentationsnotstand, was ihren apokalyptischen Wahn verstärken wird. Die Gefahr ist groß, daß sich weitere Dramen abspielen werden wie bei den Sonnentemplern.

18 Aum: Tödlicher Testlauf in Tokio

Am 20. März 1995 starrte die Welt auf Japan. Was sich morgens um acht Uhr in der Untergrundbahn von Tokio abspielte, erschien wie ein Horrorfilm. In 16 Stationen begannen die Pendler, zu husten und zu erbrechen. U-Bahn-Arbeiter, die übelriechende, in Zeitungen eingewickelten Pakete entfernen wollten, brachen zusammen. Viele Passanten fielen wie von unsichtbarer Hand niedergestreckt zu Boden, Tausende würgten und rangen nach Atem. Die unbeschreiblichen Szenen weckten bei vielen Augenzeugen Assoziationen an eine apokalyptische Katastrophe. Das unheimliche Ereignis forderte elf Tote und über 5500 Verletzte, die auf Bahren in die Spitäler eingeliefert wurden. Sie waren Opfer eines Giftgasanschlages geworden, der als Auftakt einer selbstinszenierten Apokalypse gedacht war.

Zum ersten Mal hatte ein Sektenführer versucht, die Außenwelt in seinen Endzeitwahn einzubeziehen. Unbeteiligte Passanten, eingeschlossen in Zügen und U-Bahn-Stationen, sollten von einem unsichtbaren Gas ins Jenseits befördert werden. Mit seinem apokalyptischen Probelauf demonstrierten der 1955 geborene Shoko Asahara und seine Aum-Sekte, daß Endzeit-Bewegungen ihre apokalyptischen Aggressionen auch nach außen richten können.

Unfaßbar ist bis heute, weshalb die Behörden den apokalyptischen Umtrieben und dem Terrorregime des Gurus Asahara nicht früher auf die Spur kamen. Sie hätten die Möglichkeit gehabt, das Drama in der Untergrundbahn von Tokio zu verhindern. Sie hätten die Schilderungen von Angehörigen der Sektenmitglieder oder von Aussteigern ernst nehmen können, die in eindrücklicher Weise vor den Wahnphantasien des Gurus warnten und die Polizei vergeblich baten, den unheimlichen Kult zu kontrollieren. Die Justiz hätte sich nur mit den Schriften des Aum-Gründers auseinandersetzen müssen, um hellhörig zu werden.

Polizei und Justiz hätten auch durch ein anderes Ereignis aufmerksam werden können. Am Abend des 27. Juni 1994 spielten sich in der japanischen Stadt Matsumoto unheimliche Szenen ab. Mehrere Leute wurden plötzlich von einer schweren Atemnot befallen und von Krämpfen geschüttelt. In den Straßen verendeten Hunde, Katzen und Vögel. Sieben Personen brachen zusammen und überlebten das mysteriöse Ereignis nicht. Die Polizei stand vor einem Rätsel: Hatten Terroristen einen Anschlag verübt oder war aus einem schadhaften Tank Gas ausgetreten? Die Polizei verfolgte viele Spuren, nur Medienberichte, die schon im April 1995 den Verdacht auf die Aum-Sekte lenkten, nahmen die Untersuchungsbehörden nicht ernst.

Dabei waren die Hinweise augenfällig:

- Im Herbst 1989 verschwanden der Rechtsanwalt Tsutsumi Sakamoto, seine Ehefrau und ihr einjähriger Sohn spurlos. Der Rechtsanwalt hatte abtrünnige Aum-Mitglieder juristisch vertreten und auch persönlich unterstützt. Unbekannte waren in seine Wohnung eindrungen und hatten ein Chaos hinterlassen. Dabei verloren sie am Tatort einen Aum-Anstecker.
- Die Journalistin und Aum-Kritikerin Shoko Egawa entging im September 1994 nur knapp einem Mordanschlag, der mit dem Giftgas Phosgen auf sie verübt wurde.
- Der Notar Kiyoshi Kariya, der sich mit der Aum-Sekte angelegt hatte, starb auf mysteriöse Weise. Er wurde mit Drogen vollgepumpt, bis sein Herz versagte.
- Aussteiger erzählten Horrorgeschichten, die genau ins Bild dieser Verbrechen paßten. Doch Polizei oder Staatsanwaltschaft unternahmen nichts gegen den Kult.

Nach dem Anschlag auf die Passanten in der U-Bahn von Tokio und dem Aufschrei der Öffentlichkeit bezogen die Untersuchungsbehörden die Aum-Sekte schließlich in die Untersuchung ein. Sie durchsuchten rund zwei Dutzend Sektenzentren und machten unheimliche Entdeckungen. Neben unzähligen Waffen, Labors und Chemikalien fanden sie auch jene Stoffe in großen Mengen, mit denen sich Saringas herstellen läßt. Die Beamten stießen zudem auf Kultanhänger, die in den erbärmlichen, unhygienischen Sektenzentren im Koma lagen. Medizinische Untersuchungen zeigten, daß die Asahara-Jünger gefährliche Beruhigungs- und Betäubungsmittel eingenommen hatten.

Der Guru hatte sich rechtzeitig versteckt und bestritt in Pressemitteilungen, daß seine Bewegung die Sarinanschläge ausgeführt habe. Mit einer abenteuerlichen Theorie versuchte er, die USA als Urheber des apokalyptischen Szenarios verantwortlich zu machen. Außerdem hätten amerikanische Flugzeuge Sarin über den Aum-Zentren abgeworfen und ihm und seinen Adepten gesundheitlich geschadet.

Obwohl ihm die Polizei auf den Fersen war und viele seiner Anhänger verhaftet worden waren, schickte Asahara am 5. Mai 1995 ein weiteres Todeskommando los. In einer Bahnhofstoilette von Tokio entdeckte ein Mann eine brennende Plastiktasche, die er rasch löschen konnte. Damit verhinderte er einen weiteren Giftgasanschlag. Am 16. Mai entdeckte die Polizei den Guru schließlich in einer winzigen Geheimkammer im Aum-Zentrum von Kamikuishiki.

Shoko Asahara litt unter Verfolgungsängsten und konstruierte abstruse Verschwörungstheorien. Er träumte unter anderem davon, im militärischen Sinn schlagkräftig zu werden. Der Kultführer bereitete sich mit seiner Sekte auf einen Kampf gegen den »Rest der Welt« vor und deckte sich mit allen verfügbaren Waffen und Vernichtungsmitteln ein. Auf der geheimen Einkaufsliste standen spaltfähiges Material, chemische und biologische Waffen, Hubschrauber und Panzer. Als Hauptlieferant sah er Waffenschieber aus Rußland vor. Seine Anhänger hatten bereits ein führendes russisches Entwicklungslabor für Nuklearphysik mit dem Ziel unterwandert, an Atomwaffen heranzukommen. Die Anschläge in Matsumoto und Tokio waren Testläufe für seinen Glaubenskrieg. Asahara verfolgte das Ziel, die »dekadente Welt«, die die apokalyptische Entwicklung angeblich ignorierte, mit terroristischen Anschlägen zu überziehen.

Angesichts dieser Pläne ist die Horrortat in der U-Bahn relativ glimpflich ausgegangen. Eigentlich hätte Asahara im Herbst 1995 mit einem Hubschrauber Saringas und tödliche Viren abwerfen lassen wollen, wie Aum-Anhänger später zu Protokoll gaben. Den Hubschrauber hatte der Guru bereits gekauft. Da er wegen eines anderen Vorfalls eine Polizeikontrolle befürchtete, organisierte er kurzfristig den Sarinanschlag auf die U-Bahn von Tokio.

Rückblickend ist nur schwer verständlich, weshalb Shoko Asahara jahrelang seinen Terror ausüben konnte. Was sich im Umfeld der Aum-Sekte abspielte, ist derart ungeheuerlich, daß es der Polizei und den Justizbehörden längst hätte auffallen müssen. Über 50 Kultanhänger wurden vermißt. Doch die Polizei ignorierte die Hilferufe der verzweifelten Angehörigen. Wie die Sonnentempler in der Schweiz genoß die Aum-Sekte einen offensichtlichen Schonraum, weil die Religionsfreiheit extensiv ausgelegt wurde.

Die Untersuchungen nach dem Anschlag in Tokio ergaben, daß über 30 Abtrünnige und Angehörige von Kultanhängern, die sich gegen die Aum-Sekte zu wehren begannen, ermordet wurden. 20 weitere Kultmitglieder blieben unauffindbar. Nachdem die Polizei in den Sektenzentren Säurefässer und große Mikrowellenöfen gefunden hatte, stellte sie die Suche nach den Vermißten ein.

Mit kosmischen Energien zum höheren Selbst

Shoko Asahara gründete den Kult Aum Shinri Kyo (»Religion der höchsten Wahrheit«) 1987. Die äußerst komplexe, teilweise widersprüchliche Heilslehre ist eine Mischung aus Buddhismus, fernöstlicher Mystik, Yoga, Meditation und buddhistischer Apokalyptik, vermischt mit abendländischen Versatzstücken. Als der halbblinde Shoko Asahara den Traum einer akademischen Karriere begraben mußte, wandte er sich den »wahren Lebenszielen« zu und suchte die Erfüllung in übersinnlichen Sphären. Mitte der 80er Jahre gründete er einen Yogazirkel und scharte dank seiner Fabulierkunst rasch viele, mehrheitlich akademisch gebildete Anhänger um sich. In einer Vision wurde ihm verheißen, er müsse das Shambala-Reich des tibetischen Buddhismus wieder errichten.

Nun hatte er eine höhere Aufgabe, die ihm eine besondere Bedeutung in der Heilsgeschichte der Menschheit versprach. Er wählte einen asketischen Lebensstil und propagierte eine strenge Karmatheorie. Triebverzicht, Leiden und Yogaübungen sollten kosmische Energien wecken und die Anhänger zum höheren Selbst führen. Die auf materialistische Zielvorstellungen konditionierte Welt war für den Guru dekadent. Er forderte in seinen Büchern, die teilweise große Auflagen erreichten, die Umkehr und die Konzentration auf spirituelle Ziele. Ende der 80er Jahre träumte er davon, Japan zu einem mystisch gesegneten Reich, dem irdischen Shambala, zu machen und anschließend das Heil in die übrige Welt zu tragen. Notfalls mit Gewalt.

Damit begannen sich die apokalyptischen Visionen bei ihm festzusetzen. Seine Prophezeiungen nahmen immer düsterere Formen an, die christlichen Versatzstücke gewannen in seinen apokalyptischen Visionen an Bedeutung. Ende der 80er Jahre wollte Asahara noch einen Großteil der Weltbevölkerung vor der Apokalypse retten. Später schottete Asahara seine Sekte immer stärker ab. Der Guru gab die Welt verloren und entwickelte Rachegefühle. Die apokalyptische Erlösung reservierte er nun für seine Bewegung. Asahara sagte Harmagedon für das Jahr 2000 voraus. Gleichzeitig prophezeite er einen dritten Weltkrieg.

Ohne den Import von okkulten Heilsvorstellungen aus dem Westen wäre Aum wohl kaum so stark in den Endzeitwahn abgedriftet. Asahara rutschte nämlich in die apokalyptische Scheinwelt ab, als er sich mit den verschiedenen Strömungen aus dem Bereich von New Age und Esoterik westlicher Prägung befaßte. Der Guru war fasziniert vom unerschöpflichen Reservoir kultischer und okkulter Ideen und Theorien, die ihm die westlichen New-Age-Strömungen und theosophischen Zirkel boten. Von Nostradamus bis zu Share international mit dem apokalyptischen Weltenlehrer Benjamin Creme, von den Weltverschwörungstheorien bis zu den Rosenkreuzern, von der christlichen Apokalypse bis zur Astrologie verschlang er die gesammelten Endzeittheorien amerikanischer und europäischer »Propheten« und Kultgruppen. Dieser kultische Mix förderte seine Verschwörungsängste und begünstigte die Fanatisierung. Wahrscheinlich verwirrte diese Überdosis an okkulten und apokalyptischen Ideen sein Bewußtsein weiter und brachte ihn zur Überzeugung, daß nur die selbst inszenierte Apokalypse Erlösung für ihn und seine Anhänger bringen konnte.

Shoko Asahara kontrollierte seine Anhänger nicht nur durch die Entfremdung von der angestammten Umgebung und die enge Bindung an die Ashrams, der Guru verordnete ihnen spartanische Yogaübungen, die sie an die Grenze körperlicher und psychischer Belastung brachte. Auch Reinigungsprozeduren, Schlafentzug und Psychostreß gehörten zu den Indoktrinationsritualen, die oft mit Drogen unterstützt wurden und bewußtseinsverändernde und persönlichkeitszerstörende Prozesse auslösten.

Die entwürdigenden Kultpraktiken grenzten teilweise an Folter und verlangten einen absoluten Gehorsam. Asahara benutzte zur Manipulation und Disziplinierung auch körperliche Züchtigungen, die in einzelnen Fällen wahrscheinlich tödliche Folgen hatten, wie Abtrünnige vermuten. Die Anhänger waren Marionetten im apokalyptischen Theater des Gurus, Statisten auf der Bühne eines größenwahnsinnigen Egomanen, der sich als neuer Messias berufen fühlte, die spirituelle Autorität für die gesamte Menschheit zu sein.

Erstaunlicherweise vermochte Asahara mit seinen asketischen Lebensformen viele Akademiker anzuziehen. Die Kultbewegung expandierte ins Ausland und hatte bald Zehntausende von Anhängern. Asahara behauptete gar, mehrere hunderttausend Adepten würden ihn als göttliche Autorität verehren. Allein in Rußland ließen sich rund 30000 Anhänger in den Bann des Gurus ziehen. In Japan sollen es aber »nur« 10000 gewesen sein.

Die apokalyptischen Visionen wurden Anfang der 90er Jahre zunehmend von Verschwörungs- und Verfolgungsängsten überlagert. Das klägliche Abschneiden von Asahara und zwei Dutzend seiner Anhänger bei den Wahlen ins Unterhaus des japanischen Parlaments förderten die Endzeitsehnsucht. »Aum war überzeugt, daß alle spielend gewinnen würden«, schreibt Damian Thompson in *Das Ende der Zeiten*. Der Autor, der in Japan recherchierte, vermutet, daß diese Niederlage »die Hauptursache für die Verwandlung von Aum in eine geschlossene Sekte« war. Asahara gab Anfang der 90er Jahre die »Welt« auf. Er konzentrierte sich nun darauf, seine erleuchtete Gruppe vor der Apokalypse zu retten.

Er wollte nun nicht mehr nur als Seher und Prophet wirken, sondern das Schicksal der Menschheit beeinflussen. Die Apokalypse bekam im Lauf der Jahre eine andere Qualität: Asahara machte sich vom Avatar zum apokalyptischen Vollstrecker und mutierte vom Guru zum Gott, der davon träumte, die Endzeit um die Jahrtausendwende herbeizuführen.

Die tödlichen Anschläge waren Teil des apokalyptischen Programms des Kultführers. Moralische Skrupel mußten sich seine Anhänger nicht machen, wenn sie das Giftgas herstellten und in den U-Bahn-Stationen deponierten. Solche Aktionen gehörten zum göttliche Heilsplan, sagte ihnen der Guru. Der Fanal sei für die dumpfe Welt die einzige Chance, sich aus der spirituellen Dunkelheit ins mystische Licht zu transformieren. In ihrer Verblendung glaubten die Aum-Anhänger, der Menschheit die apokalyptische Erlösung mit tödlichen Waffen bringen zu müssen.

Angesichts dieser unfaßbaren Ereignisse rund um die Aum-Sekte scheinen die üblichen Erklärungsmuster sektenhafter Prozesse nicht mehr zu greifen. Sicher, Shoko Asahara ist ein Psychopath. Aber läßt sich damit der Wunsch erklären, weite Teile der Menschheit mit Giftgas und anderen Vernichtungswaffen auszuradieren? Er mag ein Wahnsinniger sein und doch schaffte er es, Tausende von überdurchschnittlich gebildeten Anhängern in seinen Bann zu ziehen und teilweise wie Vieh zu halten. Mit Wahrnehmungsverschiebungen, Realitätsverlust und sektenhaftem Fanatismus läßt sich das Phänomen Aum Shinri Kyo nicht befriedigend erklären. Schließlich galt der Kult noch wenige Jahre vor dem Drama als harmlose spirituelle Bewegung, deren Mitglieder mit Hilfe von Meditation und Yoga ein höheres Bewußtsein entwickeln wollten.

Erklärbar wird das apokalyptische Phänomen am ehesten damit, daß in religiösen Grenzbereichen irrationale und übersinnliche Phantasien blühen, die sich dem menschlichen Vorstellungsvermögen entziehen. Der apokalyptische Wahn des Gurus war ein psychischer Supergau: die Vorstellung eines kranken Geistes, im Namen einer göttlichen Autorität die Endzeit vollziehen zu müssen.

Shoko Asahara stand Ende April 1996 erstmals vor Gericht. In der öffentlichen Meinung hätte der Guru sofort zum Tode verurteilt werden sollen. Doch die Richter haben es nicht leicht, denn Shoko Asahara machte seine Hände nicht dreckig, sondern hatte »nur« Befehle erteilt. Juristisch ist es schwierig, den Guru als Haupttäter zu verurteilen. Die Richter können ihn womöglich nur als Mittäter belangen. Der Strafrahmen ist also beschränkt. Außerdem steht der Staatsanwalt vor einem schwierigen Beweisverfahren. Wie soll er schlüssig nachweisen, daß rund 100 intelligente, mit den Diplomen der angesehensten Universitäten dekorierte Menschen Asahara blindlings gehorchten? Das Verfahren dauert wahrscheinlich noch Jahre.

Mitschuldig sind aber auch die Polizei, die Justiz und die Behörden. Sie nahmen ihre Verantwortung nicht wahr, als die Verdachtsmomente gegen Aum vor dem Anschlag in Tokio bereits erdrückend waren. Noch heute verschanzen sie sich hinter dem Artikel 20 der japanischen Verfassung, der die Religionsfreiheit garantiert.

19 Universelles Leben: Das Neue Jerusalem in Würzburg

Zu den Glaubensgemeinschaften mit einem ausgeprägten End-zeitcharakter gehören auch die Neuoffenbarungsgruppen. Sie zeichnen sich durch ein christliches Fundament aus, auf das sie esoterische Heilstheorien pfropfen. Die Heilsbringer dieser apokalyptischen Glaubensgemeinschaften behaupten, sie wür-den aktuelle Botschaften aus dem Jenseits empfangen und seien deshalb befähigt und autorisiert, mit ihren Offenbarun-gen die Bibel fortzuschreiben und zu aktualisieren. Die Kult-gründer und Sektenführerinnen wirken laut Eigendefinition als Sprachrohr Gottes oder benutzen ein Medium, das angeb-lich göttliche Durchsagen empfängt.

Der Absolutheitsanspruch gipfelt im Glauben, Gott oder seine himmlischen Helfer würden sich exklusiv an die irdi-schen Neuoffenbarer wenden. Die Anhänger dieser Glaubens-gemeinschaften sind überzeugt, zur auserwählten Heilsgruppe zu gehören. Die Tatsache, daß Gott direkt mit den Menschen kommuniziere, werten sie als Zeichen der anbrechenden End-zeit. Den Gläubigen wird suggeriert, sie müßten während ihrer irdischen Mission das Reich Gottes auf Erden vorbereiten. Die Sektenführer versprechen ihnen als Gegenleistung den Schlüs-sel zum Paradies.

Die neuoffenbarerischen Glaubensgemeinschaften haben ihr Heilsrezept in fast idealer Weise auf die apokalyptischen Ängste und religiösen oder esoterischen Bedürfnisse vieler desorientierter, nach übersinnlichen Phänomenen suchenden Menschen der modernen Zivilisation ausgerichtet. Sie bieten ihren Anhängern neue religiöse Visionen, ohne ihnen die alten zu nehmen. Die Bibel hat nach wie vor Gültigkeit, die Zeit nach Jesus ist aber eine esoterische. Der Nutzen ist beträchtlich: Die Eintrittsschwelle wird niedrig, der Anreiz groß und der Glaube an die Erlösung zur Gewißheit. Ein ideales Angebot auf dem Religionsmarkt, das dem Kosumverhalten vieler Menschen in unserer Zeit entspricht. Und ein gut konzipiertes Produkt, das den Existenzängsten, esoterischen Bedürfnissen und Allmachtsphantasien in optimaler Weise entgegenkommt. Die Neuoffenbarer haben die (vermeintliche) religiöse Quadratur des Kreises gefunden.

Im deutschsprachigen Raum haben sich drei Neuoffenbarungsgemeinschaften mit beträchtlichem Erfolg etablieren können. Gabriele Wittek gründete das Universelle Leben, Uriella die Gemeinschaft Fiat Lux und Paul Kuhn die St. Michaelsvereinigung.

Mit Christusbetrieben den Weltuntergang überstehen

Gabriele Wittek ist die erfolgreichste Neuoffenbarerin. Sie versteht es am besten, sich als göttliches Sprachrohr zu präsentieren und ihre christliche Wundertüte in esoterisches Hochglanzpapier einzupacken. Ihre Losung: »Diese in der Welt einzigartige Offenbarung geht weit über den Inhalt der Bibel hinaus.« Wittek macht sich somit zur·»Prophetin« der Propheten.

Die 1931 geborene Gabriele Wittek wuchs bei Augsburg auf und wurde katholisch erzogen. Sie verkraftete den Tod ihrer Mutter 1970 schlecht. Die damalige Hausfrau suchte nach übersinnlichen Möglichkeiten, um mit ihrer verstorbenen Mutter Kontakt aufzunehmen. In Seminaren und Workshops wurde sie mit der mystischen Welt vertraut. Wittek lernte ein Medium kennen, das angeblich Jenseitskontakte herstellen konnte. Eines Tages erschien ihr angeblich ein Geistwesen, das ihre medialen Fähigkeiten offenbarte.

Bald meinte Wittek, Verbindung zu den höheren geistigen Ebenen aufnehmen zu können. Am ersten Todestag sei ihr die Mutter erschienen, erklärte sie. Den Durchbruch schaffte sie nach eigenen Angaben 1975, als sie die Fähigkeit erlangt habe, »Impulse aus dem Geiste Gottes« aufzunehmen. Sie behauptete, Jesus spreche durch sie und verstand sich fortan als Sprachrohr Christi und Medium ihres Geistlehrers Bruder Emanuel. Wittek will den Auftrag erhalten haben, das Reich Gottes vorzubereiten.

Seit diesem paranormalen Schlüsselerlebnis empfängt das »Sprachrohr Gottes« regelmäßig himmlische Durchsagen. Gabriele Wittek gründete 1987 in Würzburg die »erste Gemeinde im werdenden Friedensreich Jesu Christi«. Ihre Glaubensgemeinschaft versteht die »Prophetin« als weltweite prophetische Lehrkirche und die »wahre Weltreligion«. Wittek scheute sich nicht, den Absolutheitsanspurch offen zu verkünden.

Die »Prophetin« nannte ihr Werk ursprünglich »Heimholungswerk Jesu Christi« und brachte die apokalyptische Idee damit programmatisch zum Ausdruck. Der Sprachgebrauch ist auch in der Johannes-Offenbarung zu finden. Der Name läßt eigentlich nur zwei Interpretationen zu: Entweder will Wittek die Heimholung vollenden, die Jesus begann, oder sie versteht sich selbst als der wiedergekommene Messias.

Später gab Wittek ihrer Glaubensgemeinschaft den Namen Universelles Leben und betonte damit den esoterisch-mystischen Aspekt stärker. Aber auch diese Bezeichnung hat einen apokalyptischen Beiklang. Versprochen wird ein universelles Leben, das für Christen nur im Paradies verwirklicht werden kann und für Esoteriker auf den Einklang mit den ewigen kosmischen Gesetzen hinweist.

Wie die Mormonen nennen sich die Anhänger des Universellen Lebens Christen. Werden sie darauf aufmerksam gemacht, daß das esoterische Brimborium und der Glaube an die Wiedergeburt unvereinbar mit dem christlichen Glauben sind, verweisen sie auf die Neuoffenbarungen, in denen Gott angeblich die Reinkarnation bestätige. Gleichzeitig drehen die UL-Anhänger den Spieß um und bezichtigen die christlichen Großkirchen der falschen Lehrmeinung. Wie viele Esoteriker behaupten sie, die Bibel habe ursprünglich die Wiedergeburt verkündet, doch die Kirchenhierarchie habe sie später aus der Heiligen Schrift verbannt.

Aufschlußreich sind auch Begriffe wie »Bundgemeinde Neues Jerusalem im Universellen Leben«, der das Sektenzentrum bei Würzburg benennt und *Christusstaat*, der Name der UL-Zeitung. Wittek »vereinnahmt« Jerusalem, wo sich die Heilsgeschichte der Juden und Christen entscheiden soll, für sich und »verlegt« die neue heilige Stadt nach Deutschland. Und um den globalen Anspruch zu unterstreichen, schmückt sie das Organ ihrer Glaubensgemeinschaft mit dem Untertitel »weltweit« oder »international«.

Die Schriften und Tonbänder des Universellen Lebens sind reich an apokalyptischen Schilderungen. Wittek vermischt bei ihren Prophezeiungen Bilder aus der Johannes-Offenbarung mit esoterisch-okkulten Endzeitvorstellungen. Sie spricht von der Zeitenwende, wenn das Fische-Zeitalter in das Wassermann-Zeitalter übergehe und behauptet, die »Urzentralsonne« werde verstärkt strahlen, was die Läuterung erleichtere.

Ufos retten die Rechtgläubigen

Ursprünglich versprach die Würzburger Glaubensgemeinschaft mit rund 50 000 Anhängern in Deutschland, Österreich und der Schweiz, ihre Gläubigen würden mit Ufos vor den apokalyptischen Katastrophen gerettet. Eine Vision, die auch Fiat Lux und die St. Michaelsvereinigung verkünden (siehe Kapitel 20 und 21). Auf der andern Seite schildert Wittek apokalyptische Umweltkatastrophen und eine Völkerschlacht, die an die biblischen Szenarien erinnern. Wie bei Johannes sollen die Anhänger des UL die Drangsal überleben, weil sie das befreiende Siegel auf der Stirn tragen. Für die heilsgeschichtliche Erlösung sind laut Wittek wieder esoterische Phänomene zuständig. So soll die Welt vollendet sein, wenn die

Menschen ihr göttliches Bewußtsein entdeckt und entwickelt haben.

Für die Anhänger des Universellen Lebens ist der Gottesgeist, der sich angeblich durch die Prophetin Wittek offenbart, »unser einziger Führer«. Wittek gilt im UL als der »große All-Stern«. Nach der Manier esoterischer und okkulter Führungsgestalten oder Lichtfiguren vereint sie in sich eine ganze Reihe von Geistwesen und Inkarnationen. So habe sich der Erzengel der göttlichen Weisheit in ihr inkarniert, sie bezeichnet sich aber auch als das »hohe Geistwesen im Erdenkleid« und als Lehrprophetin Gottes.

Eine Kostprobe der himmlischen Durchsagen liefert der *Christusstaat* vom Juni 1991: »In diese Welt sandte Ich (gemeint ist der Sprecher aus dem Jenseits, der wie in esoterischen Kultgruppen mit großen Buchstaben angeführt wird; Anm. d. Verf.) auch ein Wesen, das im Erdenkleid Mir als Lehrprophetin und Botschafterin dient.« Es besteht kaum ein Zweifel, daß mit dem Wesen im Erdenkleid Gabriele Wittek gemeint ist. Durch sie lehre Gott die Menschen, wie sie das kosmische Gesetz erfüllen können, heißt es im Artikel weiter.

Viele Durchsagen aus dem Jenseits haben einen apokalyptischen Inhalt. Schon am 15. Dezember 1986, also kurz vor der offiziellen Gründung des Universellen Lebens, verkündete der *Christusstaat*: »Der Planet Erde wird nicht untergehen; er wird sich nur reinigen. Wir wissen, daß Wasser reinigt – und so wird ein Großteil der Kontinente überflutet werden – der Herr kündigte dies in mehreren Offenbarungen in den letzten Wochen an.« Wenn die Erde gesäubert sei, entstehe das Weltreich Jesu Christi, das »im Geiste« wiederkommen werde. Die Christusfreunde im UL legten jetzt schon das Fundament dazu, heißt es in dem Artikel.

In einer Präambel erweckt das Universelle Leben ebenfalls den Eindruck, als stünde die Endzeit direkt vor der Tür. Das Tausendjährige Gottesreich sei im Entstehen, verkündet der Text. Es beginne mit der Ersten Gemeinde, nämlich Jerusalem.

»Das Neue Jerusalem für das Tausendjährige Friedensreich
Jesu Christi wurde am 8. November 1987 in Würzburg gegründet. Aus der Gemeinde Jerusalem wächst der Christusstaat
(...) mit seinen vielen Gemeinden in vielen Orten und Ländern dieser Erde.« Das Würzburger Jerusalem, die Stadt Gottes
auf Erden, strahle die ewigen Gesetze in alle Gemeinden aus,
heißt es in der Präambel weiter. Wer sich dem Christusstaat
nicht anschließt, gilt als Element des Dämonenstaates, das negative Energien schaffe. Im Zeitalter der Erlösung trete verstärkt das Urlicht, die Urkraft auf, die alles umwandle und die
Erde und den Himmel neu machen werde, heißt es in einem
Flugblatt des UL. Und im *Christusstaat* vom Dezember 1986
wird verkündet, die große Zeitenwende und die Endzeit stünden nicht mehr bloß kurz bevor, sondern seien bereits da.

Wie weit sich die apokalyptischen Sehnsüchte schon ins Bewußtsein der »Urchristen« gegraben und wie stark sie sich von
der Alltagsrealität entfremdet haben, macht ein Artikel im Extrablatt von *Christusstaat international* vom März 1991 deutlich. Unter dem Titel »Wir distanzieren uns!« nimmt das UL
nicht nur Abstand von kirchlichen und politischen Personen
und Institutionen, sondern von allen, die gegen das göttliche
Gesetz seien, wie es Gabriele Wittek verkörpere. »Wir leben in
dieser Welt, aber nicht mehr mit dieser Welt«, lautet das apokalyptische Programm der Glaubensgemeinschaft, die in der
selbstgewählten Isolation auf die Endzeit wartet.

Die Gläubigen wollen göttlich werden

Die UL-Zeitung *Christusstaat weltweit – das Wort der Bundgemeinde Neues Jerusalem im Universellen Leben* vom Oktober 1993 verkündet: »Wir sind auf Erden, um wieder göttlich
zu werden, indem wir uns läutern und die unsterbliche Seele in
uns von unseren Belastungen aus diesem und früheren Leben
befreien.«

In der gleichen Nummer findet sich ein Artikel mit dem Titel »Vor der Apokalypse«. Auf den Trümmern der untergehenden Zivilisation entstehe ein neues Zeitalter, das Friedensreich Jesu Christi, auf dem »eine lichtere Menschheit auf einem höherschwingenden Planeten« heranwachsen werde. Dabei gehe es um Grundsätzliches: »Auf einem sinkenden Schiff sind ein paar neue Liegestühle unbehelflich.« Vielmehr gelte es, die Rettungsboote flottzumachen, damit diejenigen einsteigen können, welche die Schieflage des Schiffs ernst nehmen würden.

Das UL kultiviert nicht nur religiöse Endzeitvisionen, sondern auch weltliche. Wie Scientology oder die Psychosekte Verein zur Förderung der Psychologischen Menschenkenntnis (VPM) vergleichen sich die Gläubigen des UL mit den Juden in den 30er Jahren. Sie würden von den Medien und Kirchen verfolgt und ausgegrenzt wie die jüdische Bevölkerung in Deutschland nach der Machtübernahme der Nazis. Das UL wertet die kritischen Medienberichte und die angeblichen Repressionen von Behörden und Institutionen als generalstabsmäßigen Angriff auf das »Neue Jerusalem«.

So beklagt sich das UL im *Christusstaat* immer wieder, Sektenspezialisten der Großkirchen und die ihnen hörigen Journalisten und Politiker betrieben eine Rufmordkampagne. Die katholische Kirche, der schon früher kein Verbrechen zu ruchlos gewesen sei, störe den öffentlichen Frieden. Sie nehme den Mord, der dem Rufmord bekanntlich folge, in Kauf (*Christusstaat* vom Oktober 1993). Staat und Justiz, die den kirchlichen Menschenjägern tatenlos zuschauen würden, gehörten zu den »Feinden der Verfassung«, verkündete der *Christusstaat* vom September 1993. Und schon früher berichtete die Zeitung über eine Demonstration, welche die Urchristen vor den deutschen Botschaften in Bern und Wien durchgeführt hätten, um darauf aufmerksam zu machen, daß es in Deutschland zu einer Christenverfolgung gekommen sei, die nur mit der Judenverfolgung durch die Nazis zu vergleichen sei (*Christusstaat* vom Dezember 1987).

Diese angebliche Verfolgung wertet die UL-Chefin Wittek als apokalyptisches Signal. Schließlich prophezeie die Bibel, daß der Antichrist seine Aggressionen in der Endzeit vor allem auf die Bundgemeinde Neues Jerusalem richte. Solche Prophezeiungen lassen Wittek bei den Anhängern in »göttlichem Licht« erscheinen. Sie ertragen die angeblichen Leiden im Bewußtsein, den heilsgeschichtlich entscheidenden Beitrag an das kommende Reich Gottes zu leisten. Die vermeintliche irdische Drangsal wird als apokalyptische Gnade gewertet.

Der deutsche Sektenspezialist Wolfgang Behnk zitiert in seiner Schrift *Abschied vom »Urchristentum«?* einen Beschluß des Bayerischen Verwaltungsgerichtshofs, in dem sich die Richter um das Wohl der Gläubigen sorgten. Die im Universellen Leben ständig propagierten Verschwörungs-, Rufmord- und Mordtheorien könnten bei den Anhängern »tatsächlich zu einer Art Verfolgungshysterie führen«.

Angesichts dieser Verfolgungsängste überrascht es nicht, daß das UL auch in den Chor jener Rechtsradikalen und esoterisch-okkulten Gruppen einstimmt, welche die zionistisch-freimaurerische Weltverschwörungstheorie kolportieren (siehe Kapitel 8 und 11). Behnk nennt dies die dritte, von Wittek konstruierte »apokalyptische« Botschaft, in der der Endsieg nach dem »Endkampf« gegen die dämonischen »Mächte der Finsternis« offenbart werde (UL-Broschüre »Das ist mein Wort«). Diese Mächte versuchten vor allem mit Hilfe von jüdisch unterwanderten »Illuminaten«-Geheimlogen eine antichristlich-satanische Weltdiktatur zu errichten (Extrablatt von *Christusstaat international* vom November 1993).

Christusbetriebe sichern das Überleben
nach der Apokalypse

Das UL hat viele »Christusbetriebe« gegründet, in denen die Anhänger von Gabriele Wittek einen enormen Arbeitseinsatz leisten. Die weit über 100 Firmen in und um Würzburg umfassen Handwerks- und Dienstleistungsbetriebe, Lebensmittelgeschäfte, in denen die biologischen Produkte aus den eigenen Bauernhöfen verkauft werden, Kliniken usw. Geplant war auch ein eigenes Geldinstitut, die Christliche Genossenschaftsbank. All diese Betriebe und Firmen haben eine apokalyptische Funktion. In *Christusstaat* vom Oktober 1993 heißt es dazu: »Durch solche und ähnliche Aktivitäten (Altenheime, Schulen, Kindergärten) üben sich gegenwärtig die Urchristen im Universellen Leben in ein Leben und Arbeiten nach der Bergpredigt ein. Sie schaffen damit zugleich eine wachsende Zahl von Betrieben und Einrichtungen, die in der ›großen Not‹ der bevorstehenden Apokalypse Nahrung und Obdach, medizinische Versorgung und geistigen Trost bieten können – so sie im ›Zeichen des Lammes‹ stehen und überleben, um selbstlose Hilfe zu leisten.«

Eine Investition für die Zukunft also, um nach der Apokalypse auf eine funktionsfähige Infrastruktur zurückgreifen zu können. Die Christusbetriebe sind Teil eines Katastrophenschutzes, wie der *Christusstaat* (Nr.9/1991) betont. Tatsächlich verkauften verschiedene Gläubige ihre Häuser und Geschäfte oder gaben die Berufskarriere auf, um sich ganz in den Dienst der Endzeitsekte zu stellen. Darunter finden sich überdurchschnittlich viele Lehrer und Akademiker, vom Arzt über den Anwalt zum Zahnarzt, die in den eigenen Betrieben und Kliniken für einen Gotteslohn arbeiten. Etliche haben ihr Vermögen eingebracht oder als zinsgünstiges Darlehen zur Verfügung gestellt.

In jedem Fall fordert das UL beträchtliche »Abgaben«: »Damit die Gemeinde erhalten bleibt und sich vergrößern kann, bedarf es der Hilfe jedes einzelnen. Daher sollte jeder den Zehnten einbringen, jede Woche oder jeden Monat«, heißt es in einer Broschüre des UL. Diese Forderung ist vor allem an jene Anhänger gerichtet, die sich bisher nicht entschließen konnten, im Schoß der Sekte zu wirken. Das Bischöfliche Ordinariat Würzburg, das die Aktivitäten des UL genau beobachtet, spricht von Tausenden von Anhängern, die ihre Ersparnisse und Vermögen in die Glaubensgemeinschaft eingebracht haben. Das UL erwecke den Eindruck, als seien die wirtschaftlichen Ziele mindestens so zentral wie die religiösen.

Wer sich mit der Literatur und der Heilslehre des UL befaßt, stellt fest, daß der biblische Gott der »Urchristen« im UL gleichzeitig auch ein esoterisches oder mystisches Wesen ist. In mehrjährigen Meditationskursen beschreiten sie den siebenstufigen »inneren Pfad«, um sich vom Karma zu befreien und dereinst als reine Geistwesen in den Himmel einzugehen. Für die etablierten christlichen Kirchen hat die Sektenführerin Wittek nur Hohn und Spott übrig. Das katholische Meßopfer betrachtet sie als heidnischen Kult.

Das Konzept von Gabriele Wittek ist so widersprüchlich, wie eben ein Heilsmix aus Christentum und Esoterik zwangsläufig werden muß. Solche Kritik ficht die Anhänger nicht an und schon gar nicht die »Prophetin« selbst. In der göttlichen Sphäre ist die menschliche Logik keine ernstzunehmende Größe. Schließlich müssen sich die göttliche Autorität und ihr Medium nicht erklären und schon gar nicht rechtfertigen. Und was Menschen als unlogisch erscheint, muß in der kosmischen Kategorie noch lange nicht widersprüchlich sein, trösten sich die Anhänger. Der Erfolg gibt der »Stamm-Mutter« recht: Wittek hat mit den apokalyptischen Visionen in wenigen Jahren Tausende von Anhängern in ihren Bann ziehen können. Eine kapitalistische Leistung ist der Aufbau der zum Firmenimperium zusammengeschweißten Gottesbetriebe.

Die apokalyptischen Visionen des UL müssen ernst genommen werden. Wer im Auftrag von Gott Endzeitszenarien skizziert, schürt Todessehnsüchte. Wittek muß aufpassen, daß der gruppendynamische Prozeß nicht irgendwann eine Eigendynamik entwickelt. Vor allem dann, wenn sich die prophezeite Apokalypse oder Wendezeit partout nicht einstellen will und ein Teil der Anhänger die Offenbarungen oder Durchsagen anzuzweifeln beginnt. Man muß sich nur die Aussage von Gabriele Wittek in Erinnerung rufen: »Wir leben in dieser Welt, aber nicht mehr mit dieser Welt.«

20 Fiat Lux: Uriellas Entrückung mit Ufos

Ein ähnliches Heilskonzept wie Gabriele Wittek entwickelte die 1929 geborene Neuoffenbarerin Erika Bertschinger. Die Gründerin des Ordens Fiat Lux (lat.: Es werde Licht), die sich ihren Anhängern stets mit einem Diadem in der schwarzen Perücke und in langen weißen Gewändern präsentiert, bezeichnet sich als »Volltrance-Sprachrohr Jesu Christi«. Die wie eine Braut auftretende Heilsbringerin mit dem Geistnamen Uriella will die göttlichen Botschaften in Volltrance erhalten. Das Gesicht des Schweizer Mediums nimmt bei den Ritualen einen Ausdruck der Verklärung an, sie hebt ihre Stimme und übermittelt in schwülstigem Vortrag die angeblich authentischen Worte Gottes.

Uriella behauptet, der Sohn Gottes spreche direkt durch sie. Einem Journalisten der Zürcher Zeitung *Tages-Anzeiger* verriet die Fiat-Lux-Gründerin, sie könne anhand astrologischer Kosmogramme und ihrer Handlinien beweisen, daß sie das Sprachrohr Gottes sei. Sie fühlt sich durchdrungen vom Christusbewußtsein, das angeblich in ihrem Körper, dem Tempel Gottes, wohne.

Legendär ist ihr »Erleuchtungsakt«. Uriella stürzte 1973 bei einem Ausritt vom Pferd, fiel auf den Kopf und verletzte sich schwer. Laut eigener Aussage soll dabei ihr Kleinhirn Schaden genommen haben. Als sie im Krankenhaus aufwachte, seien Engel um ihr Krankenbett gestanden. Kurz danach empfing sie Offenbarungen.

Erika Bertschinger verkehrte Anfang der 70er Jahre in verschiedenen spiritistischen Kreisen in der Schweiz, in England und den USA. Besonders angetan war sie von der mystischen und okkulten Welt in der Geistigen Loge von Zürich, einem spiritistischen Bund, der durch seine medialen Jenseitskon-

takte Aufsehen erregte. Dort lernte sie den reichen Textilfabri-
kanten Max Bertschinger kennen, den sie 1977 heiratete. Mitte
der 70er Jahre scharte sie in Egg bei Zürich selbst Anhänger
um sich, um ihnen die Geistschulung angedeihen zu lassen.
Gleichzeitig löste sie sich von der Geistigen Loge. Uriella offenbarte ihren Kultmitgliedern, daß sie an Weihnachten 1975
zum ersten Mal in Trance gefallen sei und seither stets in Verbindung mit Christus stehe. Gott habe sie mit den höchsten
Gaben gesegnet, in dem er sie hellsichtig, hellhörend und hell-
empfindend gemacht habe, verkündete Uriella.

Doch nicht genug, Gott habe ihr die Kraft der Bilokation,
Präkognition und der Geistheilung gegeben. Uriella glaubt
also, sie könne gleichzeitig an zwei verschiedenen Orten sein,
in die Zukunft schauen und Kraft ihrer Geistesfähigkeiten
Kranke heilen. Ab 1984 verkündete Uriella die Botschaften aus
dem Jenseits. Inzwischen hat sie angeblich rund 600 Offenbarungen empfangen, die ihr mehrheitlich von Jesus Christus
und Maria übermittelt worden seien. Uriella wird von den Fiat-
Lux-Mitgliedern als »derzeit letztes und einziges Sprachrohr
auf dieser Welt« verehrt.

Max Bertschinger starb kurz nach der Heirat mit Uriella.
1984 heiratete das Medium den suspendierten deutschen katholischen Pfarrer Kurt Warter, der den Geistnamen Uriello bekam. Er soll, bevor er sich nach Zürich absetzte, 150 000 Mark
an kirchlichen Spendengeldern auf ein Zürcher Konto über-
wiesen haben. Dem »Sprachrohr Gottes« blieb das irdische
Glück mit ihren Ehemännern versagt: Uriello starb 1988 bei
einem Autounfall.

Der Orden Fiat Lux wurde am 12. Januar 1980 von Jesus
Christus persönlich gegründet, wie Uriella betont. Anfang der
80er Jahre entdeckte sie das kleine Dorf Strittmatt im südlichen
Schwarzwald, ein angeblich mystischer Ort. Das »Sprachrohr
Gottes« errichtete dort 1985 ein neues Ordenszentrum, die Be-
thanien-Stiftung. Seither kauften ihre Anhänger in Strittmatt
mehrere Häuser. In der Nachbargemeinde Ibach ist ebenfalls

ein Ableger entstanden. Im österreichischen Sitterdorf in Kärnten unterhält Fiat Lux ein weiteres kleines Zentrum. Im Appenzellerland, dem Schweizer Mekka für Naturheiler, führt Uriella eine Praxis für Geistheilung. Tausende glauben an die geistigen Heilkräfte von Uriella und nehmen ihre Dienste in Anspruch.

Uriella hat eine synkretistische Lehre aus christlichen Grundideen, Reinkarnations- und Karmatheorien, apokalyptischen Szenarien, esoterischen und spirituellen Versatzstücken, okkulten Vorstellungen, Weltverschwörungsideen, Numerologie, alternativer Medizin und ökologischen Gedanken entwickelt. Ihre »himmlischen Botschaften« vermitteln den Anhängern einen Einblick in die Pläne Gottes und schreiben die Heilsgeschichte fort. Die Ordensmitglieder glauben, der Gottesfunke sitze auf dem Sinusknoten, »der sich im Vorhof der rechten Herzkammer befindet«. Das Herz erhält angeblich Impulse von diesem Knoten.

Legendär ist auch das Athrumwasser, das Uriella mit einem eigentümlichen Ritual »erzeugt«. Vor einer vollen Badewanne kniend, rührt sie mit einem silbernen Löffel 21 Minuten lang das Wasser. Um die kosmischen Athrumstrahlen zu bündeln, hebt sie die rechte Hand. Die Anhänger holen das »heilige Wasser« kanisterweise ab und benutzen es zum Trinken, Waschen und Desinfizieren von Wunden. Bakteriologische Untersuchungen ergaben zwar, daß das abgestandene Wasser gefährlich hohe Konzentrationen von Bakterien enthält. Doch gegen den unerschütterlichen Glauben an die heilende Wirkung des Athrumwassers haben wissenschaftliche Untersuchungen kein Gewicht.

Jesus findet keinen Gefallen an Hosen

Uriella will die Menschen zur Umkehr bewegen, bevor die Endzeit anbricht. Unter den rund 700 Ordensanhängern, die teilweise auf Geistnamen hören, finden sich viele, die glauben, in früheren Leben bedeutende Persönlichkeiten gewesen zu sein. Sie hüllen sich in helle Kleider, die Rituale finden ganz in Weiß statt. Dunkle Farben stören die Schwingungen, behauptet Uriella in esoterischer Manier. Frauen tragen in der Regel keine Hosen, weil Jesus Christus daran keinen Gefallen finden könne.

Uriella verschreibt ihren Anhängern eine asketische Lebensweise, die den Weg zum Heil ebnen solle. Lebensfreude sollen die Anhänger nur auf der geistigen Ebene suchen. Sexuelle Enthaltsamkeit ist Ehrensache. Uriella erklärt, sie pflege zu ihrem vierten, um viele Jahre jüngeren Mann Icordo eine platonische Beziehung. »Wir sind miteinander verheiratet, weil wir uns lieben und unsere Ehe im göttlichen Plan vorgezeichnet ist.« Ihr einziger »Liebespartner« ist Jesus. Uriellas Anhänger bestätigen, daß sie einzig zur Zeugung von Nachwuchs sexuell verkehren würden. Das »Sprachrohr Gottes« behauptet, göttliche Signale würden ihm verraten, welche Anhänger am besten zueinander paßten und die Verbindung der Ehe eingehen sollen.

Das Fasten gehört zum religiösen Ritual. Besonders eifrige Mitglieder bringen es bis auf 100 Tage pro Jahr. Die Hauptnahrung besteht aus Rohkost. Fisch und Fleisch sind tabu, Nikotin, Kaffee, Alkohol und Tee werden gemieden, um den Körper, den Tempel Gottes, nicht zu vergiften. Außerdem sind Fernsehen, Rundfunk und Zeitungen verpönt. In den Ordensregeln, die alle Mitglieder unterschreiben müssen, heißt es: »Verzicht auf weltliche Lektüre und Vergnügungen jeglicher Art wie Fernsehen, Radiohören etc.«. Der Verhaltenskodex ist unmißverständlich: »Ein wahrer Fiat-Lux-Träger hält sich von jeglichen Lastern, Trieben, Süchten und Leidenschaften fern.« Außerdem müssen sich die Anhänger »gegen jegliche Trennung und Absplitterung innerhalb der Ordensfamilie« wehren.

Viele Kranke suchen die ehemalige Sekretärin in der Hoffnung auf, Uriella könne sie von »unheilbaren« Krankheiten befreien. Die Kultgründerin behauptet, Gott stelle durch sie die Diagnose. Das Medium zelebriert ein Befreiungsritual und verschreibt Naturheilmittel, die aus der »Apotheke Gottes« stammen. Der Katalog enthielt früher mehrere hundert »Heilmittel« gegen jede erdenkliche Krankheit, auch gegen Aids. Viele Anhänger geben ein halbes Vermögen für die Wässerchen, Tabletten und Ampullen aus.

Das Sprachrohr Gottes glaubt und macht ihren Anhängern weis, mit Hilfe der göttlichen Kraft praktisch alle Leiden heilen zu können. Auch Ferndiagnosen und Fernheilungen gehören zum Repertoire. Das »Sprachrohr Gottes« ist deshalb immer wieder mit dem Gesetz in Konflikt gekommen. Tatsächlich ist die Geschichte von Fiat Lux auch eine Geschichte von Strafanzeigen, Klagen, Hausdurchsuchungen und Prozessen. Dabei ging es nicht um religiöse Fragen, sondern um die Geistheilungen und die »Apotheke Gottes«.

Uriella wirkte ursprünglich im Kanton Zürich. Als sie mit dem Gesetz in Konflikt kam, eröffnete sie 1980 in Schwellbrunn, Kanton Appenzell-Ausserrhoden, eine naturärztlich-mediale Praxis. Bald darauf erhoben verschiedene Untersuchungsbehörden Strafverfahren wegen illegaler Abgabe von Heilmitteln gegen Uriella. Anfang der 80er Jahre wurde sie im Kanton Zürich erstmals gebüßt. Uriella vertrieb Zehntausende von sogenannten Ätherampullen, die unter anderem als Medikament gegen Krankheiten wie Aids, multiple Sklerose, Drogensucht und Depression verordnet wurden. Analysen beschlagnahmter Mittel zeigten, daß diese teilweise eine gewöhnliche Kochsalzlösung enthielten. Uriella verteidigte sich mit dem Argument, sie habe die Lösungen mit Hilfe der göttlichen Kraft molekularenergetisch aufgeladen.

Geistheilerin prognostiziert »erfundene« Krankheit

Nach der Expansion in den süddeutschen Raum bahnten sich bald Konflikte mit den deutschen Behörden an. Anfang der 90er Jahre verbot ihr das Landratsamt Waldshut, sich als Heilpraktikerin auszugeben. Uriella sei »eine Gefahr für die Volksgesundheit«. Die Behörden stützten sich dabei unter anderem auf den Fall einer damals 68jährigen Schweizerin, der von einem Sektenmitglied eingeredet worden war, sie leide wahrscheinlich an einem Krebs im Zwölffingerdarm. Die »Patientin« schickte Uriella ein Foto, damit die Geistheilerin eine Ferndiagnose stellen konnte.

Als Antwort bekam die Frau von Uriella ein ganzes Arsenal von Heilmitteln. Rund 20 verschiedene Ampullen und Pillen mußte sie täglich schlucken. Doch die Bauchschmerzen ließen nicht nach, sondern wurden immer stärker. Ihre Tochter traute der Geschichte nicht recht und setzte sich mit Uriella in Verbindung. Ihre Mutter leide unter Nierenkrebs im Endstadium, lautete die neue, überraschende Ferndiagnose. Doch keine Angst, meinte die Sektenchefin, sie werde sie schon heilen. Als die »Patientin« völlig abgemagert und entkräftet war, packte die Tochter der Zorn. Sie warf die ganzen Heilmittel in den Abfall. Bald darauf kehrte der Appetit ihrer Mutter zurück, und sie erholte sich rasch. Ein Arzt kam bei einer späteren Untersuchung zum Befund, die Frau habe nie unter Krebs gelitten.

Als sich die abenteuerlichen Geschichten über die »Wunderheilungen« von Uriella häuften, trat der Gesetzeshüter auf den Plan. Im Januar 1992 durchsuchten 50 Polizisten zwölf Häuser der Sekte, im Februar 1993 ließ die Staatsanwaltschaft Waldshut über 200 Wohnungen der Mitglieder überprüfen. Auch die Schweizer Behörden wurden aktiv. Im März 1994 verurteilte das Obergericht des Kantons Appenzell-Ausserrhoden Uriella zu einer Buße von 15 000 Franken, weil sie wiederholt gegen das Gesundheitsgesetz verstoßen hatte. Außerdem mußte sie 50 000 Franken abliefern, die als unrechtmäßige Gewinne ein-

gestuft worden waren. Das Gericht sah aber von einem Praxis-
verbot ab.

Uriella mußte auch Untersuchungen über sich ergehen lassen, weil der Verdacht auf Steuerhinterziehung bestand. Dabei
ergaben Schätzungen, daß Uriella allein zwischen 1988 und
1993 »Heilmittel« im Betrag von mehreren Millionen Mark
umgesetzt hatte. Auch gegen Uriellas Ehemann Icordo wurden
Untersuchungen wegen illegaler Einfuhr von »Heilmitteln«
nach Deutschland angestellt. Außerdem weigerte sich die Na-
turärzte-Vereinigung der Schweiz, Uriella in ihren Verband
aufzunehmen.

Trägt Uriella Mitschuld am Tod mehrerer Anhänger?

Im Mai 1996 stand Uriella in Waldshut vor dem Landgericht.
Die Anklage warf der Geistheilerin vor, sie sei mitverantwort-
lich für den Tod von mindestens zwei ihrer Anhängerinnen.
Ursprünglich hatte der Staatsanwalt in rund einem Dutzend
Fälle ermittelt, mehrheitlich wegen Verdacht auf fahrlässige
Körperverletzung. Da sich die Beweisführung als schwierig
erwies, beschränkte er sich auf die beiden Schlüsselfälle.

Anfang 1988 war eine hochschwangere 24jährige deutsche
Literaturwissenschaftlerin an einer Mittelohrentzündung
erkrankt. Uriella schickte ihrer Anhängerin per Telefon »hei-
lendes Licht« und verordnete ihr fernmündlich eine Schwe-
denkräuter-Tinktur, mit der sie ihre Ohrmuscheln äußerlich
behandeln müsse. Der Glaube der Frau an die Heilkräfte von
Uriella war unerschütterlich, auch als die Schmerzen uner-
träglich wurden. Die Infektion löste eine Hirnhautentzündung
aus. Erst als die junge Frau ins Koma gefallen war, brachte ihr
Mann sie ins Krankenhaus von Waldshut. Die Ärzte ließen sie
sofort per Helikopter in die Uniklinik nach Freiburg fliegen.

Zu spät. Selbst eine Notoperation konnte die Frau nicht
mehr retten. Sie starb am 6. März 1988. Immerhin gelang es

den Ärzten im letzten Moment, das Kind mit einem Kaiserschnitt zu retten. Der Oberstaatsanwalt ließ ein medizinisches Gutachten erstellen. Rechtzeitige Hilfe hätte die Frau rasch genesen lassen, erklärten die Sachverständigen. Uriella hingegen behauptete, die junge Frau sei gestorben, weil sie in der Klinik »zu viele Gifte in Form von Medikamenten erhalten hatte«.

Der zweite Fall betraf eine 48jährige Anhängerin von Fiat Lux. Die Mutter von zwei Kindern litt im Herbst 1988 an einer Blutvergiftung. Uriella sandte ihr »Licht« via Telefon und verordnete der Patientin Umschläge, Entgiftungs- und Kreislaufampullen, Notfalltropfen, Engelwurz, Ringelblumen und Tartarus. Bis zu zehn Uriella-Anhänger versammelten sich regelmäßig am Krankenbett. Bei Kerzenschein knieten sie nieder und zelebrierten ein mystisches Ritual. Mit den Daumen und Zeigefingern bildeten sie ein Dreieck, eine sogenannte Gemme, um angeblich das heilende Licht zu bündeln.

Vergeblich. Der Gesundheitszustand verschlechterte sich rasch. Nach zehn Tagen kreuzte Uriella persönlich am Krankenbett auf. Mit ihren Händen leitete sie den »Heilstrom« in den Körper der Patientin. Doch weder die »Apotheke Gottes« noch die geistigen Heilkräfte der Sektenchefin vermochten die Frau zu heilen. Sie starb am 5. Oktober 1988 nach großen Qualen.

Uriella wusch ihre Hände in Unschuld. Sie habe beiden Frauen geraten, ärztliche Hilfe in Anspruch zu nehmen, erklärte sie vor Gericht. Die Staatsanwältin hielt dies für eine Schutzbehauptung. Die Befragung von 26 Zeugen ergab jedoch, daß Uriella ihren Patienten bei schweren Krankheiten stets rate, einen Arzt zu konsultieren oder ein Spital aufzusuchen. Auch Angehörige bezeugten, die beiden Verstorbenen hätten den Rat zum Arztbesuch freiwillig ausgeschlagen.

Die Aussagen der Entlastungszeugen überraschten nicht, handelte es sich doch vorwiegend um Fiat-Lux-Anhänger. Sogar ehemalige Mitglieder nahmen Uriella in Schutz. Die *Neue Zürcher Zeitung* schrieb in einem Prozeßbericht vom 29. Mai

1996: »Beim selbsternannten Sprachrohr Gottes greifen juristische Werkzeuge offenbar nicht. Ob des lächerlichen Brimboriums des ›Lieber-Heiland‹-Kultes der Kirmes-Madonna, ihres goldbehangenen ›Icordo‹, der als dritter Prozeßverteidiger eifrig herumwuselte, und des erbärmlichen Seelenzustandes einiger ihrer Anhänger verschlägt es manchem ohnehin die Sprache.«

Der Nachweis sei nicht erbracht worden, daß Uriella die Frauen an einem Arztbesuch gehindert habe, erklärte das Gericht und sprach Uriella mangels Beweisen frei. Die Richter hegten zwar Zweifel an der Rolle der Sektenführerin, aus rechtlichen Gründen hatten sie aber keine andere Wahl, als Uriella freizusprechen. Das Urteil löste bei den rund 50 weißgekleideten Anhängern im Gerichtssaal einen Jubelsturm aus. Auf den Stufen des Gerichts huldigten sie Uriella mit einem Chor, begleitet von Geigen.

»Medikamente zerstören Hirn- und Blutzellen«

Ein Blick in die Heilslehre von Fiat Lux erhärtet den Verdacht, daß Uriella zumindest moralisch mitverantwortlich für den Tod verschiedener Anhänger sein könnte. Die Geistheilerin verteufelt die Schulmedizin mit fanatischem Eifer und schürt bei den Mitgliedern eine ausgeprägte Angst vor den Ärzten und ihren Heilmethoden. So weigern sich die Uriella-Anhänger in der Regel, herkömmliche Medikamente einzunehmen.

Icordo hat zum Beispiel in seinem Vortrag »Gottes Glocken läuten Sturm« vom 2. November 1991 erklärt: »Jesus Christus erwartet unter anderem von uns den Verzicht auf Pharmazeutika sowie sonstige Gifte jeglicher Art.« Und der Sohn Gottes soll Uriella mitgeteilt haben, die Menschen sollten »auf gar keinen Fall« die Seuchen mit chemisch-pharmazeutischen Mitteln bekämpfen: »Die gesunden Zellen stehen über Strahlenkräfte ununterbrochen in Verbindung mit dem infraroten

Bereich in meinem Kosmos«, sollen die himmlischen Botschafter verkündet haben. Die Gifte würden die Kommunikation unterbrechen. Zu den »Giften« werden auch Schlafmittel und schmerzstillende Medikamente gezählt. »Alle diese Mittel (...) zerstören sukzessive eure Hirn- und Blutzellen«, soll Jesus Christus in der 345. Botschaft erklärt haben. Uriella und ihre Anhänger glauben also, daß die Medikamente der Schulmedizin die natürliche Heilung behindern und die Abwehrkräfte lähmen.

In der 581. Offenbarung vom 1. Januar 1998 teilte Jesus angeblich Uriella mit, für Gott existierten keine Krankheiten: »Ihr macht euch selber krank, weil ihr nicht nach Meinen heiligen Geboten und Gesetzen in allen Belangen lebt. Dadurch seid ihr ohnehin schuldig und daher für Mich nicht mehr würdig, zu Meinen Offenbarungen zu kommen.« (Die Pronomen für Gott oder Jesus werden groß geschrieben.)

Fiat Lux versteigt sich gar zu der Behauptung, Krebs, Malaria, Lepra, multiple Sklerose usw. seien eine Erscheinung, »die in diese Endphase passen«. Es sei in erster Linie die Lebensweise eines Menschen, die »für eine Krankheit verantwortlich ist«. Nach der großen Reinigung würden viele Bakterien und Insekten, die Überträger schwerer Krankheiten seien, zurückgezogen, wie Jesus Uriella in der 61. Botschaft mitgeteilt habe. Bezeichnend ist denn auch eine Tonbandkassette von Fiat Lux mit dem Titel »Jede Krankheit kann geheilt werden«. Uriella und Icordo wecken also mit ihren Hypothesen bei ihren Anhängern Angst vor der Schulmedizin. Wer herkömmliche Medikamente einnimmt, läuft sogar Gefahr, das Seelenheil aufs Spiel zu setzen, glauben viele Anhänger. Offenbar sind sie sich nicht bewußt, daß sie das Leben risikieren, wenn sie sich weigern, einen Arzt aufzusuchen. Deshalb muß ihnen Uriella im Krankheitsfall gar nicht erst verbieten, Hilfe bei der Schulmedizin zu suchen.

Die Heilslehre von Uriella ist reich an okkulten Versatzstücken. Wie andere Endzeitgemeinschaften interpretieren auch die Anhänger von Fiat Lux den Strichcode als apokalyptisches Zeichen. »Verschlüsselt enthält er die Zahl 666«, erklärte der Ehemann von Uriella. Die Zahl 666 sei das Symbol für den Antichrist und finde sich auf allen Lebensmittelpackungen. »Immer wieder pirscht sich die Zahl 666 durch«, soll Jesus Christus in einer Durchsage an Uriella am 27. Oktober 1991 offenbart haben. »Schützt euch dagegen mit meinem Jerusalemer Kreuz«, riet der Sohn Gottes seinem »Sprachrohr«.

Icordo offenbarte seinen Zuhörern, in Minikapseln gegossene Mikroprozessoren könnten den Neugeborenen so eingepflanzt werden, »daß sie nach Wochen verwachsen«. Diese Prozessoren seien fähig, »alle nur erdenklichen Daten zu speichern«. Es ist also laut Icordo nicht mehr nötig, daß das Zeichen des Antichrist auf der Stirn oder auf dem Handrücken angebracht werde, wie es in der Bibel steht.

Uriella hat schon Mitte der 80er Jahre Botschaften aus dem Himmel empfangen, die das nahe Ende der Zeit ankündigten. So offenbarte ihr Gott angeblich am 26. Mai 1984, daß im Hinblick auf »das kommende Kriegsgeschehen« Teile der deutschen Grenzen geschlossen werden. Die Schweiz hingegen würde als neutraler Staat einstweilen »noch in Ruhe gelassen«. Und am 3. September 1989 verkündete der Himmel, die Staatsoberhäupter, mehrheitlich Freimaurer, würden vom 13. Strahl namens Samanah geleitet. »Die Dunkelheit des magnetischen Kraftfeldes, das die Erde umgibt, nimmt von Tag zu Tag zu«, heißt es in den Vorhersagen.

Uriella macht ihren Anhängern weis, Gott gebe den exakten Zeitpunkt der Apokalypse nicht preis. Sie sollten aber wissen, »daß die göttliche Uhr nur noch Sekunden vor zwölf steht«. Diese Botschaft will Uriella bereits am 27. Mai 1985 erhalten haben. Gottes Sekunden dauern Jahre.

In einer späteren Botschaft deckte Gott die Karten etwas mehr auf. Das Neue Aeon, also die neue Zeit, werde im Jahr 2000 erblühen. »Die Reinigung steht vor dem Schlüsselloch, nicht nur vor der Tür«, heißt es in der himmlischen Botschaft

Nummer 382. Und in der Nummer 387 verkündeten die göttlichen Stimmen: »Alles steht nun auf Alarm. Die allerletzte Alarmstufe ist erreicht.«

Fiat Lux vertritt eine ähnliche Theorie der Polsprünge wie viele esoterische Gruppen. Polverschiebungen würden dramatische Klimaveränderungen bewirken und die Endzeit einläuten. »Die Erde wird sich an verschiedenen Stellen spalten«, will Uriella wissen. »Durch das Atmen des Erdgeistes« würden Sprengungen herbeigeführt.

Raumschiffe holen die Erdenkinder ab

Zum Zeitpunkt Null wird laut Uriella ein großes Kreuz am Himmel erscheinen. Flotten von kugelförmigen Ufos sollen die Rechtgläubigen vor den Folgen der großen Reinigung retten. In der 132. Botschaft heißt es: »Ich habe euch in meiner 129. Botschaft bereits darauf aufmerksam gemacht, daß die Mutterraumschiffe im All ein großes Kreuz bilden werden, das von den Erdenkindern gesehen werden kann.« Die Flugkörper werden »all jene Kinder entrücken, die in tiefer Liebe mit mir verbunden sind«. Die kugelförmigen Raumschiffe seien unbemannt und ferngesteuert. In jedem Ufo sollen sechs Personen Platz finden. Sobald die Türe geschlossen sei, »wird dieses Flugobjekt durch elektromagnetische Kräfte in eines der zwölf Mutterschiffe hinaufgezogen«, heißt es in der 130. Botschaft. Uriella ist vergleichsweise gnädig, soll doch rund ein Drittel der Menschen gerettet werden.

Hergestellt werden die Raumschiffe laut Uriella von unseren Geistgeschwistern. »Sie befinden sich zum größten Teil in halbmateriellen Welten, die zu eurem Milchstraßensystem gehören«, verkündete die himmlische Stimme dem »Sprachrohr Gottes«. Die Aufrufe zum Besteigen der Raumschiffe werden nur jene befolgen können, »die mein göttliches Licht in sich tragen«. Platz in den Raumschiffen finden nur Gläubige, deren Körper »durch ein Leben nach den göttlichen Gesetzen« verfeinstofflicht wurde. Der Rest der Menschheit sei dann einfach nicht fähig, sich zu bewegen, heißt es in der 375. Botschaft.

Es soll allerdings geschützte Gebiete geben, die von der großen Gesamtreinigung auf der Erde verschont bleiben werden, »denn um ihre Häuser und Ländereien wird ein magnetisches Kraftfeld aufgebaut«. Uriella bezeichnete diese Überlebensinseln nicht näher, doch ist anzunehmen, daß darunter die Zentren von Fiat Lux sind.

Die Entrückten sollen drei Wochen lang auf den Mutterschiffen leben und anschließend auf einem fernen Planeten abgesetzt werden, verkündete Uriella. Das Problem sieht sie darin, daß die Rechtgläubigen in ihrer gegenwärtigen »physikalischen Hülle« nicht überleben werden. Ihr Rezept aus der 129. Botschaft: »Diese Mutter-Flugschiffe sind so konstruiert, daß die göttliche Strahlenkraft auf die einzelnen Menschen einwirkt, um eine Umwandlung, eine Erhöhung der physischen Schwingung, herbeizuführen.« Nach der apokalyptischen Katastrophe werden die Anhänger von Uriella zur Erde zurückkehren und beim Aufbau der neuen Welt Führungsfunktionen übernehmen, erklärten die göttlichen Stimmen der Sektengründerin.

Aber auch der Antichrist kommt mit Raumschiffen geflogen: »Unsichtbare Flugkörper, die ebenso die Kugelform haben, wie jene, die viele Erdenkinder entrücken werden, kommen auf eure Erde«, verlauteten die himmlischen Sprecher. Die Raumschiffe sollen von »Unheil bringenden Menschen« gesteuert werden, die mit unsichtbaren Waffen wichtige Posten einnehmen werden, »um das ganze Feld in ihre Gewalt zu bekommen«.

Die abenteuerlichen Entzeitszenarien von Fiat Lux offenbaren teilweise Allmachtsphantasien, wie die 64. Durchsage erkennen läßt: »Ihr seid für die Ewigkeit erschaffen worden, und der Sinn eures Lebens ist, in eurer Höherentwicklung voranzuschreiten, diesem Ebenbild Gottes immer ähnlicher zu werden.« Bezeichnenderweise wird das paranormale Vermächtnis an Bedingungen geknüpft: »Dies ist nur möglich durch einen unerbittlichen Kampf gegen Euer Ich, in dem alle Triebe, Laster, Süchte und Leidenschaften liegen.«

Ende 1997 und Anfang 1998 spitzte sich die Endzeiterwartung dramatisch zu. Die Vorhersagen von Jesus wurden immer präziser und unheimlicher. In der 578. Botschaft vom 26. Oktober 1997 übermittelte der Sohn Gottes seinem Medium angeblich die Botschaft, daß Mitte 1998 eine gigantische Katastrophe über Nordeuropa hereinbrechen werde: »Wenn nun also – bedingt durch einen Meteoriten, der in die Nordsee fällt – sämtliche Gebiete in Nord- und Westdeutschland überschwemmt werden, weil die Wellen eine Höhe von bis zu 200 und 300 Metern erreichen, wie soll ICH dann in diesen Fluten ein Haus, das ihr bewohnt, retten können? Daher mein Aufruf: Verlaßt eure gefährdeten Heime! Schenkt Mir uneingeschränkt sowie bedingungslos eure Leben! Dient Mir voller Hingabe. Packt eure Notköfferchen.« Wozu? Damit sie fliehen können, falls sie sich »nicht rechtzeitig nach einem Unterschlupf im südlichen Teil Deutschlands umgeschaut« haben. Zur Erinnerung: Die Sektenzentren Strittmatt und Ibach liegen im südlichsten Teil.

Im weiteren sollen durch den Einschlag des Meteoriten Tausende von Vulkanen »in Aufruhr gebracht« werden. Und eine Wirtschaftskrise wird die Menschheit 1998 schütteln: »Der Börsencrash steht im Schlüsselloch.« Jesus prophezeite für Mitte 1998 auch einen dritten Weltkrieg. China und die USA werden sich bekriegen, Rußland Europa überfallen. Außerdem hat ein riesiger Planetoid Kurs Richtung Erde eingeschlagen, der 1999 unserem Planeten nochmals arg zusetzen wird. Während Erdteile verschwinden, soll im Bermuda-Dreieck der versunkene Kontinent Atlantis »herausgestülpt werden«. Nur ein Drittel der Menschheit überlebe die Katastrophen. »Jetzt ist die absolute Endphase erreicht. Wer keinen Gehorsam übt, muß mit den Konsequenten rechnen«, prophezeite Jesus. Das bedeutet, »alle Vergnügungen dieser Welt zu streichen«. Denn ein wahres Gotteskind sei nur noch von der Sehnsucht erfüllt, Gott »in Demut, Anbetung, Verehrung und in gänzlicher Hingabe zu dienen!«. Außerdem soll Jesus verlangt haben: »Schenkt Mir uneingeschränkt sowie bedingungslos eure Leben!« Die Demütigen werden sich im Jahr 2000 bereits auf »Amora« befinden, dem goldenen Land, hieß es in der Botschaft weiter.

Die 579. Offenbarung vom 30. November 1997 prophezeite »in Kürze« Naturkatastrophen, Fieber, Epidemien, Seuchen und einen besonderen Lärm, »der durch Ufos aus der Antarktis, die alle das Hakenkreuz tragen, verursacht wird«. Damit dürften die Vril-Flugkörper der Nazis gemeint sein, die nach dem Zusammenbruch des Dritten Reichs in die Ufo-Station »Neuschwabenland« in der Antarktis geflüchtet sein sollen (siehe Kapitel 6 bis 8).

In der 581. Offenbarung vom 1. Januar 1998 erhielt das Voll-trance-Sprachrohr Uriella angeblich die Botschaft, daß alle, die von den tödlichen Epidemien ereilt werden, das Schicksal »karmisch auf sich geladen« haben. Ein Polsprung, der weitere Katastrophen bewirken werde, soll sich 1999 ereignen, prophezeite Jesus und meinte: »Die Zeit ist überreif, Meine Kinder.«

Aufhorchen läßt die Botschaft, daß sich unter den apokalyptischen Opfern auch Fiat-Lux-Anhänger befinden werden. Tatsächlich geht Jesus resp. Uriella mit einem Teil der Gläubigen hart ins Gericht. Sie würden sich zuwenig für Fiat Lux einsetzen und privaten Interessen nachgehen, heißt es in der Offenbarung. Uriella hat den Bogen mit dem endlosen Heilfasten und den Aufopferungen offensichtlich überspannt und viele Anhänger überfordert. Mit der Drohung, die apokalyptischen Katastrophen nicht zu überleben, versuchte sie vermutlich, die Zweifler wieder stärker an die Gemeinschaft zu binden.

Angehörige von Fiat-Lux-Anhängern berichteten Anfang 1998, die Gläubigen hätten begonnen, alle Habseligkeiten zu verkaufen und sich auf den Umzug in die Sektenzentren vorzubereiten. Auf die Frage, ob die Gefahr eines Massenselbst-mordes bestünde, schlugen Uriella und ihr Ehemann Icordo die Hände über dem Kopf zusammen. So etwas würde ihnen Gott doch nie auftragen, meinten sie. Ob dies auch im Jahr 2000 noch Gültigkeit hat, wird sich zeigen. Sollten die Katastrophen und Meteoriten ausbleiben, dürfte Uriella in eine seelische Krise geraten.

21 St. Michaelsvereinigung:
Fehlstart der apokalyptischen Ufos

Ein dritter Neuoffenbarer hat die Apokalypse bereits geprobt. 1988 haben Paul Kuhn und seine Anhänger von der St. Michaelsvereinigung in ihrem Zentrum im schweizerischen Dozwil fünf apokalyptische Botschaften aus dem Himmel empfangen, die nicht nur das kleine Dorf im Kanton Thurgau erschütterten, sondern auch für Schlagzeilen in der Presse sorgten. Am Muttertag 1988, so verkündeten die schriftlich festgehaltenen Durchsagen aus dem Jenseits, würde »ein großes silbernes Raumschiff landen und alle Kinder mitnehmen«. Gemeint waren die Kinder der auserwählten Sektenmitglieder.

Was die Außenwelt als verantwortungsloses Horrorszenario interpretierte, wertete Paul Kuhn als Gnadenakt: Gott wolle die Kinder vor den Greueln der angekündigten Apokalypse bewahren. Die Kinder ungläubiger Eltern würden nämlich fünf Monate lang von Skorpionen und Heuschrecken gequält, wie es die Johannes-Offenbarung prophezeie. Die Kuhn-Anhänger bereiteten ihre Kinder auf die bevorstehende Trennung und die abenteuerliche Weltraumfahrt vor. In Dozwil spielten sich dramatische Szenen ab.

Doch Kuhn beruhigte seine Gläubigen: »Ist es nicht wunderbar, daß die unschuldigen Kinder erlöst werden?« All diese »reinen, unschuldigen Geschöpfe Gottes« sollen es »wunderbar haben«, tröstete Kuhn die Eltern. Die Kinder würden einige Zeit in den Mutterschiffen verbringen und dann an einen »wunderschönen Ort« gebracht. Eltern, die sich nicht von ihren Kindern trennen wollten, wurden mit dem Argument motiviert, sie müßten zur Ehre Gottes ein Opfer bringen.

In einer »himmlischen Durchsage« vom 21. März 1988 wurde den »Ungläubigen« eine Not prophezeit, die in den kommenden Monaten über weite Teile Europas hereinbrechen werde. Wer nicht zu den Auserwählten gehöre, »verliert seinen Verstand und wird zur raubenden und mordenden Bestie«. Viele Menschen würden »innerhalb weniger Tage sterben«. Ein zweites Mal werde ein Stern vom Himmel fallen, und »der Schlund des Abgrundes wird sich öffnen«, heißt es in einer weiteren Durchsage. Wer sich aber bekehren lasse, »wird von einem unsichtbaren Schutzmantel aus dem Kleid Marias umhüllt und von allen Angriffen auf seine Seele und seinen Körper verschont«, verkündeten die himmlischen Botschaften, die angeblich von Jesus, Maria und vom Erzengel Uriel übermittelt wurden.

Für die St. Michaelsvereinigung ist Dozwil der Gnadenort, an dem der Heilige Geist seine Botschaften durch automatisches Schreiben oder das Reden in Zungen vermittelt. »Nur so sind wir in der Lage, in diesen schweren Tagen der Zeitenwende zu bestehen«, heißt es in der Broschüre von 1991.

Heilsbringer im Auftrag von Jesus Christus

In der Broschüre »Benedicite« vom August 1991, die den Untertitel »Botschaften aus dem Himmel/Das Wort von Paulus« trägt, wird die heilsgeschichtliche Sonderstellung von Paul Kuhn offenbart. Im Auftrag von Jesus Christus sei der Gründer der St. Michaelsvereinigung berufen worden, »Werkzeug Gottes im Dienste des Himmels zu sein«. Nach einer strengen geistigen Schulung durch den heiligen Erzengel Michael habe er den Auftrag erhalten, »eine Herde in einem Geiste Gottes zu bilden«. Die Christen würden durch die Lehre von Paulus »in diesem Gnadenwerk« vereinigt. Ohne »die Lasten und Schranken« eines theologischen Studiums vermittle Paulus »die reine, ursprüngliche Lehre des christlichen Glaubens«. Paul Kuhn glaubt, der inkarnierte Apostel Paulus zu sein.

Der Sektengründer beugt mit diesem Hinweis der Kritik vor, er sei als ehemaliger Gärtner nicht qualifiziert, eine Glaubensgemeinschaft zu führen. In der gleichen Broschüre heißt es denn, Kuhn liebe es, wenn man in ihm den Gärtner sehe: »Seine Augen beginnen zu leuchten, und freundlich lächelnd sagt er dann: ›Ja, früher pflanzte ich Kohl und Erdbeeren, heute pflanze ich Blumen in die Seelen meiner Kinder.‹«

Der 1920 am Bodensee geborene Paul Kuhn lernte die Welt der Esoterik in der Coué-Bewegung kennen, die autosuggestive Methoden zur Förderung der Persönlichkeit anwendet. Der introvertierte Außenseiter ließ sich zum Coué-Lehrer ausbilden und führte Kurse durch. Er vertrat bald eigene Theorien, die nicht mit den Coué-Ideen übereinstimmten. Nach Auseinandersetzungen mit der Führungsspitze wurde er 1965 ausgeschlossen.

Kuhn betätigte sich nun als Lebensberater und wandte sich der Hypnose zu. Nach einem mystischen Erlebnis – Kuhn vermochte angeblich einen Blick in den Himmel zu erhaschen – begann er intensiv die Bibel zu lesen und identifizierte sich stark mit Paulus. Als Maria Gallati, die im Publikum saß, bei einem Vortrag von Kuhn 1963 in Verzückung oder Trance fiel, machte er die junge Frau zu seinem Medium.

Das Schlüsselerlebnis hatten Kuhn und Gallati an Weihnachten 1965 am Wallfahrtsort Garabandal in Nordspanien. Die Gottesmutter soll durch sein »Werkzeug« Maria Gallati zu Kuhn gesprochen haben. In der »himmlischen Botschaft« spielte St. Michael eine wichtige Rolle. Damit war der Grundstein für die St. Michaelsvereinigung gelegt. Die Glaubensgemeinschaft begann Gottesdienste nach katholischem Muster zu feiern. Paul Kuhn verstand sich als Geistlicher im christlichen Sinne. Als immer mehr Katholiken bei Kuhn die Messe besuchten, kam es Ende 1969 zu Spannungen zwischen ihm und dem St. Galler Bischof. Kuhn und seine Anhänger bauten 1970 eine Kirche in Dozwil, die laut Kuhn von Jesus Christus höchstpersönlich eingeweiht wurde.

Der Konflikt mit der katholischen Kirche spitzte sich im Lauf der Jahre zu. Die Schweizer Bischöfe faßten 1989 einen faktischen Ausgrenzungsbeschluß und riefen die Kuhn-Anhänger auf, sich entweder für die St. Michaelsvereinigung oder für die katholische Kirche zu entscheiden, weil die beiden Lehren nicht miteinander vereinbar seien.

Paul Kuhn nimmt sich persönlich der Expansion seiner Glaubensgemeinschaft an. In dreiteiligen Einführungskursen, die er in verschiedenen Städten durchführt, verkündet er sein Evangelium. Mit einer mentalen Kraft, die an Hypnose erinnert, erzeugt er eine massensuggestive Atmosphäre und zieht die Zuhörer in seinen Bann.

Heute umfaßt die Glaubensgemeinschaft 5000 bis 10000 Anhänger aus Deutschland, Österreich und der Schweiz. Kuhn deklariert seine Gemeinschaft als ökumenisches Missionswerk. Kuhns Gottesdienste sind über weite Teile der katholischen Messe nachempfunden. Der katholische Pfarrer aus dem Nachbardorf Amriswil bezeichnete den Sektengründer als Hypnotiseur, Telepath und Magier.

Ufo-Landungen verschoben

Im Gegensatz zu Uriella und Gabriele Wittek empfängt Paul Kuhn die angeblichen Botschaften aus dem Jenseits nicht selbst, sondern durch ein Medium aus seiner Gemeinschaft. Vermutlich machte Kuhn seine verehrte Maria Gallati zum Medium, um ihr einen Liebesdienst zu erweisen und ihr eine wichtige Rolle in der Heilsgemeinschaft zu sichern. Der Sektengründer fiel denn auch in tiefe Trauer, als Maria Gallati völlig unerwartet am 16. Januar 1988 starb. Möglicherweise nährte dieser Schicksalsschlag die apokalyptische Sehnsucht von Kuhn. Denn wenige Wochen später veröffentlichte er die ersten Endzeitbotschaften, die zur apokalyptischen Tragödie führten.

Die himmlischen Botschaften kündeten die Landung der Ufos auf den 7. Mai an. Die Medien berichteten über den außerirdischen Besuch, ein Boulevardblatt füllte die Titelseiten mit reißerischen Schlagzeilen. Dozwil war gespalten. Konflikte in den politischen Gremien, Angst in der Schule, dramatische Szenen in verschiedenen Familien und die Wut darüber, das »Sektendorf« der Schweiz zu sein, führten zu einer explosiven Atmosphäre. Die Pfarrer der Evangelischen Landeskirche des Kantons Thurgau riefen ihre Gläubigen wenige Tage vor der prophezeiten Landung der Ufos auf, sich von der St. Michaelsvereinigung fernzuhalten. Kuhns Verkündigung sei »mit der biblischen Heilsbotschaft unvereinbar«.

Der landesweite Wirbel um die Ufo-Landungen schreckte Kuhn auf. Am Vortag des apokalyptischen Ereignisses veröffentlichte er eine Pressemitteilung und erklärte, die Ankunft der Raumschiffe sei angesichts der weltlichen Auseinandersetzungen verschoben worden. Den Anhängern offenbarte er, sie seien noch nicht reif für das Paradies.

Als die Gläubigen am Vorabend die Kirche durch den Hinterausgang verließen, wurden sie von rund 1500 Schaulustigen empfangen. Betrunkene Raufbolde griffen den Ordnungsdienst an und verwüsteten die Gartenanlage. Die Polizei versuchte erfolglos, die Menge zu vertreiben. Die Scharmützel dauerten bis in den Morgen hinein.

Tags darauf, am Muttertag, strömten rund 2000 Kuhn-Anhänger aus Österreich, Deutschland und der Schweiz nach Dozwil, um einen besonderen Gottesdienst zu feiern. Mit einer Menschenkette versuchten sie, die Kirche vor den aggressiven Zaungästen zu schützen. Die Polizei löste das Handgemenge auf. Am Nachmittag entzündete sich der Konflikt erneut, die Schaulustigen warfen Flaschen und Steine, die sowohl den Kuhn-Anhängern als auch den Polizisten galten. Fenster gingen zu Bruch, Autos wurden demoliert und umgekippt. Die Polizei vertrieb die Krawallierenden mit Tränengas. Diese reagierten ihre Aggression am Abend im Restaurant ab, das den Sektenanhängern gehört. Sie demolierten die Inneneinrichtung und richteten einen beträchtlichen Schaden an.

Die Ufo-Prophezeiungen und die Krawalle schadeten der St. Michaelsvereinigung nicht. Auch heute noch pilgern Woche für Woche Hunderte, manchmal mehrere tausend Anhänger nach Dozwil. Auseinandersetzungen gab es seither keine mehr. Dozwil mit den 430 Einwohnern hat sich an die Autoschlangen am Wochenende gewöhnt. Durchsagen aus dem Himmel, die heute vom Musiklehrer Ulrich Aeberhard aus Olten vermittelt werden, gehören immer noch zum religiösen Repertoire. Und viele sind immer noch apokalyptisch. Doch der »Prophet« hütet sich seit dem Debakel am Muttertag 1988, weitere Endzeitdaten zu verkünden.

22   Methernitha: Mit sexueller Lust in die Apokalypse

Paul Baumann (geb. 1917), der Gründer der Glaubensgemeinschaft Methernitha, gehört zu den schillerndsten Sektenführern. Seine apokalyptische Heilslehre zeichnet sich durch einen besonderen Phantasiereichtum aus. Die Anhänger nennen den Schweizer Kultgründer liebevoll »Vati«. Die im kleinen Berner Dorf Linden lebende Gruppe, deren Zentrum zwei Dutzend Gebäude umfaßt und die seit einiger Zeit erfolgreich nach Frankreich expandiert, ist eine typische Endzeitgemeinschaft mit einer synkretistischen Heilsmischung. Baumann beruft sich zwar auf die Bibel, er reichert seine Lehre allerdings mit verschiedenen religiösen und kultischen Ideen an. Wie die Neuoffenbarungsbewegungen ließ er sich von mehreren Religionen und esoterischen Disziplinen inspirieren. Baumann will den Begriff »Methernitha« einer kosmischen Sprache entnommen haben. Die Anhänger der in den 60er Jahren von Baumann gegründeten Glaubensgemeinschaft verstehen sich als Urchristen.

Eine wichtige Rolle spielt der magische Geisterglaube, in dem Engel die entscheidenden Heilsbringer sind. Paul Baumann glaubt, er sei nicht in dieser Welt geboren, sondern stamme aus dem Paradies, das er in Ägypten ansiedelt. Als der zentrale Engel sei er berufen, die Menschen aus ihrem sündigen Dasein zu befreien und auf das ewige Leben vorzubereiten. Oft sieht er sich auch in der Rolle von Salomon.

Ehemalige Anhänger sagen Baumann, einer hageren Gestalt mit markanter Nase, eingefallenen Wangen, stechenden Augen und langen Haaren, hypnotische, wenn nicht magische Kräfte nach. Die Ordensmitglieder, die im Sektenzentrum leben und arbeiten, unterliegen einem rigiden Regime. Bis auf wenige Situationen und Tageszeiten dürfen die Anhänger nicht miteinander sprechen. Selbst die Kinder müssen sich teilweise an die Sprechvorschriften halten. Wenn sie gar lachten, seien sie bestraft und auf der durchaus bildlich verstandenen »Himmelsleiter« ein paar Sprossen zurückgestuft worden, erzählen ehemalige Methernitha-Anhänger.

Die Vorschriften werden als Teil eines umfassenden Reinigungsrituals verstanden. Die Gemeinschaft lebt komplett abgeschieden, um den irdischen Versuchungen nicht ausgesetzt zu sein. Zu einem züchtigen Leben gehört auch der weitgehende Verzicht auf den Medienkonsum. Als eine der wenigen Kompensationsmöglichkeiten bietet ihnen Baumann die charismatischen Messen im zentrumseigenen Tempel.

Wie bei den meisten Sekten bewirkt die Angst vor dem Ende der Welt eine Disziplinierung der Anhänger und eine Isolation von der Umwelt. Paul Baumann ersann allerdings eine besonders radikale Lösung und erklärte das Sektenzentrum im Emmental als gereinigten Ort, der den Anhängern Schutz vor Versuchungen und Heimsuchungen biete. Doch nicht genug, Baumann machte seinen Jüngern weis, daß ihr geheiligtes Zentrum der Flecken Erde sei, auf dem sie den bevorstehenden Weltuntergang überleben würden. Das Land rund um das Zentrum würde sich während der Apokalypse absenken, berichten ehemalige Anhänger. Ihr Zentrum rage dann wie eine Insel aus dem Meer und werde an das Paradies angedockt.

Aussteiger beschreiben Paul Baumann als Mann, der von seinen religiösen und wissenschaftlichen Ideen besessen sei. Außerdem zeichnet er sich durch ein übersteigertes Sendungsbewußtsein und – zumindest in jüngeren Jahren – durch eine perverse Neigung aus. Der Sektenchef, der die körperliche Begierden seiner Jünger mit vielfältigen Disziplinierungsmaßnahmen zügelt, mißhandelte mehrere minderjährige »Engel«. Eine Behauptung, die man normalerweise nicht ungestraft aufstellen darf, denn Methernitha zögert in der Regel nicht, Kritiker anzuklagen. Ein rechtskräftiges Urteil bestätigt aber die sexuellen Übergriffe des Sektenführers, der im Oktober 1976 zu sieben Jahren Zuchthaus wegen Unzucht mit Minderjährigen verurteilt wurde.

Mit dem Schraubenzieher entjungfert

Der Begriff »Unzucht mit Minderjährigen« ist aber nur eine vage Umschreibung für das, was sich hinter den Mauern des Sektenzentrums abspielte. Beatrice L. erinnert sich heute noch mit Schaudern an die Ereignisse von vor über 20 Jahren: »Er hat mich als zwölfjähriges Mädchen mit einem Schraubenzieher entjungfert und mit Zangen meine Brüste traktiert.«

Seine sadistischen Sexspiele rechtfertigte Baumann gegenüber den Mädchen mit religiösen Argumenten: Sie seien von Gott auserwählt, von ihm spirituell gereinigt zu werden, erklärte der Sektengründer den Mädchen. Und Beatrice L. trichterte er ein, es sei erblich von den Sünden ihrer männlichen Vorfahren belastet. Deshalb müsse er sie »sexuell reinigen«. Dieses Geheimnis dürfe sie niemandem verraten, sonst versündige sie sich schwer und verliere das Privileg, von ihm bevorzugt behandelt zu werden.

Beatrice L. wertete es anfänglich als Gnade, vom unnahbaren und verehrten Baumann ins Vertrauen gezogen zu werden, auch wenn die »Reinigungen« schmerzhaft waren und traumatische Ängste auslösten. Die Sonderstellung schmeichelte ihr, zumal da sich Baumann mit Geschenken erkenntlich zeigte, was sie im asketischen Sektenalltag als angenehme Abwechslung empfand.

Beim Prozeß vor dem Schwurgericht Thun von 1976 sagte Beatrice L. aus, Baumann habe oft Frauenkleider und eine Perücke getragen. Phasenweise habe er sie fast täglich ins Waldhäuschen geführt und sie zum Geschlechtsverkehr gezwungen. Meist sei Baumann brutal vorgegangen, erzählte das Mädchen den Richtern.

Beatrice L. war nicht das einzige Mädchen, das die sexuellen Begierden von Paul Baumann zu spüren bekam. Bereits 1959 führte die Berner Polizei eine Razzia im Sektenzentrum durch, weil der Verdacht auf Unzucht mit Minderjährigen oder sexuelle Handlungen mit Abhängigen bestand. Damals konnte dem Sektengründer allerdings nichts nachgewiesen werden.

Beim Prozeß von 1976 sagten insgesamt acht ehemalige Anhängerinnen gegen Baumann aus. Regina S., die als 14jährige ins Methernitha-Zentrum kam, wurde schon bald »bevorzugt« und »ins dritte Recht« erhoben. Baumann mißbrauchte das Mädchen ebenfalls mit der Begründung, er müsse es von allen Sünden reinigen. Regina S. sagte vor dem Schwurgericht Thun, Baumann habe ihr erklärt, die sexuellen Pole seien auch geistige Pole. Falls sie jemandem das Geheimnis anvertraue, könne dies ihr Tod bedeuten.

Vickie W. erinnerte sich »mit Grausen« an die sexuellen Praktiken, die sie gegen ihren Willen habe über sich ergehen lassen müssen. Die minderjährigen Anhängerinnen lebten getrennt von ihren Eltern im Mädchenhaus, was die sexuellen Übergriffe erleichterten.

Baumann behauptete bei der Gerichtsverhandlung, er habe die Mädchen nur abgetastet. Unter der Beweislast gab er dann zu, mit Beatrice Geschlechtsverkehr gehabt zu haben, »aber eben nur ein bißchen«. Seine »Unschuld« beteuerte er mit der Aussage, er habe in seinem ganzen Leben noch nie einen Samenerguß gehabt. Später erklärte Baumann, ein Geist in ihm habe Geschlechtsverkehr mit seinen Anhängerinnen gehabt. Doch alle Ausreden nützten nichts. Paul Baumann wurde am 29. Oktober 1976 vom Berner Oberländer Geschworenengericht wegen qualifizierter Unzucht mit Kindern und unmündigen Pflegebefohlenen verurteilt.

Wegen guter Führung vorzeitig entlassen

Der Schuldspruch vermochte die Methernitha-Anhänger nicht zu verunsichern. Schließlich war es »nur« ein weltliches Gericht, das über den »Begnadeten« urteilte. Das Leben im Methernitha-Zentrum zu Linden nahm seinen gewohnten Gang, die Anhänger warteten geduldig auf die Rückkehr Baumanns. Im Juni 1979 wurde er bereits in Halbfreiheit entlassen und konnte tagsüber im Sektenzentrum arbeiten. Drei Jahre später durfte er dank guter Führung vorzeitig den Strafvollzug verlassen.

Seine Jünger akzeptieren ihn nach wie vor als ihren geistigen und religiösen Führer, der sie heil durch die Endzeit führt. Die Frage eines Verbots der Glaubensgemeinschaft stand nie zur Diskussion. Und wie eh und je schottet sie sich ab. Es gibt keine Kontrollen, niemand weiß, was sich heute hinter den Mauern des Sektenzentrums abspielt. Auf das Sektendrama der Sonnentempler angesprochen, erklärte Beatrice L., sie hätte sich damals auch umgebracht, wenn sie einen entsprechenden Auftrag erhalten hätte.

Ebenso schlimm wie der sexuelle Mißbrauch war für Beatrice L. ein im Wald ausgesteckter »Leidensweg mit zwölf Stationen«. Bei jeder Station mußte das Mädchen eine viertelstündige geistige Übung absolvieren, also meditieren oder Sünden bekennen. Die Prozedur dauerte über drei Stunden und mußte bis zu dreimal am Tag wiederholt werden. »In dieser Zeit durfte ich nichts essen«, sagte Beatrice. Manchmal sei sie ans Kreuz gekettet worden und habe laut ihre Sünden beichten müssen.

Auch die apokalyptischen Ängste gruben sich tief in die Seelen der Mädchen. Wie viele andere Anhänger hatte Beatrice eine panische Angst, das Sektenzentrum zu verlassen. Wenn es beispielsweise zum Zahnarzt oder auf ein Behördenbüro gehen mußte, befürchtete es den Weltuntergang. Baumann hatte seinen Anhänger eingetrichtert, die Endzeit stehe kurz bevor.

Wer sich zum Zeitpunkt der Wiederkunft von Jesus nicht im Methernitha-Zentrum befinde, werde mit den Ungläubigen im apokalyptischen Chaos versinken und sei verloren, berichtete die ehemalige Anhängerin. Beatrice L. verließ das Zentrum nur im äußersten Notfall. Mit diesem apokalyptischen Szenario hatte Baumann ein besonders wirksames Instrument zur Disziplinierung seiner Anhänger ersonnen.

Beatrice L. ist überzeugt, daß Paul Baumann gelegentlich epileptische Anfälle und Abspaltungen unbewußter Persönlichkeitsanteile hatte. In solchen Situationen sei er geistig in die Haut biblischer Gestalten geschlüpft und jeweils besonders unberechenbar gewesen. Einmal habe er sie zu Boden geworfen und einen Speer nach ihr geschleudert, erzählte Beatrice L.

Ärzte ködern junge Anhänger

Baumann entdeckte im hohen Alter seine weltliche Seite. Mitte der 90er Jahre, als er bereits 75 Jahre alt war, wurden Ärzte, die seiner Sekte verbunden waren, im Kurhotel »Mayolina« in Beatenberg tätig. Tatsächlich hatte es der Sektengründer geschafft, mehrere Mediziner in seinen Bann zu ziehen und über das »unverdächtige« Kurhotel eine Bresche in die säkulare Welt zu schlagen. Sektenkritiker, welche die Verbindung offenlegten, wurden gerichtlich eingeklagt. Das Gerichtsurteil bestätigte hingegen den Zusammenhang und sprach die Kritiker frei. Diese zeigten auch auf, daß die Ärzte teilweise junge Patienten geködert und für Methernitha gewonnen hatten. Die Ärzte mißbrauchten das Vertrauen ihrer Patienten, kritisierten Angehörige von Methernitha-Anhängern und gelangten an die französische Ärztekommission. Eltern schätzen, daß in jüngster Zeit auf diese Weise rund 50 neue Anhänger angeworben worden sind.

Der Sektenbericht der französischen Polizei, der nach den ersten Massakern der Sonnentempler (Kapitel 17) von den Behörden in Auftrag gegeben worden ist, bezeichnet Methernitha als »sehr gefährlich«. Neben den Sonnentemplern wurden nur noch vier weitere Gruppen mit dieser Qualifikation bedacht. Als Gründe sieht die Polizei den zu erwartenden Machtkampf, wenn Paul Baumann stirbt, die extreme Isolation der Glaubensgemeinschaft und die apokalyptische Heilslehre, die den Weltuntergang für das Jahr 1999 vorsieht.

23 Gralsbewegung: Spirituelle Fäden ins Jenseits

Eine spezielle Endzeittheorie hat Oskar Ernst Bernhardt, alias Abd-ru-shin (1875–1941), der Welt vermacht. Der Kultgründer der Gralsbewegung wuchs in Bischofswerda in Sachsen auf und lernte auf mehreren Geschäftsreisen in den asiatischen Raum fernöstliche Religionen und Weltanschauungen kennen, die ihn fesselten. Während seiner Internierung auf der britischen Insel Man im Ersten Weltkrieg hatte er viel Zeit, nachzudenken und seine Gedanken zu bündeln. Nach dem Krieg gab er die *Gralsblätter* heraus und nannte sich Abd-ru-shin, Sohn des Lichtes.

Bernhardt verstand sich als Menschensohn Immanuel, wie er von Christus verkündet worden sei. 1926 veröffentlichte er sein dreibändiges Hauptwerk *Im Lichte der Wahrheit – Gralsbotschaft von Abd-ru-shin*, in dem er seine esoterisch-okkulte Weltsicht festhielt. Er scharte Jünger um sich und gründete die Gralsbewegung. Die Gralsbotschaft ist heute noch die Bibel der Glaubensgemeinschaft.

Der Gral oder heilige Kelch ist für viele theosophischen Gruppen, Rosenkreuzer-Orden und Templer ein wichtiger Kultgegenstand. Er inspirierte Abd-ru-shin, seine Bewegung nach dem christlichen Relikt zu benennen. Er gilt als die Schale, in der das Blut Christi bei der Kreuzigung aufgefangen wurde. Gleichzeitig symbolisiert der Gral in vielen Logen und Geheimbünden einen Kultplatz, von dem besonders intensive mystische Energien ausgehen sollen. Der Gral sei eine Schale, die sich in der Gralsburg im höchsten geistigen Reich, der Urschöpfung, befinde, »an der Grenze zum göttlichen Reich«, schreibt Herbert Vollmann, führendes Mitglied der Gralsbewegung in seinem Buch *Was ist Wahrheit?*. Aus ihr ströme die geistige Kraft in die Schöpfung.

Der von seinen Jüngern als Meister verehrte Abd-ru-shin kaufte 1928 auf dem Vomperberg im Tirol ein Jagdhaus und zog mit den ergebendsten Anhängern zum neuen Gnadenort der Gralsbewegung. Die Gemeinschaft errichtete auf dem rund 30 Hektar großen Grundstück ein Zentrum mit Wohnungen, einem Gästehaus, landwirtschaftlichen Betrieben, einer Schreinerei und einer Reitschule. Als sich Österreich 1938 an das Deutsche Reich anschloß, wurde Abd-ru-shin verhaftet. Nach dem Tod des Kultgründers 1941 leitete seine Frau Maria die Gralsbewegung. Sie starb 1957 und gab das Zepter ihrer Tochter Irmingard weiter. Auch heute noch hat die Familie Bernhardt großen Einfluß auf den Vomperberg und die Gralsbewegung.

Der Anspruch an die Heilslehre ist universal: »Die Gralsbotschaft von Abd-ru-shin vermittelt das Wissen vom Aufbau der Schöpfung. In einfachen Worten erklärt sie lückenlos die Zusammenhänge und gibt einen Gesamtüberblick über alles Schöpfungsgeschehen.« Das verkündet die Schrift »Einführende Texte zum Werk ›Im Lichte der Wahrheit‹«. Für die Anhänger der Bewegung spielen der Gral und die Gralsburg eine tragende Bedeutung. Die Gralsburg ist laut Abd-ru-shin die höchste Stelle der geistigen Schöpfung, weit über dem Paradies der Menschengeister. Die in der Johannes-Offenbarung als Tempel Gottes bezeichnete Gralsburg sei die Kraftübertragungsstelle für die aus dem göttlichen Reich kommenden Strahlungen in die tiefer liegenden Schöpfungsteile.

Der Menschengeist müsse mehrmals auf die Erde wiederkehren und sich im Menschenkörper inkarnieren, wie die Gralsbotschaft verkündet. Als Ziel formuliert Abd-ru-shin die Geistesreife, welche die Erdenmenschen erlangen müssen. Dieser Zyklus ist nach Ansicht der Gralsanhänger nicht beliebig lang und kann nicht beliebig oft fortgesetzt werden. Der Schöpfer habe den Menschen eine bestimmte Zeitspanne eingeräumt, »in der er den Höhepunkt seiner geistigen Entwicklung erreicht haben muß«, heißt es in den *Einführenden Texten*. Den Endzeitcharakter der Gralsbewegung formuliert der Kult mit den Worten: »Dieser Höhepunkt ist jetzt da! Er ist bedingt durch die große Weltenwende, die mit der Schöpfungsreife zusammenhängt.«

Das Tor zum Paradies steht offen

Das wahre Wissen vom Gral werde der neuen Epoche, »die nun mit der Weltenwende anbricht«, die geistige Prägung geben. Der Menschengeist sei dann nämlich fähig, die aus dem heiligen Gral strömende Kraft aufzunehmen, heißt es in den »Einführenden Texten«. Wer diese Kraft richtig verwende, »dem öffnet sich das Tor zum Paradies«: »Wir befinden uns gegenwärtig mitten in einer der wichtigsten Erfüllungen der Apokalypse, der Offenbarung des Johannes: in der Weltenwende, im Weltengericht!« Wie die meisten Kulte beruft sich auch die Gralsbewegung auf die christliche Apokalypse.

Die Gralsbotschaft ist für die Gläubigen der Kompaß durch die Endzeit. Momentan würden wir uns noch »in der Endauslösung des Weltgerichtes oder des Jüngsten Gerichtes« befinden, heißt es in einer von der Gralsverwaltung im März 1994 an die Kreuzträger, die Grals-Anhänger, verschickten Erklärung zum Weltgericht. »Als letzte Hilfe, um in dem Gericht bestehen zu können, brachte Abd-ru-shin den Menschen seine Gralsbotschaft.« Im Weltgericht erfolge die große Reinigung.

Wie die meisten neuzeitlichen Endzeitgruppen greift die Gralsbewegung gern auf die tradierte christliche Vorstellung zurück, interpretiert sie aber nach den eigenen Bedürfnissen um. Abd-ru-shin ist aber nicht verlegen, diese religiöse Verrenkung heilstheoretisch zu begründen. Die Menschen seien zur Zeit des Wirkens von Jesus Christus noch nicht so weit gewesen, »das Wissen vom Gral erfassen zu können«, schreibt Herbert Vollmann in *Was ist Wahrheit?*. Als Vorboten des Weltgerichts nennt er Hungersnöte, Dürren, Natur- und Wirtschaftskatastrophen, Kriegswirren, Verbrechen und die falschen Propheten.

Das Blut ist ein mystischer Saft

Eine okkult anmutende Theorie entwickelte Abd-ru-shin über das menschliche Blut. Seiner Ansicht nach erfüllt es einen speziellen mystischen Zweck: »Es soll die Brücke bilden für die Tätigkeit des Geistes auf der Erde, also in der groben Stofflichkeit!« formuliert es Abd-ru-shin in seinem Buch *Im Lichte der Wahrheit* unter dem Kapitel »Das Blutgeheimnis«. Damit die Tätigkeit des Geistes in richtiger Weise vor sich gehen könne, bilde der Geist das Menschenblut. Erst beim Eintritt des Geistes in den werdenden Körper, also bei der Inkarnierung, beginne beim Kindskörper das eigene Blut zu kreisen. Beim Erdentod, wenn der Geist den Körper verlassen habe, höre das Blut auf zu pulsieren.

So schreibt der Kultgründer: »Nur mit Eintritt des Geistes in den Körper vermag sich das Menschenblut zu bilden. (...) Der Geist, oder die ›Seele‹, trägt zur Blutbildung bei, aber er oder sie vermag nicht unmittelbar durch das Blut nach außen irdisch zu wirken.« Die Ausstrahlung des Blutes sei die eigentliche Brücke zur Betätigung der Seele, aber nur dann, »wenn dieses Blut jeweils eine ganz bestimmte, für die betreffende Seele geeignete Zusammensetzung hat«.

In okkulter Manier fährt Abd-ru-shin fort, dieses Wissen könne »einer der größten und einschneidendsten Hilfen der Ärzte für die ganze Menschheit werden.« Die Wirkungen seien so vielfältig, »daß die Völker bei richtiger Handhabung in sich aufblühen müssen zu herrlichstem Wollen und Können«. Dadurch würden Kräfte zum »Frieden und dankerfülltem Lichtwärtsstreben«, entfaltet, schreibt der Kultgründer. Durch die Veränderung der Zusammensetzung des Blutes könne ein Arzt auch die Seele beeinflussen. »Es kann sogar soweit gehen, daß die Seele, von ihrem Wirkenkönnen abgeschnitten, sich von dem Körper langsam löst und diesen verläßt, was gleichbedeutend mit dem irdischen Tode ist.« Diese Erkenntnis könne aber auch benutzt werden, um beispielsweise geistig zurückgebliebenen Kindern zu helfen, erklärt Abd-ru-shin.

Die Lehre von Abd-ru-shin ist komplex. Das Licht spielt eine zentrale Rolle, es verkörpert das Göttliche, den Ursprung aller Strahlungen, die sich auf der Gralsburg bündeln sollen. Abd-ru-shin teilte die Schöpfung in mehrere, vertikal gegliederte Bereiche ein, die von dem urgeistigen über den wesenhaften bis zum feinstofflichen und dem grobstofflichen reichen. Drei Grundgesetze versinnbildlichen den Willen Gottes: Das Gesetz der Schwere, das Gesetz der Gleichart – gleiche Arten ziehen sich an – und das Gesetz der Wechselwirkung, das besagt, der Mensch müsse ernten, was er gesät habe.

Abd-ru-shin postulierte die Anziehung der gleichen Art und eine Blut-und-Boden-Ideologie, die in fataler Weise an unheilvolle Ereignisse der jüngeren Geschichte erinnern. »Nur auf dem Boden ihres Heimatlandes können sich die Rassen zur vollen Blüte entwickeln. Sie müssen bodenständig bleiben und sich rein erhalten. Deshalb ist eine Vermischung von Rassen durch Heirat und Fortpflanzung falsch!« heißt es in einer 1992 herausgegebenen Schrift der Gralsbewegung. Abd-ru-shin schreibt in seinem Buch *Im Lichte der Wahrheit*: »Der Mensch muß in dem reinsten Sinne bodenständig werden, wenn er wachsen will und Hilfe aus dem Licht erwartet! Nur keine Übernahme wesensfremder Völkersitten und Gebräuche, fremder Anschauungen. Die Bodenständigkeit ist Grundbedingung und verbürgt allein Gesundung, Kraft und Reife!«

Frauen sind in der Gralsbewegung Menschen zweiter Klasse

Angesichts dieser Rassentheorie überrascht es nicht, daß die Gralsbewegung auch gegenüber Juden fragwürdige Ideen vertritt. Die Gralsbotschaft könne zwar auch für die Juden die Befreiung vom Joch bringen, das sie sich durch früheres Versagen auferlegt hätten. »Wenn sie es jedoch diesmal wiederum versäumen, dann ist es für immer aus«, prophezeit die Gralsbotschaft.

Frauen sind in der Gralsbewegung Menschen zweiter Klasse. »Der größte Teil der Frauenwelt verdient nicht mehr, den Ehrennamen Weib zu führen! Und Männer können sie nie werden. So bleiben sie zuletzt nur Drohnen in der Nachschöpfung, die ausgerottet werden müssen nach den unnachgiebigen Gesetzen der Natur. (...) Die Frau ist in ihrer Art die traurigste Gestalt geworden aller Kreaturen!«. So steht es in einer 1990 erschienen Schrift der Gralsbewegung. Den Niedergang verschuldet die Frau selbst, wie Abd-ru-shin in seinem Buch *Im Lichte der Wahrheit* schreibt: »Sie selbst hat sich auf eine Stufe leichtsinnig gestellt, die sie verrohter Männlichkeit nunmehr zu Füßen zwingt. Mit Zorn und mit Verachtung wird die Erdenmännlichkeit auflodernd nun herabblicken auf alle Frauen, welche nicht mehr das zu geben fähig sind, wozu sie von dem Schöpfer ausersehen waren, was der Mann so dringend nötig hat in seinem Wirken.« Das Weib, das »den Lockungen Luzifers durch des Erdverstandes lächerliche Eitelkeiten schnell erlag«, habe dem Mann die Möglichkeiten zu großen, reinen Taten genommen. Das üble Denken werde erzeugt »durch Unreinheit der Weiblichkeit«, heißt es im Kapitel »Weib und Mann«.

Wer in die Gralsbewegung aufgenommen wird, erhält ein Gralskreuz und wird zum Ritual der Versiegelung eingeladen. Die rechtslastige Organisation verlangt von den Kreuzträgern rigide Verhaltensmaßnahmen, die bis hin zu rassistischen Kleidervorschriften reichen. In einem Verhaltenskodex heißt es: »Die Bekleidung bietet uns einen Schutz, der ganz der Kultur unseres Landes angepaßt sein sollte. Einflüsse aus fremden Kulturen lenken von dem eigentlichen Sinne ab.« Dunkle Kleider sind vorgeschrieben, Gespräche, auch im Flüsterton, haben während den Ritualen zu unterbleiben. Höhepunkt im religiösen Leben der Kreuzträger sind Ferien oder Zeremonien auf dem Vomperberg, wo sich angeblich die mystischen und spirituellen Energien verdichten.

Für Schlagzeilen sorgte eine Schweizer Gralsanhängerin, die Anfang 1993 in der Grals-Siedlung Vomperberg (Tirol) ihren vierjährigen Sohn erdrosselte. Sie hatte im verschlossenen Auto das Kind unter den Augen des ausgesperrten Vaters erwürgt. Als es ihm gelang, die Scheiben einzuschlagen, war das Kind bereits tot. Laut Presseberichten sagte der Vater, es habe so sein müssen. Und die Kriminalpolizei von Tirol erklärte, der Mann habe seine Frau aus religiösen Gründen entschuldigt. Sie sei bei Rückführungen offenbar in einen esoterischen Wahn abgerutscht und habe ihrem Sohn ein angeblich tragisches Schicksal ersparen wollen.

»Ich muß Dir weh tun, weil ich Dich gern habe«

Im Gegensatz zu anderen Kulten, die gern im Bekanntenkreis missionieren, halten sich die Kreuzträger oft selbst in ihrer engsten Umgebung bedeckt. Manchmal verheimlichen die Mitglieder der Gralsbotschaft sogar ihren Ehepartnern, an welchen »Gott« sie glauben. Das Beispiel der Zürcherin A. B., die jahrelang ahnungslos blieb, ist nur ein Fall unter mehreren.

Erste Spannungen traten auf, als sich der Ehemann mit Büchern und Schriften von Abd-ru-shin zu befassen begann. Sie wunderte sich zwar über den seltsamen Namen des Autors, maß der Lektüre ihres Mannes aber keine besondere Bedeutung zu. Auch dann noch nicht, als er seine Frau mit immer neuen Ideen überraschte. Ideen, die mehr und mehr auch sein Alltagsverhalten bestimmten. »Irdische Belange interessierten ihn kaum mehr, er wirkte völlig abgehoben. Mein Mann richtete sich immer mehr in einer seltsamen geistigen Welt ein und vernachlässigte sich zusehends«, erklärt A. B. Damals hatte sie aber noch keine Ahnung, daß sein mysteriöses Verhalten mit den Schriften des Autors mit dem seltsamen Namen zu tun hatte.

Als A. B. von einer hartnäckigen Krankheit befallen wurde, erklärte ihr Mann rundweg, sie müsse die Ursache in der geistigen Welt suchen. Sie sei selbst Schuld und habe mit dem Leiden eine Karma-Belastung aus einem früheren Leben abzutragen. A. B. verstand die Welt nicht mehr. Doch ihr Mann beharrte auf seiner Erklärung und kanzelte seine Frau auf überhebliche Art ab. Sie sei in wichtigen Dingen völlig unwissend und habe keine Ahnung von der astralen Welt.

A. B. ließ sich von der felsenfesten Überzeugung ihres Mannes verunsichern und wagte es nicht, sich zur Wehr zu setzen. Sie lebe im Dunkeln und habe eine falsche Ausstrahlung, deshalb komme in ihrer Ehe auch keine richtige Harmonie auf, redete ihr der Ehemann ein. »Ich merkte nicht, daß er mich dauernd erniedrigte«, erklärt A. B. Sie entwickelte Schuldgefühle und wollte begreifen, was ihr Mann mit den »Gesetzen aus der geistigen Welt« meinte.

Mit der Zeit begann er, allgemein auf die Frauen zu schimpfen. Sie seien vom Luzifer verführt worden, karmisch stark belastet und deshalb verantwortlich für das Elend in dieser Welt. »Du kannst nicht in die Herrlichkeit eingehen, weil Deine Lebensfäden im Boden verknüpft sind. Nach dem Tod bleibst Du im Irdischen verhaftet«, warf er ihr vor.

Allmählich dämmerte es A. B., daß diese Ideen nicht im Kopf ihres Mannes entstanden sein konnten. Sie begann in den Schriften von Abd-ru-shin zu blättern und fand darin das exotische und teilweise okkulte Gedankengut, mit dem ihr Mann sie drangsalierte. Ein Sektenlexikon klärte sie auf, daß Abd-ru-shin der Führer der esoterischen Gralssekte ist. Sie war wie vor den Kopf geschlagen und stellte ihren Mann zur Rede. Doch dieser stritt jede Verbindung zur Gralsbewegung ab. Und er behauptete, seine Überzeugung nicht nur bei Abd-ru-shin gefunden zu haben.

A. B. suchte Literatur über Abd-ru-shin und die Gralsbewegung, um sich ein Bild von der geistigen Welt ihres Mannes zu machen. Was sie dabei entdeckte, erschütterte sie vollends. Sie wollte ihm klarmachen, daß er einer sektiererischen Ideologie verfallen sei. Alle Versuche, ihn auf die Widersprüche aufmerksam zu machen, prallten an ihm ab. Er müsse seine Ideen nicht begründen, weil er die absolute innere Gewißheit habe, die Gesetze des Lebens zu kennen. Der Widerstand seiner Frau spornte ihn erst recht an. Es sei falsch, behauptete er beispielsweise, mit Kindern aus Kriegsgebieten Mitleid zu haben, weil sie sich ihre Eltern nach dem eigenen Karma ausgesucht hätten. Damit müßten sie für ihre Sünden in früheren Leben büßen. Genauso verhalte es sich auch mit den Juden, die in den Gaskammern umgekommen seien.

»Mein Mann preßte mich immer mehr in sein okkult-esoterisches Schema«, erzählt A. B. Bei den Auseinandersetzungen habe er unbeteiligt gewirkt, als schwebe er über allem. »Ich muß dir weh tun, weil ich dich gern habe«, sagte er ihr. Sie brauche dies für ihr Leben und das Karma. Nur so habe sie die Chance, in einem späteren Leben in die Herrlichkeit einzugehen.

A. B. spürte, wie sich ihr Mann immer mehr von ihr entfernte und sich von seiner Umgebung entfremdete. Aus Angst, ihn ganz zu verlieren, versuchte sie, sich einzufühlen. Sie klammerte sich an die Hoffnung, ihn von seinen Wahnideen befreien zu können. Doch er eröffnete ihr eines Tages, er müsse sie verlassen, weil er in ihrer Umgebung krank werde und sich geistig nicht weiterentwickeln könne. A. B. entwickelte Schuldgefühle und eine unerklärliche Angst. »Ich spürte mich nicht mehr, wurde schwermütig und begann mich wie von außen zu beobachten«, erzählt sie. Als der jahrelange Konflikt sich immer mehr zuspitzte und die Trennung nicht mehr zu verhindern war, entwickelte sie psychosomatische Krankheiten, die eine Einlieferung ins Spital erforderten. Sie brauchte Jahre, bis sie sich von dem traumatischen Erlebnis erholt hatte. Und noch heute kann sie nicht begreifen, wie ihr Ex-Mann in diese mysteriöse Scheinwelt abgleiten konnte.

Für die Mormonen ist die Apokalypse Programm: Kirche Jesu Christi der Heiligen der Letzten Tage nennt sich die aus Salt Lake City stammende Endzeitgemeinschaft. Die »Letzten Tage« dauern für die auserwählten Heiligen der Mormonen-Kirche allerdings bereits gut 150 Jahre. Wie die Zeugen Jehovas haben auch die Mormonen ein weites Missionsnetz über 160 Länder gespannt. Die in adrette Anzüge gekleideten Mormonen marschieren von Haustür zu Haustür, um möglichst viele Seelen vor der sehnlichst erwarteten Apokalypse zu retten.

Der Gründer Joseph Smith (1805–1844) behauptete, ein Bote Gottes sei ihm 1819 in den USA erschienen und habe ihm verkündet, er sei auserwählt, eine Kirche zu gründen. Am 21. September 1923 soll ihm Moroni, der Sohn des Propheten Mormon, das Versteck der heiligen goldenen Schrifttafeln verraten haben, welche die Lehrsätze der Evangelien enthielten. Die Botschaft lege »den Plan der Errettung dar und läßt die Menschen wissen, was sie tun müssen, um in diesem Leben Frieden und im künftigen Leben ewige Errettung zu erlangen«, heißt es in der Einführung zum Buch *Mormon*, der Abschrift der goldenen Tafeln.

Smith will diese 1927 als 22jähriger von einem Engel auf dem Hügel Cumorah bekommen haben. Sie waren angeblich mit Schriftzeichen übersät, die er nicht entziffern konnte. Smith fand bei den Platten auch zwei geheimnisvolle, »in silbernen Bügeln verwahrte« Seher-Steine, die sogenannte Urim und Tummim: »Besitz und Gebrauch dieser Steine hätten früher, in alter Zeit, jemanden zum ›Seher‹ gemacht; Gott habe sie bereitet, damit das Buch übersetzt werden könne«, heißt es nach esoterisch-okkulter Manier im Buch *Mormon*, das Smith 1830 herausbrachte.

Joseph Smith war also nach eigenen Angaben in der glücklichen Lage, authentische göttliche Dokumente in den Händen zu halten. Doch die Mormonen können keine Beweise vorlegen, daß sich Gott ihnen tatsächlich offenbarte. Denn Moroni soll die Tafeln zwei Jahre später, nachdem Smith sie übersetzt hatte, wieder abgeholt haben. In seinem Dilemma weihte Smith Weggefährten in sein Geheimnis ein, damit sich die Mormonen nicht nur auf das Zeugnis ihres Propheten verlassen müßten. So führt das Buch *Mormon* elf Gläubige namentlich an, die bei Gott und den Heiligen schwören, die Tafeln ebenfalls gesehen zu haben. »Der Herr hat dafür gesorgt, daß außer Joseph Smith noch elf andere die Goldplatten zu Gesicht bekamen und ausdrücklich bezeugten, daß das Buch *Mormon* wahr ist und von Gott kommt«, heißt es in der Mormonen-Bibel. Die Gläubigen werden eingeladen, das Buch *Mormon* zu lesen und »dann Gott, den ewigen Vater, im Namen Christi zu fragen, ob es wahr ist«, heißt es im Buch *Mormon*. Tatsächlich sind die Mormonen überzeugt, daß ihnen Gott in solchen Lehrfragen direkte Signale oder persönliche Anworten zukommen läßt.

Bei seiner Arbeit entwickelte Smith Verfolgungsängste, wie sie bei vielen Sektenführern zu beobachten sind. Kaum sei bekannt geworden, daß er die heiligen Platten bekommen habe, seien »die heftigsten Anstrengungen unternommen worden, sie mir wegzunehmen«, schrieb Smith. Eine seltsame Aussage. Moroni hatte Smith nämlich gedroht, er werde »ausgetilgt«, falls ihm die Platten abhanden kommen würden. Wer sollte vom geheimen Plan Gottes erfahren haben? Und wer wollte Smith die göttlichen Botschaften streitig machen? Beide Fragen werden nicht beantwortet. Hingegen beschrieb Smith wortreich, daß »jede nur erdenkliche List« angewendet worden sei, ihm die Tafeln wegzunehmen. »Ich wurde gehässiger und heftiger verfolgt als zuvor, und eine Menge Leute waren ständig darauf aus, mir wenn möglich die Platten wegzunehmen«, erklärte Smith.

Das Buch *Mormon* erinnert über weite Strecken an die vier Evangelien der Bibel. Es erzählt schwerpunktmäßig die Geschichte des jüdischen Propheten Mormon, der dem Buch den Namen gab. Die Vorfahren des Propheten, das Volk der Lamaniten, verließen angeblich im Jahr 600 v. Chr. Jerusalem und zogen nach Nordamerika. Die Lamaniten seien »im wesentlichen die Vorfahren der Indianer«, heißt es im Buch *Mormon*. Jesus Christus soll ihnen nach seiner Kreuzigung und Auferstehung in Nordamerika leibhaftig erschienen sein.

Die Lamaniten, die jüdischen Ursprungs waren, sind in amerikanischen Geschichtsbüchern nicht zu finden. Historisch läßt sich die Heilsgeschichte der Mormonen nicht erhärten. Wie aus den weißhäutigen Lamaniten farbige Indianer werden konnten, ist wissenschaftlich nicht einfach zu begründen. Die dunkle Hautfarbe und die Ausrottung durch die Weißen sei eine Strafe Gottes, erklärt Smith.

Joseph Smith gründete die Kirche Jesu Christi der Heiligen der Letzten Tage 1830. Die Mormonen glauben, Gott habe mit der Entdeckung der goldenen Tafeln das Signal für die beginnende Endzeit gegeben. Das Buch *Mormon* soll rund 500 Jahre vor unserer Zeitrechnung versiegelt worden sein. In Kapitel 27 des 2. Buches Nephi steht: »Und siehe, das Buch wird versiegelt sein, und in dem Buch wird eine Offenbarung von Gott sein, vom Anfang der Welt bis zu ihrem Ende«.

Der Absolutheitsanspruch der Kirche Jesu Christi der Heiligen der Letzten Tage ist in dem versiegelten Buch in Stein gemeißelt. Gott offenbarte hier den Gläubigen angeblich seine ganze Heilsgeschichte. Nur wer an das Buch glaubt und sich zu den Mormonen bekennt, hat eine Chance, den Willen Gottes und seine Pläne mit der Menschheit zu erkennen. Die Kirche erklärt, sie sei die einzige Glaubensgemeinschaft, die mit ihrer Mission nicht scheitern werde. Das himmlische Reich scheint für die Mormonen reserviert, allerdings gestehen sie, im Gegensatz zu anderen sektenhaften Bewegungen, den übrigen Kirchen einen Platz in einer tieferen Etage ihres Himmels zu.

Apostel empfangen aktuelle Offenbarungen

Die Verzögerung der Apokalypse stellt die Sehnsucht der Mormonen nach der Erlösung auf eine harte Probe. In ihrer Ungeduld begannen die Präsidenten und Apostel aktuelle Botschaften zu verkünden, die Gott ihnen offenbart haben soll. Die Würdenträger bezeichnen sich als Stellvertreter Jesu Christi auf Erden und glauben, direkt mit Gott kommunizieren zu können. Die christlichen Großkirchen haben ihrer Meinung nach die Gnade der aktuellen Botschaften aus dem Jenseits verspielt. Der Mormonen-Prediger Wolfgang Ruetz erklärte beispielsweise in einem Interview mit der Zürcher Zeitung *Tages-Anzeiger* vom 3. Oktober 1995: »Von anderen christlichen Kirchen unterscheidet uns der Grundsatz der fortlaufenden Offenbarung. An der Spitze unserer Kirche stehen ein Prophet und zwölf Apostel. Wir glauben, daß es einen direkten Draht von ihnen zu Christus gibt und sie Offenbarungen erhalten zum Führen der Kirche in der heutigen Zeit.«

Die Parallelen der mormonischen Apokalypse mit der Johannes-Offenbarung sind unübersehbar. Smith ergänzte die biblischen Botschaften mit eigenen Zutaten. Der Gründer der Kirche Jesu Christi der Heiligen der Letzten Tage behauptet, er habe 1832 in einer prophetischen Vision Gottes den Zeitplan der Heilsgeschichte erfahren. Im Lauf des siebentausendjährigen Reichs würden die heiligen sieben Siegel geöffnet, das letzte um die bevorstehende Jahrtausendwende herum. Mit der Offenbarung des letzten Siegels bricht in den Augen der Mormonen das Tausendjährige Friedensreich an. G. B. Hinckley, der derzeitige Präsident der Kirche, sieht in seiner Glaubensgemeinschaft die Regierungsform des Reich Gottes im Diesseits.

Der Mormonen-Geistliche Wolfgang Ruetz meinte im Zeitungsinterview dazu: »Wir glauben daran, daß Christus bald wieder zu uns auf die Erde kommt.« Eine Sehnsucht, welche die Mormonen seit 1830 beseelt.

Orientiert man sich am Buch *Mormon*, müßte Christus längst wiedergekommen sein. Wie bei den Zeugen Jehovas ist auch bei der Kirche Jesu Christi der Heiligen der Letzten Tage der Hinweis auf die »Letzte Generation« für die Endzeit entscheidend. Joseph Smith schrieb, der Bote Gottes habe ihn über das letzte Gericht, das sich mit großer Verwüstung durch Hungersnot, Schwert und Seuchen ankündige, unterrichtet. Und wörtlich hielt der Gründer der Mormonen-Kirche fest: »Dieses schmerzliche Strafgericht wird in dieser Generation über die Erde kommen.« Doch heute nehmen es die Mormonen mit der Aussage ihres Propheten nicht mehr so genau, denn dessen Generation hat das Zeitliche längst gesegnet. Und immer, wenn eine Glaubensgemeinschaft oder neureligiöse Bewegung in Argumentationsnotstand gerät, sind ihre »absoluten Aussagen« nur symbolisch zu interpretieren.

Im Buch *Mormon* findet sich eine weitere Aussage, die belegt, daß sich die Apokalypse dramatisch verzögert hat: »Um das Jahr 421 n. Chr. versiegelte Moroni, der letzte nephitische Prophet und Geschichtsschreiber, den heiligen Bericht und verbarg ihn für den Herrn, damit er in den Letzten Tagen hervorgebracht werde.« Somit brachen die »Letzten Tage« im Jahr 1823 an. Auch die Einführung drückt den apokalyptischen Glaube der Mormonen aus. Wer vom Heiligen Geist die Überzeugung erlangt habe, daß das Buch wahr sei, »wird durch die gleiche Macht auch zu der Erkenntnis gelangen, daß Jesus Christus der Erretter der Welt ist, daß Joseph Smith in diesen Letzten Tagen sein Offenbarer und Prophet ist und daß die Kirche Jesu Christi der Heiligen der Letzten Tage das Reich des Herrn ist, das in Vorbereitung auf das Zweite Kommen des Messias wiederum auf der Erde errichtet worden ist.«

Die Geistlichen der Mormonen behaupten, viele menschliche Wesen seien derart hoch entwickelt, daß sie als Götter bezeichnet werden könnten. Zieht man die prophetischen Gaben der mormonischen Präsidenten und Apostel in Betracht, läßt sich leicht schließen, wer wohl diese Wesen sein sollen. Die

Selbstverherrlichung kommt auch in der bereits zitierten Einleitung des Buches Mormon zum Ausdruck.

Die Kirche Jesu Christi der Heiligen der Letzten Tage gehört zu den erfolgreichsten Endzeitgemeinden. Fast zehn Millionen Gläubige zählen sich heute zu den Mormonen. Den Missionserfolg verdankt die Kirche vermutlich Joseph Smith, der clever genug war, sich nicht auf ein apokalyptisches Datum festzulegen. Die Kirchengeschichte ist im Gegensatz etwa zu den Zeugen Jehovas frei von größeren Krisen. Eine Besonderheit ist Salt Lake City. Die amerikanische Stadt gehört quasi der Kirche, wie auch der Staat Utah zu großer Mehrheit mormonisch ist. Aufgenommen in die Staatengemeinschaft wurde Utah erst 1896, weil sich die Mormonen jahrelang weigerten, die Vielweiberei aufzugeben. Ein düsteres Kapitel ist auch der Umgang mit farbigen Minderheiten. Bis Ende der 70er Jahre durften Schwarze kein Priesteramt bekleiden, und erst 1987 ließen sich die Apostel herab, die rassistischen Ideen offiziell aufzugeben.

Der Missionserfolg hängt auch damit zusammen, daß viele junge Gläubige für zwei Jahre als Vollzeitmissionare ins Ausland geschickt werden. In 160 Ländern sind Tausende mormonischer Missionare unterwegs und polieren die Türklinken. Die Kirche ist reich und mächtig, zahlen die Gläubigen in der Regel doch zehn Prozent ihres Einkommens in die Kirchenkasse ein.

Eine weitere Besonderheit der Mormonen ist die Ahnenforschung. Sie sind überzeugt, daß nur Gläubige am Jüngsten Tag die höchsten Weihen erhalten, die im Sinne der Kirche Jesu Christi getauft wurden. Dies bedeutete, daß alle Menschen, die vor 1830 gestorben sind, keine Aussicht auf das Paradies haben. Dieses vermeintliche Dilemma lösten die Mormonen mit der Ahnentaufe. Die Gläubigen können ihre Vorfahren nachträglich taufen lassen und ihnen so das Seelenheil sichern. Die Mormonen sind deshalb Ahnenforscher von Gottes Gnaden. Sie erforschen ihre Stammbäume über viele Generationen. Im atombombensicheren Archiv in Salt Lake City sind Millionen von Stammbäumen elektronisch gespeichert. Denn nur die im Heiligtum registrierten Gläubigen sollen die Apokalypse im ersten Rang überleben.

25 Zeugen Jehovas: Geistgesalbte und die »anderen Schafe« im Königreichsaal

Die 85jährige Berta S. quält sich keuchend die Treppe hinauf, begleitet von ihrer siebenjährigen Urenkelin Petra. Ein anstrengender Predigerdienst für die betagte Frau in diesem Stadtquartier mit den mehrstöckigen alten Häusern. Als Geistgesalbte der Wachtturm-Gesellschaft (WTG) mag sich die Zeugin Jehovas nicht über die Strapazen beklagen. Schließlich lebt sie in der Gewißheit, zur kleinen Elite der 144000 auserwählten Rechtgläubigen zu gehören, die nach dem Tod direkt in den Himmel übersiedeln und Teil der göttlichen Regierung, »des neuen System Gottes«, wird, wie es die Bibel verheißt. Berta S. zählt zum »Überrest« jener rund 7000 Geistgesalbten, die noch nicht ins Himmelsreich eingegangen sind.

Auf die Gnade der Geistsalbung kann ihre Urenkelin nicht hoffen, denn das himmlische Boot ist voll, das biblische Kontingent der 144000 Gnadenmenschen seit 1931 ausgeschöpft. Immerhin gehört die siebenjährige Petra als treue Zeugin der WTG zu den »anderen Schafen«, die nach der in diesen Tagen zu erwartenden Schlacht von Harmagedon ins Paradies wechseln dürfen, das Jesus Christus auf der Erde errichten und persönlich regieren soll. Vorausgesetzt natürlich, daß sie weiterhin tapfer den Predigerdienst versieht, zweimal pro Woche an den Versammlungen im Königreichsaal teilnimmt und die vielen Gebote und vor allem Verbote der WTG befolgt.

Seit über 60 Jahren klingelt Berta S. mindestens zweimal wöchentlich an Haustüren oder verteilt ihre Traktätchen am Bahnhof oder auf öffentlichen Plätzen. Woche für Woche wird sie mitleidig belächelt oder kaltschnäuzig an der Haustür abgewiesen. Die Demütigungen nimmt sie stoisch hin, weiß sie doch, daß hinter allen »Dingen des Systems« der Satan am Werk ist. Und sich für Gott erniedrigen zu lassen ist ein Akt biblischer Demut, der im Himmel mit besonderer Befriedigung vermerkt wird, glaubt sie.

Berta S. hat im Lauf ihres Leben 50000, vielleicht 100000 oder noch mehr Traktätchen für die theokratische Organisation verteilt. Als Geistgesalbte fühlt sie sich verpflichtet, zehn bis zwanzig Stunden pro Woche für ihre religiöse Überzeugung aufzuwenden. Auch finanziell engagiert sie sich kräftig. Schließlich ist einer der letzten Stühle an der Seite Gottes für sie reserviert. Für jedes Traktätchen, das sie bezieht und unter die Leute verteilt, wirft sie freiwillig einen Obolus in den Opferstock des Königreichsaals. Spenden müssen schließlich nicht versteuert werden. Auf diese Weise vermachte sie der WTG 50000 Mark oder mehr.

Ein Mehrfaches machen die übrigen Zuwendungen aus. Monat für Monat zweigt sie mindestens zehn Prozent ihres Einkommens »für Gott« ab. In Erwartung des ewigen Heils im Himmel mag Berta S. aber keine Zahlenspielereien anstellen und sich in den Kategorien des unwürdigen »Systems der Dinge« ergehen, auch wenn sie unter dem Existenzminimum lebt.

Ein irdischeres Verhältnis zu Zahlen hat hingegen die international tätige WTG mit den 200000 Gläubigen in Deutschland und den rund fünf Millionen weltweit, die mit Eifer die beiden 14tägig erscheinenden Traktätchen *Der Wachtturm* und *Erwachet!* verteilen. Die »Bibel- und Traktatgesellschaft« ist in erster Linie ein riesiges Verlagsunternehmen, das mit der Endzeitangst der Menschen ein lukratives Geschäft macht. Der Werbeslogan, der sich hinter der Missionsstrategie der apokalyptischen Sekte versteckt, ist ebenso einprägsam wie verführerisch: Lest, liebe Kunden, unsere Botschaft vom nahen Ende der Zeit und sichert euch einen Platz im Paradies.

Nach diesem Motto produzieren, drucken und versenden über 1000 Zeugen Jehovas in der modernen Druckerei der WTG in Selters im Taunus Bücher und Traktätchen. Für Gotteslohn und ein besseres Taschengeld arbeiten die ausgewählten Gläubigen, die sich zuvor erst als »Pioniere«, also Vollzeit-missionare, bewährt haben müssen, im Bethel, dem »Haus Gottes«. In ihrem Buch *Die Zeugen Jehovas* schreiben Eva-Maria Kaiser und Ulrich Rausch, daß die Mitarbeiter in der Regel weder eine Renten- noch eine Arbeitslosen- oder Kran-kenversicherung haben, da ihre Arbeit als religiöse Tätigkeit gewertet wird.

100 bis 200 Millionen Mark Reingewinn

Der Ausstoß des Bethels von Selters ist beträchtlich. Täglich können ein bis zwei Millionen Traktätchen und 50000 bis 100000 Bücher gedruckt werden. Jährlich werden in Deutsch-land gegen eine halbe Milliarde Exemplare von *Erwachet!* und *Der Wachtturm* für rund 80 Länder produziert. Die WTG ver-öffentlicht wie praktisch alle Sekten keine Bilanz, doch dürfte sich der Jahresgewinn allein des Bethels von Selters dank des minimalen Aufwands auf 100 bis 200 Millionen Mark belau-fen, wie Kaiser und Rausch schätzen.

Die WTG wurde mit dem Ziel gegründet, die angeblich be-vorstehende Apokalypse zu verkünden. Die Angst vor dem Ende der Zeit ist ihr Missionskapital. Die Glaubensgemein-schaft preist ihre Botschaft als Rezept gegen die ewige Verdam-mung an. Versprochen wird ein nahtloser Übergang vom dies-seitigen Jammertal zum göttlichen Paradies.

Heute hüten sich die Zeugen, den aufgeklärten Menschen ein exaktes Datum für die Wiederkunft Christi anzugeben. Zumindest ein bißchen haben sie aus der Geschichte gelernt, die gespickt ist mit prophetischen Pannen. Jehovas Zeugen klammern sich aber auch heute noch an die Überzeugung, daß der Jüngste Tag unmittelbar bevorstehe. Die apokalyptischen Zeichen stünden am Ende des zweiten Jahrtausend auf Sturm. So habe es die Bibel verheißen, beschwören die Zeugen ihre Endzeitsehnsucht.

Die Idee vom Ende der Zeit ist bei den Zeugen Jehovas allgegenwärtig. In ihren Zeitschriften *Der Wachtturm* und *Erwachet!* ist die Apokalypse das wichtigste Thema. Da die
Missionsblättchen für Außenstehende, also für Personen des
»Systems der Dinge«, geschrieben sind, wird die Angst vor
dem Untergang vorsichtig thematisiert und der Erlösungs-
aspekt besonders betont. Ein Beispiel: Das Titelblatt des *Wacht-
turms* vom 15. November 1995 zeigt ein kitschiges Bild vom
Garten Eden. Die Hauptgeschichte mit dem Titel »Ein besseres
Leben in Aussicht« beginnt mit dem Satz: »Wären wir nicht
gern von den Problemen befreit, die das Leben so beschwerlich
machen?« Die Sehnsucht nach dem Paradies wird bildlich geweckt und mündet in die Frage: »Wird unser Planet Erde je so
aussehen?« Die Antwort: »Ja, er wird zu einem Paradies werden.« Als »Beweis« führt das Traktätchen die entsprechende
Bibelstelle (Lukas 23,43) an. Gott wolle den Menschen ein besseres Leben auf einer paradiesischen Erde ermöglichen »und
wir können dabeisein!«, wird den Lesern versprochen.

In epischer Breite beschreibt *Der Wachtturm* die aktuellen
Probleme der Menschheit auf dieser Erde. »Heute begegnen
uns immer wieder Leid und Schmerz, Trauer und Tod. Im irdischen Paradies wird es nichts dergleichen mehr geben. Selbst
der Tod wird der Vergangenheit angehören.« Der zweite Artikel weist den angeblichen Weg ins Paradies und behauptet, daß
die Apokalypse nahe sei. Schon der Titel wird zum Programm:
»Ein besseres Leben – schon bald!« Der Text läßt keine Zweifel
über den Zeitpunkt offen: »Ein weit besseres Leben steht nahe
bevor.« Die Bibel sage, daß sich auf der Erde viel Schlimmes
ereignen werde, bevor wir ins Paradies eingehen würden.
»Diese schlimmen Zustände erleben wir zur Zeit.«

Damit ist der Weg bereitet, den gottlosen Zustand der derzei-
tigen Welt zu beschreiben und den düsteren Bildern die Prophezeiungen der Bibel gegenüberzustellen. Jesus habe für die Endzeit große Kriege, Erdbeben, Seuchen, Krankheiten und eine
Lebensmittelknappheit vorhergesagt, Ereignisse also, die unsere

Zeit prägten. *Der Wachtturm* führt die Weltkriege an und erklärt, daß die Zahl der Kriegsopfer in diesem Jahrhundert doppelt so hoch sei wie in früheren. Er zählt die Menschen, die an Krebs, Malaria, Aids und verseuchtem Wasser gestorben sind, und erwähnt die Hungersnöte, die viele Entwicklungsländer in Katastrophen stürzten. »All das ist heute zu beobachten, genau wie in der Bibel vorhergesagt«, heißt es in dem Traktätchen.

»Ein besseres Leben steht unmittelbar bevor«

Auch an den Menschen soll sich »nach Aussage der Bibel in den ›letzten Tagen‹ ein Wandel vollziehen«. Sie würden »eigenliebig«, die Kinder ungehorsam. Und die Menschen liebten das Vergnügen mehr als Gott, heißt es weiter. »Müssen wir nicht zugeben, daß diese Beschreibung auf viele zutrifft?« fragt *Der Wachtturm*. Der Artikel kommt zu dem Schluß, wir würden die letzten Tage auf der »alten« Erde erleben: »Was können wir daraus schließen, daß sich alle Prophezeiungen der Bibel über die Zeit des Endes oder die ›letzten Tage‹ bewahrheiten? Es zeigt uns, daß ein besseres Leben unmittelbar bevorsteht.«

Auch die Regierungen seien nicht in der Lage, das Leben der Menschen zu verbessern. Im Gegenteil, Drogenmißbrauch, schlechte Wohnverhältnisse, Armut, Kriminalität, Arbeitslosigkeit und Kriege stellten unlösbare Probleme dar. Abhilfe könne nur die eine wahre »Regierung« leisten: »Durch sein Königreich wird Jehova die Lebensqualität erheblich verbessern«, verspricht *Der Wachtturm*.

Der Artikel mündet in die Frage, was wir tun müssen, »um uns eines besseren Lebens in dem künftigen Paradies erfreuen zu können?« Die Antwort: »Wenn wir Erkenntnis über Gott in uns aufnehmen und sie in unserem Leben anwenden, können wir für immer leben.« Der Schlüssel zum Heil: »Jehovas Zeugen arrangieren gern für jeden, der es wünscht, ein kostenloses Heimbibelstudium«, heißt es im *Wachtturm*.

Als erster prophezeite der Gründer der WTG, Charles Tazé Russell (1852–1916), die Endzeit. Der »Prophet« aus dem US-Staat Pennsylvania verkündete Mitte der siebziger Jahre des 19. Jahrhunderts, Christus sei 1874 in die Weltsphäre eingetreten, um die Endzeit vorzubereiten. Russell datierte den Beginn der Menschheitsgeschichte, die gemäß Bibel 6000 Jahre dauern soll, auf das Jahr 4126 v. Chr. Die Apokalypse sagte er für 1914 voraus.

Diese Botschaft löste gleichermaßen Hoffnungen wie Endzeitängste aus und erwies sich vor allem um die magische Jahrhundertwende als wirkungsvolles Missionsinstrument. Bei der Datierung des Weltuntergangs wendete Russell einen Berechnungsmodus an, der sich auf die Zerstörung Jerusalems durch die Babylonier stützt. Der WTG-Gründer leitete seine Vorhersage offensichtlich vom Matthäus-Evangelium ab, speziell von Kapitel 24, Vers 14, in der das Predigen und die Verkündung des Evangeliums in Verbindung mit dem Ende der Welt gebracht werden. Die Zeugen Jehovas nannten sich denn auch bis 1931 Ernste Bibelforscher. Sie waren überzeugt, daß sich in den biblischen Gleichnissen der Zeitpunkt der Apokalypse verstecke. Mit der Erforschung der Bibel wollten sie die apokalyptischen Prophezeiungen entschlüsseln.

Als das ominöse Jahr 1914 ergebnislos verstrich, war das WTG-Management nicht um eine Ausrede verlegen, um die Anhänger zu besänftigen. In sibyllinischen Aussagen, die teilweise in krassem Widerspruch zu den Vorhersagen standen, relativierte es die mißratene Vorhersage ihres Gründers. H. Weber und F. Valentin zitieren in ihrem Buch *Die Zeugen Jehovas* die von der Wachtturm-Gesellschaft 1960 herausgegebene Schrift *Jehovas Zeugen in Gottes Vorhaben*. Darin heißt es, Russell habe die vorhergesehenen Ereignisse nicht ganz richtig interpretiert und vermutlich den Ausbruch des Ersten Weltkrieges vorausgesehen. Den Gläubigen wurde suggeriert, Russell habe mit seiner visionären Kraft den Weltkrieg als Harmagedon gedeutet. Hingegen sei Jesus zu diesem Zeitpunkt in die Welt getreten. Und flugs wurde ein neues Datum für das Ende der Zeit vorhergesagt. Diesmal sollte die Apokalypse 1918 stattfinden. Das Jahr der zweiten Prophezeiung erlebte Russell nicht mehr, er starb 1916.

Den Machtkampf um das Erbe des Gründers entschied Joseph Franklin Rutherford (1869–1941) für sich. Er versprach den Gläubigen, sie würden am Jüngsten Tag exklusiv ins Reich Gottes eingehen. Dabei strapazieren die Zeugen ähnlich wie die christlichen Fundamentalisten die Interpretation der Zahl 144000: Es braucht viel Phantasie, um hinter dem biblischen Hinweis auf die zwölf jüdischen Stämme mit den je 12000 Gläubigen die Auserwählten zu erkennen, die nach dem Jüngsten Tag zur Seite Gottes thronen dürfen. Als das ominöse biblische Kontingent ausgeschöpft war und sich das Ende der Zeit noch immer nicht abzeichnete, führte die WTG-Führungsspitze ein Zweiklassensystem ein. Die Funktionäre, Würdenträger und Auserwählten würden in den Himmel eingehen und zur Rechten Gottes sitzen, die übrigen Zeugen, die »anderen Schafe«, im Paradies wandeln, das Gott auf Erden errichten werde, wurde nun verkündet.

Noch vor seiner Wahl ließ Rutherford keine Zweifel offen, mit welchem Anspruch er die Wachtturm-Gesellschaft führen wollte. In der Schriftstudie *The Finished Mystery* (Das vollendete Geheimnis), verkündete er, die katholische und protestantische Kirche bildeten das heutige Babylon und würden bald in Vergessenheit versinken. In ähnlicher Weise attackierte er, so Weber und Valentin, die Regierung, weshalb er 1918 zu einer Gefängnisstrafe verurteilt wurde.

Jeder Gläubige ein Missionar

Um die Expansion voranzutreiben, ersann der versierte Religionsmanager Rutherford eine effiziente Missionstaktik. Er deklarierte das religiöse Bezeugen in der Öffentlichkeit, also das Missionieren, als unabdingbare Dienstleistung zur Erlangung des Seelenheils. Rutherford machte aus den Gläubigen Missionare. Der Pilgerweg von Haustür zu Haustür wurde als Felddienst erklärt. Die Anhänger wurden in Bibelkursen zu Freizeitmissionaren ausgebildet und schwärmten zu Hunderttausenden aus. Die Taktik hatte Erfolg, die Wachtturm-Gesellschaft breitete sich rasch aus.

Rutherford versuchte sich ebenfalls als Prophet und sagte das Ende der Welt auf das Jahr 1925 voraus. Er glaubte an die Rückkehr alttestamentarischer Propheten wie Abraham, die das Millennium einläuten würden. Als daraus nichts wurde, meinte Rutherford, daß er sich in Zukunft zeitlich nicht mehr festlegen wolle. Aber er veröffentlichte eine Schrift mit dem Titel *Millionen jetzt lebender Menschen werden nie sterben* und suggerierte den Gläubigen, sie würden den Jüngsten Tag noch in irdischer Gestalt erleben und direkt ins Paradies eingehen. Doch auch Rutherford wartete vergeblich auf die Erlösung. Er ging 1941 den Weg aller sterblichen Wesen.

Sein Nachfolger Nathan Homer Knorr (1905–1977) verkündete sinngemäß, Adam sei im Jahre 4026 v. Chr. geboren, und die Menschheitsgeschichte werde laut Bibel 6000 Jahre (2 Petrus 3,8) dauern. Gott habe die Welt schließlich in sechs Tagen erschaffen, wobei ein Tag Gottes wie tausend Menschenjahre seien. Folglich müsse sich die Apokalypse am Ende des Jahres 1975 ereignen. Als das besagte Jahr näherrückte, hielt das Management aber nicht mehr mit letzter Konsequenz daran fest. Es hatte wohl Angst vor einer erneuten Blamage.

Unter ihrem vierten Präsidenten Frederick William Franz (1893–1992) behauptete die WTG-Führungsspitze, Jesus habe 1914 den Thron der Himmelsregierung bestiegen, von dem aus er die Welt regiere. »Die Generation von 1914 wird nicht vergehen«, hieß es noch Ende der 70er Jahre im *Wachtturm*. Eine Generation dauere maximal 70 Jahre, wurde verkündet. Das Buch *Du kannst für immer im Paradies auf Erden leben* (1982) machte aus der apokalyptischen These eine Lehrmeinung.

Als auch das Jahr 1984 ergebnislos verstrich, wurde die Dauer der »letzten Generation« flugs auf 80 Jahre ausgedehnt. Im Juni 1989 verkündete die Zentrale in Brooklyn: »Alle Geschehnisse deuten darauf hin, daß die Nationen sich dem großen Höhepunkt nähern. Harmagedon steht vor der Tür; und es ist der aufrichtige Wunsch vieler Menschen, dieser Katastrophe zu entgehen und die Rettung zu ewigem Leben zu finden.« Noch im Mai 1993, also rund ein Jahr vor Ablauf der apokalyptischen Frist, hieß es im *Wachtturm*: »Jesus kam im Jahre 1914 in seiner Herrlichkeit. Er ging mit all seinen Engeln in die Offensive, indem er seine dämonischen Feinde angriff und aus dem Himmel warf. Was gemäß seinem Gleichnis danach geschah, läßt uns erkennen, daß dadurch, daß sich Jesus auf einen Thron der Herrlichkeit setzte, eine Gerichtszeit während seiner Gegenwart dargestellt wird.« (Zitat aus *Aus Christlicher Verantwortung* 4/95 und 1/96.)

Das Jahr 1994 kam und ging, Jesus blieb, wo er war, und die Kirchenspitze der Zeugen Jehovas mußte sich eine neue Ausrede einfallen lassen. »Da nun schon 80 Jahre seit 1914 vergangen sind, können wir offensichtlich sehr bald mit der Befreiung durch Gottes Königreich rechnen«, verkündeten die WTG-Propheten in *Erwachet!* vom 8. November 1994.

Der Slogan, Millionen jetzt lebender Menschen würden niemals sterben, erwies sich ebenfalls als prophetisches Wunschdenken. Millionen lebten »eine Generation lang« in der Überzeugung, bald erlöst zu werden. Sie richteten ihr religiöses Streben und ihren Alltag auf dieses Ereignis und das Jenseits aus. Wer an der angeblich von Gott gegebenen Prophezeiung zweifelte oder sie zu hinterfragen wagte, beging eine schwere Sünde und setzte die versprochene Erlösung aufs Spiel. Millionen nahmen die Todessehnsucht mit ins Grab.

Die Zeugen verstehen sich als die wahren Christen und berufen sich auf die Bibel. Bibelverse sind ihre Leitlinien in jeder Situation. Was sie nicht auf das »Wort Gottes« gründen können, verbannen sie gern ins Reich des Satans. Sie haben eine

Virtuosität entwickelt, biblische Aussagen in einen fragwürdigen Kontext zu stellen und eigenwillig zu interpretieren. Was für die Urchristen vor 2000 Jahren Gültigkeit hatte, ist für sie heute noch bindend, als sei die Zeit stillgestanden. Sie wollen nicht »Teil dieser Welt« sein, weil hinter dem »System der Dinge« angeblich der Antichrist lauert.

Eine weltliche Autorität akzeptieren sie im Grunde genommen nicht, oder höchstens zum Zweck, den säkularen Ablauf des Alltags in lebbare Bahnen zu lenken. Die Zeugen weigern sich, am politischen Leben teilzunehmen oder sich sozial zu engagieren. Angesichts der bevorstehenden Apokalypse lohnt es sich in ihren Augen nicht, sich für weltliche Belange zu engagieren. Sie verstehen sich als die »Streitmacht« Gottes und weigern sich in der Regel, Militärdienst oder Ersatzdienst zu leisten. In manchen Ländern nehmen sie Gefängnisstrafen in Kauf, teilweise auch in der Schweiz.

Das Blut ist für die Zeugen ein mystischer Saft

Die WTG genießt in der breiten Öffentlichkeit einen vergleichsweise guten Ruf. Die oft unbeholfenen Frömmler und Eiferer erwecken nicht selten Mitleid. Durch die konsequente Aufspaltung des Diesseits in eine Innen- und Außenwelt verschwimmt das sektenhafte Potential im Bewußtsein der Öffentlichkeit. Negativ ist für die Zeugen nur das grelle Rampenlicht, in das sie jeweils getaucht werden, wenn wieder einmal ein »Blutskandal« das Interesse der Öffentlichkeit auf die Zeugen Jehovas lenkt.

Tatsächlich haben die Zeugen eine okkulte Beziehung zum Blut entwickelt, das für sie ein mystischer Lebenssaft ist. Der damalige Präsident Joseph Franklin Rutherford verbot 1927 den »Ernsten Bibelforschern«, Blut zu genießen. Er leitete aus der Bibel die Erkenntnis ab, daß dem Blut eine heilstheoretische Bedeutung zukomme. Der erste Zeuge stützte sich dabei auf jüdische Gebote und alttestamentarische Zeugnisse und rundete die Idee mit einer Empfehlung des Apostelkonzils ab, das den Gläubigen abriet, Blut zu genießen. Diesem Heilsrezept maß das WTG-Management den Status eines göttlichen Gebotes zu, das 1945 in einem verhängnisvollen Zirkelschluß auf die Bluttransfusion ausgeweitet wurde. Jehovas Zeugen essen zwar Fleisch, das oft Blutreste enthält, aber sie sterben lieber, als daß sie sich nach einem Unfall oder bei einer Operation Blut geben lassen. Und sie ignorieren das Wort von Jesus Christus, der klar gesagt hat, daß nichts, was der Mensch einnimmt, ihn unrein mache.

In *Erwachet!* vom 22. Oktober 1990 wird die religiöse Bedeutung des Blutes betont: »Die Bibel ist ein Buch, das sich in puncto Blut nicht in Schweigen hüllt. In 3. Mose 17:14 heißt es: ›Die Seele von jeder Art Fleisch ist sein Blut.‹ Natürlich nicht in buchstäblichem Sinne, denn die Bibel sagt auch, daß der lebende Organismus selbst die Seele ist. Vielmehr ist das Leben aller Seelen so abhängig vom Blut und so eng damit verbunden, daß das Blut passenderweise als eine Flüssigkeit betrachtet wird, die das Leben repräsentiert und heilig ist.«

Opfer des Blutgebotes können Gläubige werden, die mit schweren Verletzungen auf dem Operationstisch liegen und am Verbluten sind. Die WTG hat ein Alarmsystem aufgebaut, damit die betroffenen Zeugen nicht den Todesängsten nachgeben und den drängenden Ärzten in letzter Minute doch noch die Erlaubnis für eine Bluttransfusion erteilen. In Notfällen treten Älteste auf den Plan, die dafür sorgen, daß die Patienten die »Gebote Gottes« einhalten. In Deutschland gibt es rund 50 solcher Krankenhaus-Verbindungskomitees.

In *Erwachet!* vom 22. Oktober 1990 heißt es dazu: »Häufig ist es die Weigerung der Ärzte, schnell genug oder überhaupt zu operieren, die für den Zeugen den Tod bedeutet hat.« Eine gravierende Schuldzuweisung, die Ursache und Wirkung verdreht. Denn es ist für einen Arzt eine enorme Belastung, schwere Operationen im Bewußtsein vornehmen zu müssen, im Notfall keine Blutkonserven einsetzen zu dürfen. Allerdings haben die Chirurgen vieler Krankenhäuser inzwischen Methoden entwickelt, die den Einsatz von Ersatzblut nur noch in besonders schweren Fällen nötig macht. Zeugen Jehovas tragen stets eine Erklärung mit sich, die Ärzten verbietet, Blut zu verabreichen.

Ende der 90er Jahre hat die Führungsspitze der WTG erkannt, daß das Blutdogma auf lange Frist nur schwer zu rechtfertigen ist. Interne Diskussionen lassen darauf schließen, daß das Verbot der Transfusion demnächst gelockert und die Verantwortung den Gläubigen übertragen werden könnte.

Nicht nur die Endzeitspekulationen sind ein düsteres Kapitel in der Geschichte der Zeugen Jehovas, auch ihre ideologischen Heilsvorstellungen werfen dunkle Schatten auf die Glaubensgemeinschaft. Sie versteht sich als das auserwählte »Volk Gottes« und macht den Juden die besondere Rolle in der Heilsgeschichte streitig. Wie viele christlich-fundamentalistische Denominationen machen manche Zeugen die jüdische Glaubensgemeinschaft für die Kreuzigung von Jesus Christus verantwortlich und lassen antisemitische Ressentiments erkennen.

Die Zeugen beargwöhnen aber nicht nur die Juden, sondern zählen mit dem Hinweis auf die Johannes-Offenbarung auch die christlichen Landeskirchen und Glaubensgemeinschaften zu den »Huren Babylons«. In ihr Weltverschwörungskonstrukt pressen viele Zeugen auch die UNO, die in ihren Augen ein Produkt des Antichrist ist. Argumente, mit denen auch die Neuen Rechten, die Neuheiden, viele Esoteriker und Theosophen ihre rassistischen Ideologien und Weltverschwörungstheorien rechtfertigen (siehe Kapitel 8 und 11).

In die weltliche Kategorie reihen die Zeugen auch traditionelle Feste ein. Kirchliche Feiertage wie Ostern und Weihnachten werden als nichtbiblisch oder heidnisch abgelehnt, in Geburtstagen, nationalen Feiertagen oder Muttertagen sehen sie die Verehrung von Personen oder Institutionen, was sie als eine

Art Götzendienst interpretieren. Dies wirkt sich vor allem für die Kinder der Zeugen Jehovas aus, die in der Regel nicht an Schulfesten teilnehmen oder im Schultheater mitspielen dürfen.

Die Sehnsucht nach dem Jenseits entfremdet die Geistgesalbten und die »anderen Schafe« oft vom irdischen Alltag. Es ist für sie schiere Zeitverschwendung, in weltliche Belange zu investieren. Angesichts der bevorstehenden Apokalypse ist beispielsweise die Berufsausbildung für viele sekundär. Diese »Dinge des Systems« lenken höchstens davon ab, das Heilsziel mit letzter Konsequenz zu verfolgen. Junge Paare haben oft Skrupel, Kinder in die Welt zu setzen. Vor allem die Frauen, die bei den Zeugen Jehovas ohnehin nur eine dienende Rolle spielen, werden häufig innerlich zerrissen: Das religiöse Gewissen verbietet den strenggläubigen Zeuginnen, »kurz vor Harmagedon« ein Kind zu zeugen. So hörten Zehntausende in den vergangenen 80, 90 Jahren die biologische Uhr ticken, die sie mit dem apokalyptischen Glockenschlag verwechselten.

26 Scientology: Kampf der Thetanen gegen den Untergang

Die Pseudokirche und Wirtschaftssekte Scientology kann für sich in Anspruch nehmen, eine der bekanntesten Kultgruppen zu sein. Die umstrittene Organisation sorgt regelmäßig und fast in der gesamten westlichen Welt für negative Schlagzeilen. Die kritischen Publikationen über die vom Amerikaner L. Ron Hubbard (1911–1986) gegründete Psychogruppe füllen inzwischen eine halbe Bibliothek, und fast täglich erscheinen neue Artikel in der Weltpresse. Doch all diese Texte und Schriften haben bisher einen wichtigen Aspekt vernachlässigt: Der Psychokult strebt nicht nur die globale Macht an, er hat auch einen ausgeprägten apokalyptischen Kern.

In den Schriften von L. Ron Hubbard verstecken sich etliche Aussagen mit Endzeitcharakter. Der Scientology-Gründer ersann eine ebenso eigene wie eigenwillige Form der Apokalypse. Der ehemalige Science-fiction-Autor unternahm angeblich schon als junger Mann astrale Zeitreisen, die ihn in apokalyptische Sphären führten. Hubbard behauptet auch, eine Stippvisite im Himmel gemacht zu haben. Am 9. Mai 1963 um 22.02 Uhr und dreißig Sekunden erklärte er, er sei vor genau 43 891 832 611 177 Jahren, 344 Tagen, 10 Stunden, 20 Minuten und 40 Sekunden das erste Mal im Himmel gewesen: »Die Torsäulen sind von Marmorengeln gekrönt. Die Eingangsgefilde sind sehr gepflegt und angelegt wie die Bush Gardens in Pasadena, die man so oft im Film sieht«, schrieb Hubbard in einem Bulletin vom 11. Mai 1963. Der zweite Besuch im Himmel – Milliarden von Jahren später – muß ihm einen Schock versetzt haben: »Die Stätte ist zerfallen, die Vegetation dahin. Die Säulen sind geborsten. Die Heiligen sind verschwunden. Die Engel ebenso. Auf der einen Seite (der linken, wenn man hineingeht) steht ein Schild mit der Aufschrift: Dies ist der Himmel. Ein Schild zur rechten verkündet: Hölle.«

Hubbard nannte seine Organisation zwar Kirche, doch er weigerte sich, einen Gott zu definieren. Er erklärt unumwunden, daß sich Scientology nicht mit dem höchsten Wesen befasse. Eine »Kirche«, die Gott ausklammert? Hubbard braucht keinen Gott. Diese Aufgabe scheint gerade anspruchsvoll genug für einen »Religionsführer« seiner Statur zu sein. Hubbard schneiderte sich denn auch eine klassische Rolle als Heilsbringer auf den Leib. Der Sektengründer erklärte ohne Umschweife, daß die Welt ohne ihn verloren sei. Rettung verspreche einzig seine »Technologie«. Die apokalyptische Reinigung sollen Hubbards Kolonnen bewirken, wie aus einem seiner vielen Bulletins hervorgeht: »Die einzige winzige Chance, die dieser Planet hat, lastet auf paar schmalen Schultern – überarbeitet, unterbezahlt und bekämpft –, den Scientologen.«

Seine Allmachtsphantasien reichen aus, sich in der Rolle des globalen Erlösers zu sehen. Und mit viel Überzeugungskraft gelang es ihm, seine Millionen von Anhängern glauben zu machen, er verfüge über gottähnliche Fähigkeiten. Der Guru der Scientologen macht das Schicksal der Menschheit bis in alle Ewigkeit davon abhängig, ob sie »intelligent« genug sei, seine Heilstheorie als die einzig rettende zu erkennen. Der Thetan, die scientologische Seele, trägt nach Hubbardschem Verständnis das Göttliche in sich. Hubbard suggeriert seinen Adepten, daß sie den gebeutelten Thetan aus eigener Kraft erlösen können.

Der Sektengründer legte den apokalyptischen Tarif definitiv fest: »Die Welt hat optimistisch gesehen noch fünf Jahre übrig, pessimistisch gesehen noch zwei. Danach gibt's einen Knall oder vielleicht nur noch Gewimsel. Eine Handvoll von uns arbeiten sich halb zu Tode, um es zu schaffen«, verkündete der Sektenchef in den 80er Jahren in einem Text mit dem Titel »Fünf Jahre«. Damit lud er seinen Anhängern die Verantwortung für die Zukunft der gesamten Menschheit auf die Schultern und trieb sie zur totalen Expansion an. Nur wenn sie es schaffen würden, die Welt rechtzeitig scientologisch zu machen, hätten sie eine Überlebenschance, bleute ihnen Hubbard ein. Er starb 1986, und der große Knall blieb aus, obwohl der Planet mitnichten scientologisch geworden ist. Hubbard reihte sich also in die lange Liste der falschen Propheten ein. Wie viele andere »Visionäre« überlebte auch Hubbard seine mißratene Prophezeiung unbeschadet: Ein »Gott« darf sich auch einmal irren.

»Wenn wir fehlschlagen, werden wir unaufhörlich getötet«

In einem Papier mit dem Titel »Gegenwärtige Planung« formulierte Hubbard sein apokalyptisches Selbsterlösungsrezept unmißverständlich: »Die Strafe für unser Versagen sind Verdammung zu einer Ewigkeit von Schmerz und Gedächtnisschwund für uns selbst, für unsere Freunde und für diesen Planeten. Wenn wir fehlschlagen, ist es aus. Es ist nicht nur eine Frage des Getötetwerdens. Es ist eine Frage, ein Leben nach dem andern getötet und getötet und getötet zu werden – unaufhörlich.«

Vorhersagen von apokalyptischer Qualität machte Hubbard auch in seinem Buch *Scientology, die Grundlagen des Denkens*. »Dieses Buch ist die kurze Zusammenfassung der Resultate, die denkende Menschen über einen Zeitraum von 50000 Jahren hervorgebracht haben«, erklärte der Scientology-Gründer. Was Tausende von Universitäten mit Milliardenkosten zu erreichen versucht hätten, sei hier »in aller Stille vollendet« worden. Die Quintessenz: »Das einzige entscheidende Wettrennen findet heute zwischen der Scientology und der Atombombe statt.«

Die absoluten Versprechen, die häufig einen Endzeitcharakter manifestieren, können fatale Folgen für die Persönlichkeitsentwicklung und das psychische Gleichgewicht der Scientologen haben. Da ihnen Hubbard eintrichterte, die Zukunft der Menschheit liege »auf ihren schmalen Schultern«, werden sie übermenschlichen Belastungen ausgesetzt. Der Glaube, sie seien für das eigene Überleben für die nächsten Jahrmillionen verantwortlich, macht sie zu Gottmenschen.

Die Scientologen fühlen sich verantwortlich für das Schicksal der Menschheit. Ein psychologischer Hochseilakt. Das emotionale Spannungsfeld reicht von der Existenzangst bis zur Allmachtsphantasie. Mit dem Auditing, einer Art Therapie zur Befreiung des Thetan (»Seele«), müssen die Scientologen den Planeten aus dem Schlamm ziehen, wie Hubbard ihnen weismacht. Damit sehen sie sich in der Rolle der Übermenschen. Mehr noch: Hubbard vermittelt seinen Anhängern das Bild vom »göttlichen« Thetan. Wörtlich erklärte er, der Thetan sei »ein Wesen, das Ursache über Denken, Leben, Materie, Energie, Raum und Zeit ist«. Der Thetan soll also durch die scientologische Technologie okkulte Energien entwickeln und Bewußtseinssphären erklimmen, die ihn Raum, Zeit, Materie, ja sogar Leben erschaffen lassen. Die Scientologen glauben, sie würden in den nächsten Leben stets als hochtrainierte Scientologen auf die Welt kommen und den Thetan allmählich mit den göttlichen Attributen ausstatten.

Der okkulte Glaube an den »göttlichen« Thetan macht für die meisten Scientologen die eigentliche Faszination aus. Vor allem Mitglieder, die vom Leben bisher nicht sonderlich begünstigt worden sind, werden von dieser Hubbardschen Idee elektrisiert. Sie realisieren nicht, daß die damit verbundene mentale Belastung und die Allmachtsphantasie zum Psychostreß oder gar zum psychischen Zusammenbruch führen können.

Hubbard erhebt seine Anhänger konsequenterweise in den Rang einer geistigen Elite: »Die Rangstufe von Scientologen und Dianetikern auf der Welt liegt im oberen Zehntel des obersten Zehntels der intelligenten Bevölkerungsgruppen der Welt; die intelligentesten Leute der Welt.« Die Scientologen setzen ihre ganze Hoffnung, die Apokalypse abzuwenden, in ihre therapeutische Technik »Dianetik«. Im gleichnamigen Standard-werk von Hubbard heißt es: »Armeen, Dynastien und ganze Zivilisationen sind am Fehlen dieser Wissenschaft zugrunde gegangen. Rom hatte sie nicht; es zerfiel in Schutt und Asche. Die Welt hat sie noch nicht und schwimmt im Blut; und unten in den Arsenalen lauert die Atombombe, jederzeit bereit, ge-zündet zu werden, weil man nichts von dieser Wissenschaft weiß.«

Und an anderer Stelle droht Hubbard der Außenwelt gar die Apokalypse an: »Eine Gesellschaft jedoch, die fortfährt, Per-versionen mit ihren tragischen und elenden Auswirkungen zu dulden, obwohl es eine Wissenschaft gibt, die diesen Proble-men gewachsen ist, verdiente selbst nicht zu überleben.« Im Klappentext von *Dianetik* bringt Hubbard seine Endzeitvision auf den Punkt: »Die Geschichte ist zu einem Wettlauf zwischen der Dianetik und dem Untergang geworden.«

Kritiker erleiden nach Hubbard ein geradezu apokalyptisches Schicksal, wie er in seiner Anweisung 301 INT schrieb: »Junge, als ich das sah, und wußte, daß es wahr ist, hatte ich wirklich Mitleid mit diesen Burschen, die uns zu kritisieren versuchen. Arme Teufel. Einige Religionen sprechen von der Hölle. Das ist eine Unterbewertung dessen, was wirklich passiert.«

Ein Blick ins heilstheoretische Konzept von Hubbard macht die Verblendung deutlich. Der Sektengründer erklärt, der The-tan sei ein unsterbliches Wesen, das nach dem Wiedergeburts-prinzip funktioniere. Ein hochtrainierter Scientologe soll fähig sein, sich zu »exteriorisieren«, also den Thetan außerhalb des Körpers autonom agieren zu lassen. Wie das funktioniert, be-schrieb ein Hubbard-Anhänger in der Erfolgsrubrik einer Scientology-Zeitschrift: »Ich habe die Sitzung soeben beendet. Meine Hand schreibt, doch befinde ich mich, dank meines Wil-lens, über der Erde. Ich bin an einem bestimmten Punkt über dem Mittelmeer und kann von Alaska nach Schweden hin-übersehen. Der größte Teil von Afrika ist frei von Nebel und Wolken, Grönland und die Arktis funkeln in der Sonne.«

Problem der Übervölkerung mit einer Wasserstoffbombe gelöst

Durch ein apokalyptisches Ereignis in grauer Vorzeit, das sich nach Hubbardscher Leseart vor exakt 75 Millionen Jahren auf einem fernen Planeten ereignet haben soll, verlor der Thethan angeblich seine paranormalen Fähigkeiten. Bei der Explosion einer Wasserstoffbombe erlitt laut Hubbard der Thetan, der ursprünglich fähig gewesen sei, sich an frühere Leben zu erinnern, einen kapitalen Schaden. Deshalb könne er sich nicht mehr an die früheren Leben erinnern. Seit dem kosmischen Unfall degenerierten die Thetane kontinuierlich. Besonders verhängnisvoll wirkte sich laut Hubbard aus, daß sich der Thetan nicht mehr an traumatische Erlebnisse aus früheren Leben erinnern kann. Schmerzliche Ereignisse wie Unfälle und schwere Krankheiten sollen sich besonders verheerend auswirken. Kurz: Der einst »Operierende Thetan« (OT) ist im Laufe der letzten Jahrmillionen angeblich verkümmert und an einem kritischen Punkt angelangt.

Dieses Endzeitszenario ermöglicht dem auf Science Fiction spezialisierten Meister einen Auftritt nach Maß. Hubbard will herausgefunden haben, wie der aberrierte Thetan in letzter Minute vor dem definitiven Kollaps gerettet werden könne. In einer geradezu heroischen Tat habe er die Technologie entdeckt, um den versklavten Thetan zu befreien, behauptet der Sektengründer. Das gefährliche Procedere habe er selber nur knapp überlebt. Falsch durchgeführtes Auditing könne lebensgefährliche Folgen haben, erklärte Hubbard.

Okkulte Reise auf der Zeitspur

Das Ziel der Scientology-Kurse besteht darin, auf der Zeitspur in die unendliche Vergangenheit zurückzuwandern und die ursprünglichen Fähigkeiten des Thetan freizulegen. Ein hartes

Stück Arbeit, das nicht in einem Leben erledigt werden kann. Hubbard erklärt seinen Anhängern, daß sie die mentale Wanderung in die kosmischen Dimensionen in den kommenden Leben fortsetzen müssen. Deshalb hat er ihnen den apokalyptischen Paß vermacht, der »gültig ist, solange das Universum existiert«. Damit suggeriert er den Anhängern, sie würden im nächsten Leben als hochtrainierte Scientologen auf die Welt kommen und sich an die früheren Leben erinnern. Ein raffiniertes System, das zumindest das »finanzielle Wunder« bis in alle Ewigkeit garantierte, wenn es denn funktionieren würde.

Hubbard vertagte also das »OT-Wunder«. Er behauptet, der Thetan sei erst nach der Entwicklungsstufe 23 (OT 23) fähig, Leben und Materie zu erschaffen. Momentan könne der Thetan nur bis zur achten Ebene aufsteigen. Die Freigabe von OT 9 sei an harte Expansionsbedingungen der Scientology-Organisationen geknüpft. Möglicherweise daure es noch Hunderte oder Tausende von Jahren, bis die ersten Thetanen restlos »befreit« und zu göttlicher Hochform aufgelaufen sind.

Es gibt einen rein praktischen Grund, weshalb Hubbard die »Wunder« unter Verschluß hält und für die Zukunft aufhebt: Könnten hochtrainierte Scientologen schon heute OT 23 absolvieren, müßten sie demonstrieren, daß sie Zeit und Leben erschaffen können. Der Scientology-Guru zog es offensichtlich vor, sich und seinen Getreuen eine Blamage zu ersparen. Es wäre außerdem ein unbezahlbares Lebenswerk, das ganze OT-Paket am Stück zu durchlaufen. Eine Auditing-Stunde auf den höheren OT-Stufen kann 1000 DM und mehr kosten. Das gesamte OT-Training dürfte in ferner Zukunft mehrere Millionen Dollar kosten, sollte Scientology dann noch existieren.

Nähme man Hubbard beim Wort, wäre das Schicksal der Menschheit bereits besiegelt. Die Angst vor dem Untergang erweist sich auch bei den Scientologen als wirksames Instrument der Indoktrination. Die Unterordnung unter das vermeintlich rettende Kollektiv und die erlösenden Dogmen des Scientology-Managements führen zur Überanpassung, welche die Qualität einer Selbstaufgabe erreichen kann. Ein Effekt, der Hubbard nicht ungelegen kommt: Seine Anhänger werden verfügbar und gehen für ihn durch die Hölle oder bis ans Ende der Welt.

Die gehirnwäscheartige Indoktrination wird aber nicht nur durch die apokalyptische Angst erzeugt, sondern auch durch das angeblich befreiende Auditing. So jedenfalls behauptet es der Zürcher Professor Hans Kind in einem Gutachten. Er entlarvt die scientologische Therapieform Auditing als »völlig unpersönliche, ja ›unmenschliche‹ Prozedur«. Für labile, selbstunsichere Patienten bringe es erhebliche Gefahren wie Angstzustände, Depressionen und Krisen bis zu psychotischen Zusammenbrüchen. Kind erklärt, das Auditing könne zwar nicht mit der Gehirnwäsche gleichgesetzt werde, wie sie als Prozedur für die Umerziehung von Kriegsgefangenen benützt werde, bezüglich des psychologischen Vorgehens seien gewisse Parallelen aber nicht zu übersehen.

Die Untergangsszenarien eignen sich ausgezeichnet, die Scientologen an die Organisation zu binden und letztlich von der angestammten Umgebung zu entfremden und zu isolieren. Die klassische Karriere eines Scientologen erweckt den Eindruck eines Leidenswegs und beginnt in der Regel mit dem Sturm aufs Bankkonto. Die Novizen müssen nach Kräften mithelfen, die Finanzstatistik aufzupolieren. Droht die wöchentlich am Donnerstag um zwei Uhr abgeschlossene Umsatzkurve einzubrechen, müssen die Mitarbeiter helfen, die Kasse zu füllen.

Sind die Bankkonten der Mitglieder eines Scientology-Zentrums erschöpft, werden oft die Angehörigen angepumpt. Sie würden sich an einer Akademie weiterbilden und bräuchten finanzielle Unterstützung, erklären beispielsweise die Scientologen. Versiegt auch diese Quelle, verhökern manche ihren privaten Besitz. Nun sind sie reif für ein Bankdarlehen, das ihnen der Registrar, der scientologische Chefverkäufer, oft schmackhaft macht.

Die »Bearbeitung« kreditwürdiger Sektenanhänger übernehmen oft mehrere Führungskräfte gemeinsam. Sie machen den Scientologen beispielsweise klar, daß ihr Heil in alle Ewigkeit vom scientologischen Ausbildungsgrad abhängig sei. Sie müßten rasch über die scientologische »Brücke zur Freiheit« schreiten und hätten bessere Chancen, dem Untergang zu entgehen, wird ihnen eingetrichtert. Der Kredit wird als Investition in die Zukunft propagiert. Gemessen an diesen fundamentalen und zeitlosen Gewinnen sei eine kleine Bankschuld ein Klacks, erklärt die Führungsspitze den unschlüssigen Scientologen etwa. Außerdem hätten sie die moralische Aufgabe, einen Beitrag für die Expansion der Heilsgemeinschaft zu leisten. Angesichts dieser apokalyptischen Bedeutung eines Kredites lassen sich viele Scientologen erweichen. Hat ein Hubbard-Anhänger begüterte Eltern, wird er möglicherweise gedrängt, einen Erbvorbezug zu fordern.

Ist ein Scientologe finanziell ausgepowert, wird er oft gedrängt, seine physischen Ressourcen der »Kirche« zur Verfügung zu stellen und als Staff-Member, also Mitarbeiter, im Zentrum zu helfen, »den Planeten zu klären«, wie es in der apokalyptischen Sprachregelung von Scientology heißt. Angehörige empfinden die Arbeitsbedingungen oft als unmenschlich, ausbeuterisch sind sie in jedem Fall. Bei einem Wochenpensum von oft 60, manchmal 70 Stunden – scientologisches Studium inbegriffen – erhalten die Mitarbeiter in der Regel nur ein besseres Trinkgeld. Der »Lohn« ist von den Einkünften des Zentrums und der eigenen Leistung abhängig und bewegt sich in der Größenordnung von 100 DM pro Woche. Bei einem Leistungseinbruch des gesamten Zentrums und des einzelnen Mitarbeiters bleibt die Lohntüte auch mal leer. In den größeren Scientology-Zentren brennen die Lichter regelmäßig bis morgens um ein oder zwei Uhr, auch am Samstag und Sonntag.

Hubbard verlangt bedingungslose Disziplin. In der Regel verläßt kein Mitarbeiter das Zentrum, bis die Arbeitsziele erreicht sind. Alle anderen Verpflichtungen und die persönlichen Bedürfnissen werden den scientologischen Anforderungen untergeordnet. Schließlich gehe es um die Rettung der Erde, wird den Mitarbeitern eingeredet. Der maßgebende Wert sind die Statistiken. Die Vorgesetzten kontrollieren in der Regel täglich die Leistungskurve ihrer Mitarbeiter. Sinkt sie, drohen Sanktionen.

Bei internen Schwierigkeiten treten der Ethik-Officer und die Führungscrew auf den Plan, die einen Security-Check am Hubbard-Elektrometer, einer Art Lügendetektor, anordnen können. Oft führen solche Aktionen zu einer sogenannten »Handhabung«, die Elemente einer Gerichtsverhandlung aufweisen. Das Repertoire an Maßnahmen ist beträchtlich. Die sanfteste besteht darin, daß der betroffene Mitarbeiter weiterarbeiten muß, bis er den geforderten statistischen Wert erreicht. Mitglieder der Eliteeinheit Sea-Org können in eine Arbeitskolonne versetzt werden. Aussteiger, die das Ritual über sich ergehen lassen mußten, sprechen von einem Straflager.

In der Schweiz unterwerfen sich gut 200 vollamtliche Mitarbeiter diesem Regime, in Deutschland sind es über 1000. Selbstverständlich angeblich freiwillig. Hinzu kommen viele Teilzeit-Mitarbeiter. Hubbard schuf einen apokalyptischen Anreiz, um Staff-Member zu ködern. Wer vollamtlich tätig wird, darf die sündhaft teuren Kurse gratis belegen. Der »Vorteil« liegt auf der Hand: Als Staff-Member kann ein Scientologe angeblich die »Brücke zu einer neuen Welt« viel schneller überschreiten, als wenn er mit dem Ersparten die Kurse bezahlen muß. »Arbeitskraft gegen ewiges Seelenheil« lautet die verlockende Devise.

Wahrscheinlich können die wenigsten Scientologen die Konsequenzen dieses Arbeitsvertrags auf Anhieb abschätzen. Mit ihrer Unterschrift verpflichten sie sich meist auf fünf Jahre. Und dies unter Bedingungen, die nicht einmal das Existenzminimum sichern. Sie lassen sich von der Klausel blenden, die Kurse gratis absolvieren zu dürfen. Die wenigsten realisieren, daß sie sich damit noch mehr an die Organisation binden. Denn bei Vertragsbruch müssen sie zumindest einen Teil der gratis bezogenen Kurse zurückzahlen. Kommt ein Mitarbeiter mit dem als Lohn deklarierten »Trinkgeld« nicht klar oder belasten ihn Schulden, muß er mit großer Wahrscheinlichkeit früher oder später den Job bei Scientology aufgeben. Auch wenn er den Psychostreß nicht mehr aushält und psychosomatische oder psychische Auffälligkeiten zeigt, muß er den Dienst quittieren. Als Dank für die »Fronarbeit« erhält er eine sogenannte Freeloader Bill, eine rechtlich verbindliche Rechnung für die »Gratiskurse«, die nicht selten mehrere 10 000 DM beträgt.

Geradezu apokalyptische Dimensionen weist der Vertrag auf, den Mitarbeiter der Elite-Organisation »Sea-Org« unterschreiben. Die Muster-Scientologen tauchen nicht nur in eine Gegenwelt ab und opfern sich restlos auf, sondern verdingen sich in alle Ewigkeit an die Sondereinheit. Sie setzen ihre Unterschrift unter einen Vertrag, der eine Laufzeit von einer Milliarde Jahre hat. Hinzu kommt, daß die Vorgesetzten weitgehend die Entscheidungsgewalt über die Sea-Org-Mitglieder haben. Sie entscheiden über die Art der Arbeit und den Arbeitsort, der sich in der Regel im Ausland befindet. Der »Lohn« beträgt 50 Dollar pro Woche – Uniform, Kost und Logis werden zur Verfügung gestellt.

Bei sinkender Leistung wird das »Taschengeld« gekürzt oder ganz verweigert. Ein Nebenjob ist normalerweise nicht machbar, Sozialleistungen werden oft nicht oder nur minimal geboten. Und das Trinkgeld reicht bei weitem nicht, sich privat zu versichern.

Das autoritäre Führungssystem, das Hubbard seiner Bewegung verpaßt hat, möchte er am liebsten auch auf staatliche Organisationen angewendet wissen. Es überrascht also kaum, daß der Sektengründer nicht viel übrig hat für die demokratische Staatsform. In einer internen Anweisung meinte Hubbard, er sehe nicht, daß Demokratie dem Menschen irgend etwas gebracht habe, »außer ihn weiter in den Schlamm zu stoßen«. Vielmehr sei diese Staatsform für die Inflation und Einkommensteuer verantwortlich.

Hubbard-Methoden für alle Betriebe der Welt

Die gleiche radikale Ideologie verfolgt auch die scientologische Unterorganisation WISE (World Institute for Scientology Enterprises), ein weltweiter Zusammenschluß scientologischer Geschäftsleute. WISE ist wiederholt in die Schlagzeilen geraten, weil der Vorwurf erhoben wurde, seine Mitglieder hätten nichtscientologische Betriebe unterwandert oder schamlos über den Tisch gezogen. Schließlich verfolgt WISE das Ziel, »die administrative Technologie von L. Ron Hubbard in vollen Gebrauch in jedes Unternehmen der Welt zu bringen«, wie es in der Satzung heißt.

Hubbard gab zwar seiner Heilslehre eine ausgesprochen apokalyptische Note, doch er hoffte, den Untergang rechtzeitig abwenden zu können. Seine Ideologie vom Gottmenschen und der Selbsterlösungstheorie paßt nämlich schlecht zu den Endzeitszenarien. Die apokalyptischen Visionen haben allerdings einen wirkungsvollen Effekt: Sie sind das Indoktrinationsmittel und Disziplinierungsinstrument schlechthin. Mit dem Damoklesschwert im Genick, verantwortlich für das Schicksal der Welt und die eigene Zukunft zu sein, lassen sich die Kolonnen in sektiererischer Verblendung zu Höchstleistungen antreiben. Dabei entwickeln sie Energien, die »Normalsterbliche«, die auch einmal einen seelischen Ausgleich brauchen, nie aufbringen würden, ohne einen psychischen Zusammenbruch oder psychosomatische Auffälligkeiten zu erleiden.

Für Scientologen, die an den apokalyptischen Wahn ihres Sektenführers glauben, spielt es allerdings keine Rolle, ob Hubbard die Endzeitvorstellung aus »religiösen« oder praktischen Gründen einbaute. Für sie gilt das Wort ihres Sektenführers, der die Durchhalteparole zum Kultbegriff machte. Selbst die Ethik, die Hubbard andauernd im Mund führte, dient diesem Ziel. Ethisch ist für Scientologen nur, was das Überleben sichert und Erfolg im totalitären Sinn von Hubbard bringt. Er trichterte seinen Jüngern permanent ein, scientologische Ethik sei dazu da, Gegenabsichten aus der Welt zu schaffen. Es ist also ethisch, oppositionelle Angehörige oder Medienleute mit »unethischen« oder gar illegalen Mitteln zu bekämpfen. Moral im abendländischen Sinn kennt Hubbard angesichts des drohenden Untergangs nicht. Unethisch handelt, wer Scientology hindert, die totalitären Ziele zu verwirklichen.

In der sogenannten Fair-Game-Regel schrieb Hubbard: »Eine Person, die in den Ethik-Zustand des Feindes versetzt worden ist, gilt als vogelfrei. Man darf ihr ihr Eigentum abnehmen, sie in jeder Weise verletzen, ohne daß man von einem Scientologen bestraft wird. Man darf ihr Streiche spielen, sie verklagen, sie belügen oder vernichten.« Als Journalisten die »Regel« veröffentlichten, erklärten die Scientologen rasch, sie sei nicht mehr verbindlich.

Ethisch ist für Hubbard also alles, was ihm mehr Macht verschafft. Und zu Macht gehört zwangsläufig auch Geld, denn ohne Geld ist in einer modernen Zivilisation »kein Staat« zu machen. Schließlich kosten die PR- und Marketing-Maschinerie der Scientologen Millionen. Das Ziel seiner Anstrengungen formulierte Hubbard in einem internen Bulletin unmißverständlich: »Wenn jetzt jeder Scientologe in jedem Monat eine neue Person hereinbringen und sie auf dem Weg zur Freiheit starten lassen würde, und wenn dann jede neue Person dasselbe macht, würde das in zwölf Monaten auf vier Milliarden Scientologen kommen.« Hätte er mit seinem apokalyptischen »Spiel« Erfolg, wäre die gesamte Menschheit in dreizehn Monaten scientologisch.

Hubbard beansprucht also die globale Macht. Wahrlich ein Endzeitszenario, allerdings nur für die Welt der Nicht-Scientologen. Würden die Visionen von Hubbard und seinen Anhängern Realität, hätten wir wohl eine von Menschen gemachte Apokalypse.

27 Ungestillte Sehnsucht nach der Endzeit

Seit 2000 Jahren erwartet die christliche Welt die Wiederkunft von Jesus Christus. Seit 2000 Jahren grassiert die Angst vor der Endzeit in der westlichen Hemisphäre. Bisher alles umsonst. Doch die Menschheit hat sich noch nie durch die Fähigkeit ausgezeichnet, aus den geschichtlichen oder religiösen Erfahrungen zu lernen. Tausende von Propheten, Sehern und Sektenführern haben die baldige Endzeit vorhergesagt, Millionen an den baldigen Untergang geglaubt, ohne daß die prophezeiten Ereignisse auch nur annähernd eingetroffen wären. Trotzdem fiebern heute mehr Menschen denn je dem ultimativen Ende oder der Wendezeit entgegen. Denn das säkulare Ereignis der Jahrtausendwende potenziert den Glauben an den religiösen Sonderfall der Endzeit und regt die Phantasie der Gläubigen und Kultanhänger an. Gegen den Glauben an die Apokalypse vermag die Erfahrung auch im Zeitalter der Aufklärung nicht anzukommen.

Der Endzeitglaube ist in erster Linie ein abendländisches Phänomen. Die kulturgeschichtliche und wohl auch archetypische Prägung verdanken wir weitgehend den Urchristen und der Bibel. Die apokalyptischen Bilder aus dem Alten und Neuen Testament haben sich tief in unser Bewußtsein gegraben. Es wäre aber zu einfach, ausschließlich das christliche Standardwerk für die Ängste und Dramen verantwortlich zu machen, die die Menschheit in den letzten Jahrhunderten verfolgt haben. Die Tatsache, daß sich die apokalyptischen Ideen über die Jahrhunderte halten konnten und nichts von ihrer Aktualität eingebüßt haben, dokumentiert das Eigenleben der Endzeitvorstellungen: Diese entsprechen offensichtlich einem tiefgreifenden Bedürfnis der abendländisch geprägten Zivilisation. Sonst wäre die Bibel längst in der Versenkung verschwunden.

Möglicherweise verdankt das Buch seine Bedeutung und Popularität über all die Jahrhunderte vor allem dem apokalyptischen Gedanken. Wobei die Hoffnung auf die Erlösung mindestens eine so große Rolle spielen dürfte wie die Erwartung der Generalreinigung in Form der Endzeitkatastrophen.

Der christlich-dogmatische Prophet Hal Lindsey zitiert in seinem Buch *Alter Planet Erde wohin?* den griechischen Denker Demosthenes, der im Jahr 348 v. Chr. gesagt hat: »Wir glauben immer nur das, was wir glauben wollen.« Dieser Spruch trifft auf die meisten Propheten zu, in besonderem Maß auch auf Lindsey selbst. Sein 1970 zum ersten Mal herausgegebenes Buch ist voll von falschen Prophezeiungen, was sich heute unschwer nachweisen läßt (siehe Kapitel 13). Hätte Lindsey den Spruch des griechischen Denkers ernst genommen, wäre ihm nichts anderes übriggeblieben, als seinen Bestseller, der inzwischen eine Auflage von über 20 Millionen erreicht hat, einzustampfen.

Der Verdacht, daß wir nur glauben, was wir glauben wollen, beschleicht wohl jeden, der sich intensiv mit der Geschichte der Apokalypse auseinandersetzt. Der Spruch scheint sogar in besonderem Maß auf den Endzeitglauben zuzutreffen. Und der Anspruch an die Propheten muß ein hoher sein, denn prophezeien heißt, durch Gott inspirierte Aussagen zu machen. Die Gläubigen sind jedenfalls überzeugt, daß ihre Seher die Visionen von Gott oder einer göttlichen Instanz empfangen haben. Und daß es eine schwere Sünde ist, diese anzuzweifeln.

Lindsey zitiert auch den englischen Schriftsteller Horace Walpole (1717 – 1779), der gesagt hat: »Die klügsten Propheten warten erst die Ereignisse ab.« Die überwiegende Mehrzahl der Visionäre, Propheten und Sektenführer hätte gut daran getan, sich an Walpole zu halten, wie ihre Fehlprognosen dokumentieren. Sie hätten den Gläubigen viele Ängste und teilweise apokalyptische Tragödien ersparen können.

Wie ist die Endzeit-Faszination zu erklären? Die Unvollkommenheit provozierte bei den Urchristen offenbar Schuldgefühle, von denen sie erlöst werden wollten. Die Bestrafung am jüngsten Tag und die anschließende Befreiung schien ihnen ein angemessenes Szenario. Heute dürften sich viele Gläubige von dieser martialischen Erlösungsidee emanzipiert haben. Es wäre auch reichlich sonderbar oder masochistisch, wenn wir uns nach der Endzeit im apokalyptischen Sinn sehnen würden. Wohl die wenigsten Menschen warten von sich aus auf die Horrorszenarien, welche die unzähligen Seher prophezeit haben. Wer will sich schon dauernd mit der Idee beschäftigen, daß ein Großteil der Menschheit in alle Ewigkeit verdammt ist und bald große Katastrophen die Erde heimsuchen werden? Was nützt es den Gläubigen, wenn sie wissen, wann ungefähr welche Qualen die Sünder peinigen werden? Da die Propheten ihren Vorhersagen jedoch einen religiösen Charakter beimessen, müssen sich die Gläubigen wohl oder übel damit auseinandersetzen.

Einen Nutzen haben die Anhänger der Visionäre und apokalyptischen Kultführer ohnehin keinen, denn die Wahrscheinlichkeit, daß die Prophezeiungen tatsächlich eintreffen, sind statistisch gesehen minimal klein.

Die Propheten werden einwenden, es sei doch wichtig, sich auf den großen Moment vorzubereiten. Gläubige könnten beispielsweise mit einem vorbildlichen Leben ihre Chancen auf die Erlösung verbessern. Ob dieser Trick funktioniert, ist äußerst zweifelhaft. Ein bestimmtes Verhalten läßt sich nur schwer antrainieren: Angst hat noch selten »gute Menschen« gemacht. Es besteht vielmehr die Gefahr des Zwangsverhaltens.

Propheten haben ein vitales Interesse an der Endzeit

Die Sehnsucht nach der Apokalypse müssen wir also anderswo suchen. Wenn nicht die Gläubigen die treibende Kraft sind, müssen es zwangsläufig die Propheten sein. Tatsächlich haben die Seher ein vitales Interesse an der Endzeit.

Der apokalyptische Glaube entspricht in mehrfacher Hinsicht einem Bedürfnis der Propheten. Es ist zum einen ein einträgliches Geschäft. Zieht man die beträchtlichen Privilegien in Betracht, derer sich die Propheten erfreuen, erscheint ihr Metier nicht mehr nur als selbstlose Dienstleistung zum Wohl der Gläubigen. Außerdem genießen die Propheten in ihrer Glaubensgemeinschaft und oft darüber hinaus ein hohes Ansehen. Sie nehmen auch für sich in Anspruch, Gott oder eine kosmische Instanz kommuniziere mit ihnen oder teile sich ihnen direkt mit. Eine exklusive Gabe und ehrenvolle Tätigkeit. Es muß ein erhabenes Gefühl sein, zu glauben, in die göttliche Aura eintauchen zu können. Die Seher und Propheten glauben auch, eine besondere Rolle in der Heilsgeschichte der Menschheit zu spielen. Außerdem hat ihre Arbeit den säkularen Vorteil, daß ihre Bücher in der Regel Bestseller werden und sie umworbene Prediger weit über ihre Heimat hinaus sind.

Die Propheten wecken gezielt eine apokalyptische Neugier und schüren Endzeitängste. Bei vielen dürften persönliche Bedürfnisse den Ausschlag gegeben haben, sich als Prophet zu versuchen und in die Zukunft zu schauen. Der Glaube an die Endzeit ist deshalb nicht nur ein religiöses Phänomen, sondern oft auch ein psychologisches, dessen Ursachen in der Persönlichkeitsstruktur der Propheten gesucht werden müssen.

Das Geschrei um die Apokalypse und die Jahrtausendwende ist also zu einem beträchtlichen Teil Selbstzweck der Propheten. Viele Seher und Visionäre reiten auf dem Buckel der Anhänger und Gläubigen ihr privates Steckenpferd. Wie fast immer bei Machtmißbrauch, saniert sich eine Minderheit auf Kosten der Mehrheit.

Wir verdanken also die ganze Hysterie um die Endzeit oder Wendezeit zu einem beträchtlichen Teil den Propheten, Sehern und Gurus, die mit Hilfe der Angst die Menschen in ihren Bann ziehen. Würden die Visionäre von den »Konsumenten« angesichts der unzähligen Fehlprognosen kritisch hinterfragt und allenfalls zur Rechenschaft gezogen, wären die Diskussionen um die Endzeit bald vom Tisch. Die Seher profitieren von der eigenartigen Scheu vieler Gläubigen und Sektenanhängern, die Propheten und ihre Vorhersagen einer kritischen Prüfung zu unterziehen. Die gleichen Leute, die gegenüber Politikern recht mißtrauisch sind, akzeptieren oft blind, was ihnen die selbsternannten Visionäre offenbaren. Religiöse Erkenntnisse kommen offensichtlich nach eigenen Gesetzmäßigkeiten zustande. Im häufig blinden Glauben an die Sektenführer und Propheten drückt sich ein starker Hang zur autoritären Unterwürfigkeit und zum Aberglauben aus.

Mit rationalen Argumenten ist dem Phänomen der Apokalypse nicht beizukommen. Auch Apokalyptiker können nicht leugnen, daß die Bilanz der 2000jährigen Endzeitgeschichte niederschmetternd ist. Die Propheten jeglicher Provenienz haben sich zumindest in jüngerer Zeit durchs Band vergaloppiert oder verspekuliert. Vielleicht müssen wir uns einmal die Frage stellen, ob wir die apokalyptische Rechnung nicht ohne Gott machen. Und vielleicht müssen wir uns fragen, weshalb wir uns so sehr an die Idee vom Ende der Welt klammern. Könnte es nicht sein, daß die Erfahrung der Unvollkommenheit die Sehnsucht nach der Reinigung und Erlösung begünstigt? Sind es nicht unsere beschränkten Erfahrungen und unsere Froschperspektive in diesem unendlichen Kosmos, die uns einen Platz im Himmel oder im Paradies ersehnen lassen? Provozieren vielleicht unsere Begrenztheit und das Bewußtsein von der Endlichkeit den Wunsch, am göttlichen Prinzip teilhaben zu können? Fördern allenfalls unsere Minderwertigkeitsgefühle die Hoffnung, von Gott auserwählt und nach seinem Ebenbild geschaffen worden zu sein? Dienen die Endzeitkonzepte nicht in erster Linie dazu, die Angst vor dem Sterben und dem Tod zu bannen? Könnte es also nicht sein, daß die Idee von der Endzeit ein von Menschen gemachtes Phänomen ist?

Visionen sind oft Produkte eigener Sehnsüchte

Die Prophetie ist eine heikle Disziplin. Seher dringen in geistige Grenzbereiche vor, in denen sie oft die Kontrolle über ihr Bewußtsein oder ihre Wahrnehmungen verlieren. Schließlich ist es ihr Ziel, mit dem göttlichen oder kosmischen Bewußtsein zu verschmelzen und die eigene Identität zumindest während der aktiven Prophetie aufzuheben. Verschiedene Seher fallen in Volltrance, andere nutzen die Technik der Hypnose, um sich mit den göttlichen oder kosmischen Kräften zu verbinden. Manche Propheten kasteien sich, fasten sich halb zu Tode, meditieren intensiv oder bringen sich in einen hypnoseähnlichen Zustand. Diesen Methoden ist eines gemeinsam: Sie führen die Seher in mentale Sphären, in denen unbewußte Kräfte wirksam werden. Und hier verwischen sich oft die Grenzen zwischen Wirklichkeit und Fiktion, ungetrübter Wahrnehmung und Halluzination, realen Erfahrungen und Suggestion. So dürften denn die Visionen vieler Seher und Propheten lediglich Produkte ihrer Sehnsucht und Phantasie sein.

Die Propheten würden gut daran tun, ihrem Geist gelegentlich ein wenig zu mißtrauen. Der Geist ist zweifellos ein wunderbares Instrument, oft aber auch ein wundersames, vor allem wenn er in religiöse Sphären vordringt. Dies erfahren beispielsweise immer wieder Pilger in Jerusalem, die die heiligen Stätten besuchen und intensive religiöse Empfindungen erleben. Doch nicht allen bekommt die Grenzerfahrung. Jährlich müssen rund 200 Gläubige in Jerusalem in psychiatrischen Kliniken behandelt werden, weil sich ihr Geist getrübt hat. Die Psychiater sprechen vom Jerusalem-Syndrom. Die meisten haben messianische Visionen oder halten sich für den wiedergekommenen Jesus. Einige sind gar überzeugt, Gott persönlich zu sein. Die Identifikation mit dem Messias führt bei den überforderten Pilgern zur teilweisen Auflösung der eigenen Identität und zu einer zeitweisen Bewußtseinsspaltung. Die Einbildung überlagert dann das Realitätsbewußtsein.

In ähnlicher Weise können sich Visionäre so intensiv in ihre Rolle als Seher einfühlen, daß es zu einem Wirklichkeitsverlust und zu Wahrnehmungsverschiebungen kommen kann. Die »Propheten« sind dann vollkommen überzeugt, daß ihre suggestiven Empfindungen und Erkenntnisse der Wahrheit entsprechen. Sie sind auch objektiv gesehen nicht in der Lage, ihre Vorhersagen als Sinnestäuschungen wahrzunehmen. Es wäre also zu kurz gegriffen, alle Propheten als Scharlatane zu brandmarken, die die Gläubigen bewußt täuschen. Manche Seher realisieren tatsächlich nicht, daß ihre apokalyptischen Visionen Produkte ihrer Einbildungskraft sind.

Es lohnt sich, auch die Johannes-Offenbarung unter diesem Aspekt zu betrachten. Eine kritische Auseinandersetzung mit dem letzten Buch der Bibel ist zwar nicht populär, aber im Rahmen eines Endzeit-Buches unumgänglich, denn die Bibel mutet den Gläubigen sehr viel zu. Wir sind zwar vom Alten Testament her einen polternden und strafenden Gott gewohnt, doch was er mit den Sündern am Ende der Zeit geschehen läßt, läßt sich schlecht mit der Vorstellung eines liebenden Gottes in Einklang bringen, der uns nach seinem Ebenbild geschaffen hat und unser Vater sein will. Man kann sich ja durchaus vorstellen, daß er uns am jüngsten Tag für unsere Sünden zur Rechenschaft ziehen will, doch die Qualen, denen er uns laut Johannes aussetzen lassen soll, sind unfaßbar. Feuer, Seuchen und Katastrophen, wie sie die Welt noch nie gesehen hat, werden die Menschen quälen. Die Gepeinigten möchten angesichts der unbeschreiblichen Qualen sterben, doch der Tod wird von ihnen fliehen, wie es in der Offenbarung heißt. Was ist das für ein Gott? Die Antwort ist wahrscheinlich einfach: Es ist wohl der von Johannes ersehnte Gott. Der Apostel, der in seinem Weltschmerz nicht begreifen konnte, wie die auserwählten Urchristen derart unter den Römern leiden mußten, wünschte sich in seiner Ohnmacht und Wut vermutlich einen gnadenlos strafenden Gott. Möglicherweise hat Johannes auf Patmos genau den Gott erlebt, den er sich bei seinen Visionen gewünscht hat.

Theosophisch-esoterische Wunschvorstellungen

Neben der christlichen Apokalypse hat auch die theosophische Idee von der Endzeit oder der Wendezeit das Bewußtsein der westlichen Menschen in jüngster Zeit stark geprägt. Die Grundvorstellung der Theosophie über den Lauf der Welt stammt von Helena-Petrowna Blavatsky und fasziniert in der Zeit der modernen Mystik und der rasch um sich greifenden Esoterik immer mehr Leute. Der Glaube an den Polsprung, an die damit verbundenen Klimaveränderungen, die Naturkatastrophen, den Börsencrash und an das anbrechende Wassermann-Zeitalter findet sich in fast allen esoterischen Heilslehren. Aber auch bei den westlichen Sekten und Kulten, die sich der popularisierten Form der Mystik verschrieben haben.

Blavatsky hat sich bei ihren Reisen in den Fernen Osten von den religiösen Ideen und Ritualen verschiedener Glaubensgemeinschaften inspirieren und begeistern lassen. Sie drang bei ihren mystischen Experimenten in spirituelle Grenzbereiche vor und entwickelte eine Heilslehre, die sich aus eigentümlichen Visionen und Fiktionen zusammensetzt.

Die theosophischen Ideen von der Endzeit- und der Wendezeit wirken reichlich abenteuerlich. Sie sind ein buntes Flickwerk aus unzähligen »Erkenntnissen« und Eingaben der mystischen Art, aus Astrologie, kosmischen Gesetzen, Durchsagen der Geistigen Hierarchie und spirituellen Empfindungen. Jede einzelne dieser Disziplinen oder Erkenntnisse ist in sich widersprüchlich, spekulativ oder zumindest schwer nachvollziehbar. Es ist daher eher unwahrscheinlich, daß sich die fragwürdigen Elemente zu einem stimmigen Endzeit-Puzzle zusammenfügen lassen.

Ein kurzer Blick auf ein paar Aspekte der theosophischen oder esoterischen Wendezeit-Konzepte sollen den spekulativen Charakter deutlich machen. (Detaillierte Informationen sind in den jeweiligen Kapiteln enthalten.) Die astrologischen Ideen vom Einfluß der Gestirne auf unseren Planeten beispielsweise sind wissenschaftlich in keiner Weise haltbar. Die Sternbilder ergeben sich aus unserer zweidimensionalen Perspektive. Betrachtet man die Anordnung der Sterne dreidimensional, ist nicht einsehbar, was sie miteinander zu tun haben sollen oder daß sie sich gegenseitig bedingen und gemeinsam einen bestimmten Einfluß auf die Erde ausüben. Die Sterne eines Tierzeichens liegen nämlich teilweise sehr weit auseinander. Außerdem wurde das astrologische Grundkonzept zu einer Zeit festgelegt, als die Erkenntnisse über die Astronomie sehr bescheiden waren. Damals wurde das Weltall noch mit einfachen kleinen Fernrohren beobachtet.

Auch die Vorstellung von einer Höheren Geistigen Hierarchie, die sich aus den aufgestiegenen Meistern und Religionsgründern zusammensetzen soll und die angeblich in der heiligen Stadt Shambala residiert, ist offensichtlich ein Produkt menschlicher Spekulation oder Phantasie. Es gibt keine auch nur entfernt nachvollziehbare Erklärung oder Begründung dieses Phänomens. Widersprüchlich und unverständlich ist nur schon die Tatsache, daß die Theosophen auch Jesus für ihr göttliches Gremium reklamieren. Die christliche Lehre, für die er steht, läßt sich definitiv nicht mit den theosophischen Ideen in Einklang bringen.

Vollends okkult und spekulativ sind die Science-Fiction-Vorstellungen von den Ur-Ariern, die aus dem fernen Planetensystem der Aldebaren auf die Erde gekommen sein sollen. Ebenso ins Reich der esoterischen Phantasie gehört die Vorstellung vom sagenumwobenen Kontinent Atlantis, der angeblich in grauer Vorzeit versunken ist. In die gleiche Kategorie der geotechnischen Wunder muß die apokalyptische Vorstellung vom Polsprung eingeordnet werden, der die Erde kippen soll. Wie unser Planet quasi über Nacht aus dem »Gleichgewicht« geraten kann, verraten uns die Theosophen und Esoteriker nicht. Es ist erstaunlich, wie sie die alten Theorien und Visionen von ihren Sehern und Avataren kritiklos übernehmen. Der Übergang vom okkulten Glauben zum Aberglauben ist da fließend.

Endzeit – lediglich ein Produkt menschlicher Phantasie?

Die Vorstellung von der Apokalypse hat sich nicht vorteilhaft auf die Geschichte der Menschheit und das kollektive Bewußtsein ausgewirkt. Wir geißeln oder kasteien uns möglicherweise unnötig. Es ist ein untaugliches Mittel, um die Ungerechtigkeiten und die unerträglichen Launen des Schicksals zu erklären. Auch die Endlichkeit des Seins wird kaum besser nachvollziehbar. Wir können mit den Endzeit-Vorstellungen weder den Tod bannen noch die Zeit in den Griff bekommen.

Es lohnt sich also, einen kühlen Kopf zu bewahren, sowohl was die Jahrtausendwende als auch die Endzeit betrifft. Viele Aspekte der beiden Phänomene haben ihre Ursache offensichtlich in allzu menschlichen Bedürfnissen und Sehnsüchten. Es geht nicht darum, einer rein rationalen Weltsicht das Wort zu reden. Mystik und Spiritualität spielen eine wichtige Rolle bei der Suche nach dem seelischen Gleichgewicht. Wenn es jedoch um fundamentale religiöse Fragen geht, sollten auch der Verstand und die Vernunft eine gewichtige Stimme erhalten. Denn der Preis, den wir für einen Irrglauben zahlen, ist beim Phänomen der Endzeit besonders hoch. Wir können ihn mit einer Wahrnehmungsverschiebung, einer Bewußtseinsspaltung oder einem Wahn bezahlen. Oder im Extremfall mit dem Tod, wie die apokalyptischen Sektendramen beweisen.

Die Anhänger apokalyptischer Ideen müssen aber die Hoffnung auf die Endzeit nicht ganz aufgeben. Die Apokalypse wird sich sicher irgendwann ereignen. Die Naturwissenschafter haben errechnet, daß die Erde in etwa vier Milliarden Jahren auseinanderbrechen wird. Bis dahin bleibt noch vielen Menschen viel Zeit, über die Endzeit nachzudenken.

Literaturverzeichnis

Andersen, Hans J.: *Polsprung und Sintflut und was Nostradamus dazu sagt.* Verlag für Vorzeit und Zukunftsforschung 1992

Baer, Harald: *Sekten. Neue religiöse Bewegung.* Werkmappe Nr. 74. O. O., o. J.

Bailey, Alice A.: *Die Wiederkunft Christi.* Lucis Trust 1987

Beckers, Hermann-Josef (Hg.): *Kulte, Sekten, Religionen.* Augsburg, Pattloch 1994

Behnk, Wolfgang: *Abschied vom »Urchristentum«?* München, Evang. Presseverband Bayern e. V. 1994 (Münchner Texte und Analysen zur religiösen Situation)

Benz, Wolfgang (Hg.): *Legenden, Lügen, Vorurteile.* München, dtv 1992

Billerbeck, Liane von/Nordhausen, Frank: *Der Sektenkonzern.* München, Droemer Knaur 1993

Bronder, Dietrich: *Bevor Hitler kam.* Süderbrarup, Lühe-Verlag 1975

Cammans, Heide-Marie: *Betroffen durch Sekten.* Düsseldorf, Patmos 1997

Deschner, Karlheinz: *Abermals krähte der Hahn,* München, btb 1996

Ditfurth, Jutta: *Entspannt in die Barbarei.* Hamburg, Konkret Literatur Verlag 1996

Fromm, Rainer: *Am rechten Rand.* Marburg, Schüren Presseverlag 1994

Freund, René: *Braune Magie?* Wien, Picus-Verlag 1995

Freund, René (Hg.): *Das neue Heidentum.* Freiburg (Schweiz), Paulusverlag 1996

Fürer, Peter: *Was die Kirchen verheimlich(t)en.* Langnau (Schweiz), Agnos-Verlag 1993

Gasper, Hans/Valentin, Friederike (Hg.): *Endzeitfieber.* Freiburg, Herder 1997

Goldner, Colin: *Psycho.* Augsburg, Pattloch-Verlag 1997

Haack, Friedrich-Wilhelm: *Wotans Wiederkehr.* München, Claudius-Verlag 1981

Hemminger, Hansjörg: *Die Rückkehr der Zauberer.* Reinbek bei Hamburg, Rowohlt 1987

Hemminger, Hansjörg: *Der feministische ›Sündenfall‹? Antisemitische Vorurteile in der Frauenbewegung.* Wien, Picus-Verlag o. J.

Huguenin, Thierry: *Der 54.* Bergisch Gladbach, Lübbe 1995

Kaiser, Eva-Maria/Rausch, Ulrich: *Die Zeugen Jehovas.* Augsburg, Pattloch 1996

Kerns, Phil/Wead, Doug: *Das Geschäft der Verführer.* Berneck, Schwengeler-Verlag 1979

Lehmann, Johannes: *Jesus-Report*. Düsseldorf, Econ 1970

Lindsey, Hal/Carlson, Carole C.: *Alter Planet Erde wohin?* Wetzlar, Schulte 1971

Mann, A. T.: *Prophezeiungen zur Jahrtausendwende*. Bern/München u. a., Scherz 1993

Murray, Margaret: *The Witch Cult in Western Europe*. Oxford, Clarendon Press 1962

Nordhausen, Frank/von Billerbeck, Liane: *Psycho-Sekten*. Berlin, Links-Verlag 1997

Orzechowski, Peter: *Schwarze Magie – Braune Macht*. Ravensburg, Selinka o. J. [1987]

Schneider, Inge: *Countdown Apokalypse*. Bern, Jupiter-Verlag 1995

Schweidlenka, Roman: *Altes blüht aus den Ruinen*. Wien, Verlag für Gesellschaftskritik 1989

Stamm, Hugo: *Sekten – Im Bann von Sucht und Macht*. Zürich, Kreuz-Verlag 1995 (1996 bei dtv)

Stamm, Hugo: *VPM – Die Seelenfalle*. Zürich, Werd-Verlag 1993

Stuhlhofer, Franz: *Das Ende naht!* Gießen u. a., Brunnen Verlag 1992

Thompson, Damian: *Das Ende der Zeiten*. Hildesheim, Claassen 1997

Valentin, Friederike/Weber, Herbert: *Die Zeugen Jehovas*. Freiburg, Herder 1994

Weiland, Paul Joseph: *Ein Messias aus Galiläa*. Thalwil (Schweiz), Akantus-Verlag 1989

Zimmer Bradley, Marion: *Die Nebel von Avalon*. Frankfurt am Main, Krüger, 1984.

Bücher von Apokalyptikern, Interessenvertretern oder umstrittenen Autoren

Rothkranz, Johannes: *Die kommende ›Diktatur der Humanität‹ oder Die Herrschaft des Antichristen*. Durach, Pro Fide Catholica 1990

Risi, Armin: *Gott und die Götter*. Zürich/Berlin, Govinda-Verlag 1995

van Helsing, Jan: *Geheim-Gesellschaften*. Ewert-Verlag 1993 (teilweise verboten)

Bramley, William: *Die Götter von Eden*. In der Tat Verlag o. J. [1990]

Vollmann, Herbert: *Was ist Wahrheit?* O. O., o. J.

Steinhauser, Karl: *EG – Die Super-UdSSR von morgen*. Wien, S. Gruber Verlag, o. J.

Malgo, Wim: *Was sagt die Bibel über das Ende der Welt?* O. O., o. J.

Hubbard, L. Ron: *Dianetik – die moderne Wissenschaft der geistigen Gesundheit*. Neu Wulmstorf, Neus Era 1951

Namenregister

Ossendowski, Ferdynand A. 91
Ostiguy, Robert 217

Palme, Olof 102
Peters, Reimer 108 ff.
Petri, Catharose de 67
Pick, Eckhart 133
Pilet, Camille 217
Priem, Arnulf 131

Raab, Hans 148
Rabin, Yitzhak 149 f.
Rahm, Emil 89
Ratthofer, Norbert J. 92
Rausch, Ulrich 297
Rieger, Jürgen 131 f.
Rijckenborgh, Jan van 67 f.
Robertson, Pat 172
Rockefeller, David 102
Rosenberg, Alfred 80, 101
Rothkranz, Johannes 151
Rothschild, Baron de 102 f.
Rothschild, Mayer Amschel 100
Ruetz, Wolfgang 291
Russell, Tazé 300 f.
Rutherford, Josef Franklin 301 f., 304
Ryan, Leo 31

Santos, Lucia dos 193 f.
Scheller, Gustav 148
Schleipfer, Adolf 125 f.
Schneider, Inge 65 ff., 194, 221
Scholz, Jens 127
Schönlaub, Björn 132
Schröder, Gerhard 103
Schweidlenka, Roman 91

Sebottendorf, Rudolf Freiherr von 77 ff., 85
Seiler-Spielmann, Benjamin 106
Seiler-Spielmann, Ursula 106
Smith, Joseph 288 ff.
Stalin, Jossif 17
Stauff, Philipp 78
Steiner, Rudolf 69, 107
Stempfle, Bernhard 80
Stoens, Tim 30 f.
Stuhlhofer, Franz 167, 171, 173 f., 178, 181

Tabachnik, Michel 221 f.
Thompson, Damian 35, 43 f., 46, 48, 50, 76, 124, 165, 172, 192, 195 ff., 236

Uriella 18, 240, 250 ff., 264 f., 269

Valentin, Friederike 300 f.
Vance, Cyrus 31
Vergin, Siegfried 131
Vollmann, Herbert 279, 281
Vuarnet, Jean 219 f.

Warter, Kurt 251
Wead, Doug 25, 29 f.
Weber, Herbert 300 f.
Wilkerson, David 167, 172 f., 176
Wimber, John 160, 165
Wirth, Hermann 134
Wittek, Gabriele 18, 240 ff., 246 ff., 269
Wüthrich, Roger 134

Zarathustra 15, 34 f.
Zimmer Bradley, Marion 122

Sachregister

2. Auflage 1998
Copyright © Pendo Verlag AG
Zürich 1998
Herstellung: Heidi Kitz
Gesetzt aus der Aldus
Satz: Fotosatz Reinhard Amann, Aichstetten
Druck und Bindung: Pustet, Regensburg
Printed in Germany
ISBN 3-85842-335-1

.